警官高等职业教育"十二五"规划教材

行政法原理与实务

Xingzheng Fa Yuanli yu Shiwu

主　编◎刘靖华

副主编◎胡丽珠　欧元军

撰稿人◎（以撰写章节先后为序）

刘靖华　郭　昕　凌代郡

朱　勇　胡丽珠　欧元军

徐丽艳　万春梅

中国政法大学出版社

2014·北京

警官高等职业教育"十二五"规划教材
编审委员会

主　任　　胡来龙　李传敢

副主任　　徐　伟　彭　晔

委　员　　周善来　刘传兰　阚明旗　姚亚辉

❖ 主编简介

刘靖华　女，1967年9月生。安徽警官职业学院基础部主任、教授，法学博士，三级警监。中国法学会会员，安徽省行政法学会理事。主要从事行政法学和行政诉讼法学的教学和研究工作。出版专著一部；在《学术界》、《江淮论坛》等学术刊物上发表学术论文数十篇；主编、参与编写教材多部。

··· 编写说明

作为高等职业教育的重要组成部分，警官类高等职业教育正随着经济社会的快速发展和一线政法工作对专门人才的迫切需求而与时俱进。近年来，全国警法类高职院校都积极探索高职教育教学规律、改革专业人才培养模式，以适应经济社会发展对警法类专门人才的客观需求，改革内容涉及各个方面，包括专业建设、课程建设、师资队伍建设等，当然也少不了至关重要的教材建设。编写一套以就业为导向、以能力培养为核心、以服务学生职业生涯发展为目标、突出当前警官高等职业教育教学特点的系列规划教材就显得尤为重要。

为适应警法类专业人才培养的需要，安徽警官职业学院决定遴选理论功底扎实、教学能力突出、实践经验丰富的优秀教师组成编写组，对警官类高等职业教育原有的系列教材进行重新编写。本次编写工作按照"就业导向、能力本位、任务驱动"等职业教育新理念的要求，遵循高职学生自身的认知规律，紧密联系司法工作实务、相关专业人才培养模式以及课程教学模式改革实践，对教材结构和内容进行了革故鼎新的整合，力求符合教育部提出的"注重基础、突出适用"的要求，在强调基本知识和专业技能的同时，强化社会能力（含职业道德）和方法能力的培养，把基础知识、基本技能和职业素养三者有机融合起来。

本系列教材的主要特点是：

1. 创新编写思路，培养职业能力。"以就业为导向，注重培养学生的职业能力"是高等职业教育课程改革的方向，也是职业教育的本质要求。本系列教材针对警法类高职院校学生的特点，在教材编写过程中突出实用性和职业性，以我国现行的法律、法规和司法解释为依据，使学生既掌握法学原理，又明晓现行法律制度，提高学生运用法律知识解决实际问题的能力。同时，在教材内容编排上，本系列教材遵循由浅入深和工作过程系统化的编写思路，为学生搭建合理的知识结构，以充分体现高职的办学要求。

2. 体例设计新颖，表现形式丰富。为了突出实践技能培养，践行以能力为本位的职业教育理念，本系列教材改变以往教材以理论讲述为主的教学模式，采用新颖的编写体例。除基本理论外，本系列教材在体例上设置了学习目标、工作任务、导入案例、案例评析、实务训练、延伸阅读等相关教学项目，并在每章结束时通过思考题的形式，启发学生巩固本章教学内容。该编写体例为学生课后复习和检验学习效果提供便利，对提高学生的学习兴趣、促进学以致用、丰富教学形式、拓宽学生视野、提升职业素养具有积极的推动作用。

3. 课程针对性强，职业特色明显。高等职业教育教材突出相关职业或岗位群所需实务能力的教育和培养，并针对专业职业能力构成来组织教材内容。而法律实务类专业在社会活动中具有与各方面接触频繁、涉及面广的特点，要求学生具有较高的综合素质和良好的应变能力。因此，本系列教材采用案例教学法，通过大量的案例导入，并辅以简洁的案例分析，提供规范的实务操作范例，使学生能够更为直观地体会法律的适用，体验工作的情境和流程，增强学生的综合能力。

4. 文字表述简洁，方便学生使用。本系列教材在概念等内容编写中，尽量采用简洁明了的语言表述，使学生明确概念的要点即可，从而避免教材"一个概念多个观点"、"理论争论较多"的现象。

本系列教材共 14 本，在其编写过程中借鉴吸收了相关教材、论著的成果和资料；中国政法大学出版社也给予作者们大力支持和指导，责任编辑在审读校阅过程中更是付出了辛勤的劳动，在此我们深表谢忱。同时，由于时间紧、任务重，教材中难免出现不足和疏漏，恳请广大师生和读者给予批评指教，以便我们再版时进一步改进和提高教材质量，更好地服务于警官类高等职业教育事业。

警官高等职业教育"十二五"规划教材编审委员会

2013 年 12 月

❖ 前　言

　　本教材面向警官高等职业教育，主要适用于理论教学。在体例设计、内容编排、文字表述等方面，本教材既遵循高等职业教育的基本规律，力求将理论知识传授和岗位专业技能培养有机结合；又兼顾学科内容的完整性和系统性，注重对学科基础理论和基础知识进行介绍和阐述。

　　本教材的内容编写以"必需、够用"为原则，突出介绍基本理论、基本原理和常见的实务问题，注重融入法律制度的变化内容和行政法教学与科研的新成果。本教材共11章，章节体例简明统一：章前先明确"学习目标"，分为"知识目标"和"技能目标"两部分，以使学生明确本章的学习要点和技能培训要点；节前设置"本节引例"，促使学生产生问题意识，并在相应的知识点上解析"引例"，以培养学生分析问题、把握问题和解决问题的能力；接着为"理论知识"，阐述学科的主流观点、通说，以使学生建立系统的学科知识体系；之后为"延伸阅读"，选取能够帮助学生理解相应原理或培养能力的一些资料，拓展学生知识面；最后为"思考题"和"实务训练"，引导学生运用本章所学内容解决相应的行政法律实践问题。本教材的语言文字表述力求通俗易懂，避免晦涩冗长的叙述。

　　本教材由刘靖华同志任主编，胡丽珠同志、欧元军同志任副主编。郭昕、凌代郡、朱勇、徐丽艳、万春梅等同志参与了教材的编写工作。由主编负责全书的统稿和修改定稿。各章撰稿分工如下（以撰写章节先后为序）：

　　　　刘靖华：第一章、第二章；

　　　　郭　昕：第三章；

　　　　凌代郡：第四章；

朱　勇：第五章；
胡丽珠：第六章、第七章；
欧元军：第八章、第九章；
徐丽艳：第十章；
万春梅：第十一章。

主　编
2014 年 4 月

❖目 录

第一章　行政法概述

学习目标

【知识目标】

1. 掌握行政法的概念和特征。

2. 理解行政的含义。

3. 了解行政法的渊源和效力。

【技能目标】

能够识别行政法与其他部门法的区别。

　　行政法是规范行政的法律制度，是我国法律体系中的一个部门法。行政法是调整公共行政管理过程中发生的行政关系的法律规范的总和。行政法律规范的表现形式呈多样化，原则上成文法是我国行政法的主要法律渊源，但不成文的法律解释也是我国行政法的法律渊源。像其他部门法一样，行政法具有时间效力、空间效力以及对人的效力，同时行政法律规范的各种表现形式之间的效力有等级之分。行政法通过对行政关系的调整形成行政法律关系。行政法律关系具有法律关系的共性，也有着区别于其他法律关系的特质。尽管具体的行政法律关系在不同行政领域反映出各自的特征，但它们的基本原理是一致的。

第一节　行政法概念

本节引例

　　案例一：　　残疾人联合会为残疾人补贴培训学费的行为
　　　　　　　　是可诉的具体行政行为[1]

　　2007 年 5 月，吴某参加了北京市朝阳区残联举办的肢残人计算机平面设计

---

　　[1]　参见中华人民共和国最高人民法院行政审判庭编：《中国行政审判案例（第 2 卷）》，中国法制出版社 2011 年版，第 13 页，第 41 号案例，有改动。

培训班并交纳学费400元，后经考试取得《全国计算机信息高新技术考试合格证》。2007年11月，吴某向区残联提出报销培训学费申请，填写了《北京市残疾人职业技能培训（学费补贴）登记表》，并提交学费发票、个人申请、残疾人证、身份证复印件、户籍登记、退养协议等材料。区残联依据吴某提供的材料，认定吴某为在职在岗的残疾人，遂依据《北京市残疾人职业技能培训学费补贴暂行办法》第8条的规定审查同意对吴某一次性补贴学费总额的50%，即200元。吴某对此审核结果持有异议。试分析：残疾人联合会为残疾人补贴培训学费的行为是否具有行政性质？

案例二：　　　海关行政处罚实施细则有关"协助走私"规定的可适用性[1]

1997年3月至1998年6月，赫斯特拉号船等64艘次船舶运载油料入境，在厦门博坦公司所属的油料库卸载、仓储。上述油料均未在中国境内办理报关手续，系走私进口。厦门博坦公司经营上述业务的营业收入共计5 797 142.97美元，折合人民币47 985 271元。博坦公司1997年、1998年间缴纳税收3 006 505元。此外查明，1997年3月博坦公司致函福建省石油厦门总公司，提出卸储的油料手续不全，不予装船，并要求提供海关文件。同年3月、4月，福建省石油厦门总公司回函，称由其办理海关手续，责任由其承担，并要求以后按现行方式进行作业。后厦门海关依据《海关法行政处罚实施细则》[2]第6条第2款的规定，以博坦公司"协助走私"为由，作出［2002］厦关查罚字第05-028号行政处罚决定，决定没收博坦公司违法所得44 978 766元，并科处罚款1000万元。博坦公司不服，向海关总署申请行政复议。2005年2月4日海关总署驳回博坦公司的复议申请，维持厦门海关作出的行政处罚决定。博坦公司仍不服，向厦门中级人民法院提起诉讼。本案最终由福建省高级人民法院二审终审。试分析：《海关法行政处罚实施细则》的效力。

理论知识

行政法，顾名思义，是关于行政的法。因此，正确理解和把握行政的含义是掌握行政法概念的前提和逻辑起点。

---

〔1〕 参见中华人民共和国最高人民法院行政审判庭编：《中国行政审判指导案例（第1卷）》，中国法制出版社2010年版，第20页，第13号案例，有改动。

〔2〕《海关行政处罚实施细则》是案发时生效的规章，现在已经废止，取而代之的是与2000年修订的《中华人民共和国海关法》相配套而制定实施的《中华人民共和国海关行政处罚实施条例》。

一、行政法上的行政

"行政"一词并不仅仅与行政法相关。行政是一个社会和历史的概念，行政的历史与人类有组织的活动一样的漫长。自人类形成共同生活的组织，行政就伴随而生。行政在社会生活中的含义具有多元性。一般意义上讲，行政是指社会组织为实现特定目标而进行的组织与管理活动，通常可区分为两大类：一类是基于公共利益对国家和社会事务的组织和管理，称为公共行政；一类是社会组织对其内部事务的组织和管理，称为私行政。

（一）公共行政的含义

行政法是关于公共行政的法。公共行政是指国家行政机关或者法律、法规授权的社会组织，为了实现公共利益，依法对一定范围内的社会事务进行管理的活动。[1] 具体而言，公共行政具有以下内容：

1. 公共行政的主体是国家行政机关或者法律、法规授权的组织。伴随着社会多元化和国家民主化进程的推进，管理公共事物的权力不断从政府向社会转移。政府不再是行使公共权力的唯一主体，社会上的非政府公共组织也享受有部分公权力。因而公共行政的主体范围已经从传统的国家行政机关扩大到大量的社会组织，其中的国家行政机关是指中央和地方各级人民政府及其职能部门；法律、法规授权的组织是指履行公共管理职能的非国家机关组织，例如社团、基层群众自治组织、企事业单位等。现代的公共行政已不等同于国家行政，除了国家行政之外，公共行政还包括其他非政府公共组织的社会公行政。[2]

2. 公共行政所指向的是公共事务。公共事务是相对于内部事务而言的涉及一般公众的事务，范围极其广泛，其具体范围的界定由不同国家的具体情况所决定，取决于国家与公民的关系以及国家在市场中的定位。一般来说，国家行政事务是其中的重要组成部分，涉及国家立法部门授权国家行政机关管理的所有与国家利益和社会整体利益有关的事务。除了国家行政事务外，还有许多社会事务需要由国家行政组织直接管理，或指导与监督其他社会组织进行管理，这也是公共事务的组成部分，如基层群众自治组织自主管理的事务。国家行政是公共事务，但并不是所有的公共事务都是国家行政事务。

3. 公共行政的目的是为了实现公共利益。公共利益是一个不确定的法律概念，一般是指符合人类理性的人民群众的普遍需要的物质表现形式。[3] 公共利益是共同利益，但共同利益并不一定都是公共利益，只有那些具有社会共享性

---

〔1〕　朱维究、王成栋主编：《一般行政法原理》，高等教育出版社 2005 年版，第 1 页。

〔2〕　姜明安主编：《行政法与行政诉讼法》，北京大学出版社、高等教育出版社 1999 年版，第 2 页。

〔3〕　朱维究、王成栋主编：《一般行政法原理》，高等教育出版社 2005 年版，第 5 页。

的共同利益才是公共利益。[1] 行政虽以公益为取向，但并不完全排斥私人利益。公共利益与私人利益并非完全处于对立状态，为法律所确认和保护的公民个人利益就属于公共利益的范畴，有时两者可以相得益彰。不过，公共利益与私人利益有时也相互对立而无法彼此兼顾。在此情形下，公共行政为维护公共利益得对私人利益有所限制时，不能逾越必要的限度，应符合法律保留与比例原则的要求。

4. 公共行政表现为各种管理活动。行政的本意就是管理，但公共行政不同于一般意义上的管理，它是对国家事务和社会公共事务的特殊管理活动。传统意义上的国家行政仅限于维护秩序，在行政方式上表现为权力行政，以强制力为基础实施管理；随着国家和社会的二元化、政府职能的不断转变，行政方式也不再完全是权力行政，非权力行政蓬勃发展。也就是说，无论外在表现形式是强制的或合意的，公共行政的管理本质就是服务，公共行政就是服务行政。

（二）公共行政的分类

分类有助于揭示行政的不同表现形态，根据不同的标准可以对行政作如下分类：

1. 国家行政与社会行政。根据行政的主体不同，可以将行政分为国家行政与社会行政。国家行政是指国家行政机关代表国家进行的公共行政，在我国主要是各级人民政府及其职能部门进行的管理活动。社会行政是指社会组织根据法律授权进行的公共行政，其具体形态多种多样，其实质是自治行政。在我国，社会行政的情形包括：律师协会等行业团体进行的行业自律管理活动；社团、基金会根据法律授权进行的公务活动；各种鉴定、检测机构根据法律授权进行的行业技术监督管理活动；村民委员会、居民委员会等基层群众自治组织进行的自我管理活动；生产建设兵团进行的公益性自我管理活动。社会行政拓宽了公共行政的主体范围，其实质是行政的自治和分权，是行政社会化。

本节引例案例一中，残疾人联合会为残疾人补贴培训学费的行为属于公共行政。[2] 依据《中华人民共和国残疾人保障法》、《残疾人就业条例》、《残疾人联合会章程》以及《北京市朝阳区残疾人联合会职能配置、内设机构和人员编制规定》的有关规定，朝阳区残联在法律身份上是事业团体，在法律性质上属于公法人。该组织具有依照法律、法规、章程或者接受政府委托，开展残疾人工作，动员社会力量，发展残疾人事业的职能。依据《残疾人就业条例》第 6

---

〔1〕 石佑启：《论公共行政与行政法学范式转换》，北京大学出版社 2003 年版，第 22 页。

〔2〕 参见中华人民共和国最高人民法院行政审判庭编：《中国行政审判案例（第 2 卷）》，中国法制出版社 2011 年版，第 6~7 页，第 41 号案例。

条、《北京市残疾人职业技能培训学费补贴暂行办法》第 12 条、第 13 条的规定，朝阳区残联具有促进本区残疾人就业，加强残疾人职业培训，对残疾人参加职业技能培训按规定给予学费补贴的审核权。

2. 权力行政与非权力行政。根据行政的手段不同，可以将行政分为权力行政与非权力行政。权力行政是指通过强制性的支配力量实现行政目的的行政活动，例如行政处罚、行政强制、行政征收等。非权力行政是指通过诸如劝告、建议、指导、契约等方式实现行政目的的行政活动，例如行政合同、行政指导等。由于行政民主化的发展，权力行政与非权力行政的界限日渐模糊。

3. 规制行政与给付行政。根据行政的性质不同，可以将行政分为规制行政与给付行政。所谓规制行政是指以限制规范公民、法人等的权利、自由的方式达到行政目的的行政活动，如经济规制、食品药品规制、交通规制、建筑业规制就属于这一类行政。所谓给付行政是指政府通过给予公民、法人和其他组织利益和便利等方式实现行政目的的活动，如政府提供社会福利、社会保障，设置道路、桥梁等活动。

4. 负担行政与授益行政。以行政机关与相对一方之间的权利义务关系为标准，可以把行政划分为负担行政与授益行政。所谓负担行政是指剥夺、限制公民、法人和其他组织等人身财产权益的行政，如税收、处罚、强制、收费等行政均属负担行政。所谓授益行政是指给予公民、法人和其他组织等某种权益的行政，如提供社会补助金、实施许可、减免税金、建设道路等均属于授益行政。

随着社会经济的发展，行政手段呈现出多样化趋势，因此关于行政的划分方式也不断增多。如根据行政主体享有和行使权力的自由度，可以将其划分为羁束行政与裁量行政；根据行政主体有关行为的方式，可以将其划分为作为行政与不作为行政。无论哪一种形式的划分，都可以为我们提供一个认识行政，掌握其规律，发现并解决问题的新视角、新思路，同时还可以为立法规范行政提供参照系。

二、行政法的界定

关于行政法的概念，中外理论界有很多种定义方式。关于行政法的概念，由于历史、法律体制和法律观念的差异，没有形成共识。国内外行政法学者有的从行政法调整的对象上界定，有的从行政法的目的上界定，有的从行政法涉及的内容上进行界定，有的从行政法对行政权力的作用来界定。而且，在以上任何一种界定中，又存在不同的观点，难以形成统一的概念。我们认为，行政法的概念应能对行政法现象进行全面、高度的概括，反映行政法的基本性质和内容。

（一）定义

行政法是调整公共行政管理过程中发生的行政关系的法律规范的总和。这一表述包含以下两层含义：

1. 行政法的调整对象是行政关系。行政关系是行政职能实现过程中产生的特定社会关系，包括为行使行政职权而进行自身建设时发生的内部行政关系，对相对方管理时发生的行政管理关系，对违法或不当行政行为进行补救时发生的行政救济关系，为保障职权的有效行使而由特定的国家机关对行政主体进行监督时产生的监督行政关系等多种类型。这些社会关系都与行政职权的行使有直接或间接的联系。与行政职权的行使无关的社会关系，即使由具有行政主体身份的行政机关或社会组织为一方当事人，也不是行政法的调整对象。

2. 行政法是调整特定社会关系的一类法律规范的总称。行政法并不是指某个法典，而是具有共同调整对象（即行政关系）的，以法律、法规和规章等为具体表现形式的法律规范的总和。当把这些行政法律规范集合在一起时，就构成了一个独立的部门法即行政法。

（二）特征

行政法作为一个独立的法律部门，与其他部门法相比，无论是在形式上还是在内容上都有显著的不同：

1. 行政法没有统一、完整的实体法法典。由于行政法涉及的社会生活领域十分广泛，内容纷繁复杂，又有较强的技术性、专业性，再加上行政关系变动较快，因此，制定一部系统、完整的实体行政法典比较困难，世界上还未见成功的先例。另外，行政实体法典的缺乏不影响统一的行政程序立法，制定行政程序法典已成为世界潮流。

2. 行政法律规范数量繁多，表现形式多样。行政法不是以统一完整的法典形式存在，而是散见于层次不同、名目繁多、种类不一、数量庞大的各类规范性文件中。宪法、法律、法规和规章等法律文件中的各种涉及行政权力的法律规范都是行政法的组成部分。行政法的规范数量之多，居各部门法之首。

3. 行政法涉及的领域十分广泛，内容非常丰富。现代法治国家，随着行政权力的扩张，行政职能不断加强，其活动领域已经不再局限于治安、外交、军事、税收等传统行政领域，行政活动的领域已经扩展到社会生活的各个方面，如经济、文化、教育、卫生、环境等方面，可以说现代社会生活已须臾离不了行政。各领域所发生的社会关系均须行政法调整，这决定了行政法适用领域的广泛性和内容的丰富性。

4. 行政法律规范的内容易于变动。行政法所调整的社会关系，在任何国家都是最富于活动性、最易于变动的社会关系。作为行政关系调节器的行政法律规范为了适应行政管理的客观要求，需要经常地通过废、改、立的形式变换内容，具有较强的变动性。而行政法律规范制定主体的多元性、行政立法程序的简便性、行政法具体表现形式的多样性，也为及时制定、修改、补充或废止行政法规范提供了可能性。

5. 行政法的结构具有融合性。行政实体法规范和程序法规范相互交织，往往共存于同一法律文件之中。这是因为行政程序极为复杂多样，涉及对行政职权的设定、行使、监督和救济等过程的各个环节，与实体行政权的运行有密切联系，因此，在大多数国家，行政程序性规范不是集中在自成体系的行政程序法文件中，而是散见于以行政实体法规范为主的众多法律文件中。需要指出的是，行政实体法规范和程序法规范虽然联系极为密切，但并不是说二者根本不能分离。许多国家都制定了本国的行政程序法典。在我国，行政程序法的各种制定已纳入国家立法机关的议事日程，这对于行政法体系的完善具有特别重要的意义。

三、行政法的渊源

构成行政法内容的行政法律规范需要通过一定的形式表现出来，这些表现行政法律规范的形式就是行政法的渊源。在不同的国家和同一国家的不同历史时期，行政法律规范的表现形式不尽相同。我国行政法的渊源主要有以下几种：

（一）行政法的一般渊源

在我国，行政法的一般渊源是指以成文法的形态存在的行政法律规范，主要表现形式是国家机关制定的具有行政法性质和内容的法律规范，包括宪法、法律、行政法规、地方性法规、自治条例和单行条例以及行政规章等。

1. 宪法。调整行政活动的宪法规范主要体现在以下几个方面：关于行政活动基本原则的规范；关于中央人民政府和地方各级人民政府的组织和职权的规范；关于公民在行政领域基本权利和基本义务的规范等。宪法是行政法的基本法律渊源，也是行政活动的最基本依据。

2. 法律。作为行政法渊源的法律，是指由全国人民代表大会及其常务委员会制定的规范性法律文件。前者由全国人民代表大会制定，如《中华人民共和国国务院组织法》、《中华人民共和国地方各级人民代表大会和地方各级人民政府组织法》等；后者由其常务委员会制定，如《中华人民共和国治安管理处罚法》。上述法律在整体上具有行政法的性质，另外还有一些法律仅有部分规范属于行政法规范，如《中华人民共和国婚姻法》，也是行政法的渊源。

3. 行政法规。行政法规是国务院根据宪法和法律制定的有关政治、经济、教育、科技、文化、外事等内容的条例、规定和办法的总称。如《事业单位人事管理条例》、《医疗器械监督管理条例》等。行政法规作为国务院制定的、用以领导和管理全国各项行政工作的重要规范性法律文件，大都直接对国家行政工作进行调整，因而是行政法的重要渊源。

4. 地方性法规。地方性法规是由省、自治区、直辖市以及省、自治区人民政府所在地的市和经国务院批准的较大的市的人民代表大会及其常务委员会，在不同宪法、法律和行政法规相抵触的前提下，根据本地区的实际情况制定的规范性法律文件。地方性法规是地方人民政府进行本地区行政工作的法律依据之一，其中有相当一部分法律规范以行政关系为调整对象，这些是行政法的渊源。

5. 自治条例和单行条例。自治条例和单行条例是指由民族自治地方的人民代表大会依据宪法、民族区域自治法和其他法律规定的权限，结合当地民族的政治、经济和文化特点制定的规范性法律文件。自治条例和单行条例是民族自治地方的人民政府进行行政工作的法律依据之一，也是我国行政法的渊源之一，在研究中央行政与地方行政的关系、研究地方行政法时，意义尤其重大。

6. 行政规章。行政规章有部门规章和地方规章之分。部门规章是国务院各组成部门根据法律和行政法规等在本部门权限范围内制定的规范性法律文件。地方规章是省、自治区、直辖市及省、自治区人民政府所在地的市和经国务院批准的较大的市的人民政府，根据法律、行政法规等制定的规范性法律文件。从内容上看，规章大都是直接调整地方行政工作的法律规范，因而是行政法的渊源。

（二）行政法的特殊渊源

在我国，行政法的渊源一般是国家机关制定的成文法规范，但也有在一般成文法基础上的补充形态的存在形式。行政法的特殊渊源就是指行政法的法律渊源的补充形态，包括国际条约与协定、法律解释等。

1. 有权法律解释。有权法律解释是指依法享有法律解释权的特定国家机关对有关法律文件进行的具有法律效力的解释。根据 1981 年第五届全国人大常委会第 19 次会议通过的《全国人民代表大会常务委员会关于加强法律解释工作的决议》的规定，有权法律解释包括以下四种：①立法解释，即全国人大常委会依法对法律文件所作的解释；②司法解释，即最高人民法院和最高人民检察院依法对法律文件进行的解释；③行政解释，即国务院及其主管部门依法对法律文件进行的解释；④地方解释，即法定的地方人大常委会及人民政府主管部门依法对法律文件进行的解释。各种有权解释中涉及行政主体行使行政职权问题的，也都是行政法的渊源。

2. 条约和协定。条约是指两个或两个以上的国家签订的，规定其相互之间在政治、经济、贸易、法律、文化和军事等方面的权利和义务的各种协议的总称。协定是指两个或两个以上的国家的政府签订的，规定其相互之间在政治、经济、贸易、法律、文化和军事等方面的权利和义务的各种协议的总称。国家或政府一旦与别国或别国政府签订了条约或协定，其所规定的权利和义务就对国内的机关、组织和个人发生法律效力。因此，我国政府签订的条约和协定中有关行政内容的，也是行政法的渊源。

需要指出的是，并非只有法律文件才是行政法的渊源，法律原则、法院判例及行政惯例、法律学说等都可以成为一国行政法的渊源。当前我国行政法学界的主流观点不支持这样的说法，此问题有待探索。

四、行政法的效力

法律效力有广义和狭义两种解释。广义的法律效力是指法律所具有的拘束力和强制力，以及这种拘束力和强制力的范围。狭义的法律效力则仅指法律的效力范围。行政法规范无疑与其他法律规范一样，具有拘束力和强制力。

（一）行政法的空间效力

行政法的空间效力，是指行政法在空间上的效力范围，即关于行政法在哪些地域范围内具有约束力的问题。行政法的空间效力范围主要由国情和法的形式、效力等级、调整对象和内容等因素决定。

我国行政法在总体上形成了"一国两制三系四区"的法域格局。即在中华人民共和国之内，社会主义与资本主义性质的行政法，大陆法系、英美法系和中华法系风格的行政法同时存在，并且分布在我国大陆、香港、澳门和台湾地区等四个区域。香港、澳门和台湾地区的行政法只在各自区域内适用。本文所述行政法仅指在大陆范围内适用的行政法。

从整体上说，行政法在我国大陆领域内都具有法律效力。但实际上，作为行政法渊源的法律、法规和规章的空间效力与行政法整体上的空间效力并不一致，法律、法规和规章间的空间效力也各不相同。具体来说：①宪法、法律和行政法规在全国范围内有效，即在一国主权所及全部领域有效，包括属于主权范围的全部领陆、领空、领水，也包括该国驻外使馆和在境外航行的飞机或停泊在境外的船舶。②地方性法规和地方规章只能在本行政区域内生效，在其他地域不具有法律效力。③某些法律、法规和规章明文规定只适用于特定地域。例如，《中西部地区外商投资优势产业目录》只适用于该规章指定的省、自治区，而不能适用于其他地方。④某些法律的空间效力范围大于行政法在整体上的空间效力范围。如根据《中华人民共和国领海及毗连区法》第14条的规定[1]，该法

---

[1] 《中华人民共和国领海及毗连区法》第14条规定："中华人民共和国有关主管机关有充分理由认为外国船舶违反中华人民共和国法律、法规时，可以对该外国船舶行使紧追权……追逐只要没有中断，可以在中华人民共和国领海或者毗连区外继续进行。在被追逐的船舶进入其本国领海或者第三国领海时，追逐终止……"

不仅适用于我国领海，还适用于毗连区。[1]

（二）行政法的时间效力

行政法的时间效力，是指行政法的效力的起止时限以及对其实施前的行为有无溯及力。

1. 行政法的生效时间。一般说来，法律、法规和规章的公布是其开始生效的前提。但并不是所有的法一经公布就开始生效。各法律、法规和规章的生效时间并不相同，根据法的规定、惯例、需要及其他有关情况而定，因而有多种表现形式。到目前为止，法律、法规和规章往往以文本中规定时间、发布时间、命令所定时间、文本到达时间或下达时间为生效时间。在法律、法规和规章没有规定它的生效时间时，则视为从发布之日起生效。但是，根据世界贸易组织的要求，以及《中华人民共和国立法法》（以下简称《立法法》）、《行政法规制定程序条例》和《规章制定程序条例》的规定，今后都应当以命令的形式公布或发布法律、法规和规章，并在命令中明确规定生效时间。其中，除涉及国家安全、外汇汇率、货币政策的确定以及公布或发布后不立即施行将有碍施行的情况之外，法律、法规和规章应在公布或发布之日起 30 日后施行。

2. 行政法的失效时间。行政法的失效时间是指法律的废止时间。终止生效的时间依据法律的规定、立法发展、客观情况变化及其他有关因素而定。法律、法规和规章失效有以下几种情况：①新法取代旧法，使旧法失去效力；②有的法完成了历史使命而自然失效；③有的法律依法定事由按照法定程序被撤销而失效；④发布特别决议、命令宣布废止某项法；⑤法律规定了失效的日期，如期限届满又无延期规定，便自行失效。其中，对被撤销的法律、法规和规章，视为自始不具有法律效力。在撤销前，该法律、法规和规章已经实施并产生了法律效果的，应分别对待。如果所产生的法律效果有利于公民，则应当予以承认；不利于公民的则不应承认。被废止的法律、法规和规章自废止之日起丧失法律效力。自行失效的法律、法规和规章，自所定期限届满或调整对象消灭之时起失效。

3. 行政法的溯及力问题。《立法法》第 84 条规定："法律、行政法规、地方性法规、自治条例和单行条例、规章不溯及既往，但为了更好地保护公民、法人和其他组织的权利和利益而作的特别规定除外。"由此可以推出，包括行政法律规范在内的法律规范，在我国，一般不溯及既往，即不论法律、法规和规章是否有利于相对人，都只能对其施行后的行为具有法律约束力，对其施行前的行为不具有任何法律约束力。但为了更好地保护公民、法人和其他组织的权

---

[1] 叶必丰主编：《行政法与行政诉讼法》，中国人民大学出版社 2003 年版，第 9 页。

利和利益，法律、法规和规章也可以溯及既往。

法律规范的溯及力可以分为两种情况：第一种是纯粹溯及既往，即将新法的约束力追溯至该新法生效之前已完成的法律事实；第二种是不纯粹溯及既往，即将新法的约束力追溯至新法生效前并持续到新法生效以后的法律事实。《立法法》承认纯粹溯及既往。

（三）行政法对人和事的效力

行政法对行政法律关系主体都具有法律效力。其中，我国行政法对行政相对人的法律效力同时实行属人主义和属地主义原则。根据法定主义原则，行政法一般只对它所规定的事项发生法律效力，对未作规定的事项和明文排除在外的事项不发生法律效力。但是，行政法规范总是概括性的，不可能列出每一项具体的事。这样，哪些事是法律、法规和规章已经规定的事，往往需要作具体的认定。

（四）行政法的效力等级

构成行政法部门的宪法、法律、法规和规章，是由有关国家机关制定的，由于制定机关的多元性和制定机关地位的差异性，行政法内部也就具有相应的效力等级或位阶。对此，《中华人民共和国宪法》（以下简称《宪法》）、《立法法》作出了明文规定。

宪法具有最高的法律效力，一切法律、行政法规、地方性法规、自治条例和单行条例、规章都不得同宪法相抵触。法律的效力高于行政法规、地方性法规、规章。行政法规的效力高于地方性法规、规章。地方性法规的效力高于本级和下级地方政府规章。省、自治区的人民政府制定的规章的效力高于本行政区域内的较大的市的人民政府制定的规章。部门规章之间、部门规章与地方政府规章之间具有同等效力，在各自的权限范围内施行。自治条例和单行条例依法对法律、行政法规、地方性法规作变通规定的，在本自治地方适用自治条例和单行条例的规定。经济特区法规根据授权对法律、行政法规、地方性法规作变通规定的，在本经济特区适用经济特区法规的规定。

法律之间对同一事项的新的一般规定与旧的特别规定不一致，不能确定如何适用时，由全国人民代表大会常务委员会裁决。行政法规之间对同一事项的新的一般规定与旧的特别规定不一致，不能确定如何适用时，由国务院裁决。地方性法规与部门规章之间对同一事项的规定不一致，不能确定如何适用时，由国务院提出意见，国务院认为应当适用地方性法规的，应当决定在该地方适用地方性法规的规定；认为应当适用部门规章的，应当提请全国人民代表大会常务委员会裁决；部门规章之间、部门规章与地方政府规章之间对同一事项的规定不一致时，由国务院裁决。根据授权制定的法规与法律规定不一致，不能确定如何适用时，由全国人民代表大会常务委员会裁决。

本节引例案例二中，《海关行政处罚实施细则》的效力是本案原被告争议的焦点之一。在厦门海关处罚博坦公司时，2000 年修订的《中华人民共和国海关法》已经颁布实施。因此，原告博坦公司提出，《海关行政处罚实施细则》是配合 1987 年的海关法制定实施的，既然 2000 年的新海关法已经颁布实施，旧海关法及其实施细则就不能再适用，厦门海关适用《海关行政处罚实施细则》对其进行处罚明显属于适用法律错误。福建省高级人民法院认为，无论从修改前后的海关法立法精神，还是从相关具体规定来看，《海关行政处罚实施细则》第 6 条第 2 款的规定与 2000 年的《中华人民共和国海关法》第 84 条的规定不相抵触，在该条例生效期间依法应当适用。二审判决确认，被上诉人厦门海关作出的行政处罚，适用法律正确。

第二节　行政法律关系

本节引例

被依法确认无权占有使用房屋的起诉人不具有
起诉房屋登记行为的原告资格[1]

1993 年 10 月，易达公司从海南外信工贸公司三亚办事处购买外信小区 A 楼地下室一层，1994 年 10 月三亚市房管所向其颁发了三集房字第 447 号《房屋所有权证》。从 1998 年 4 月起，外信小区 A 楼房产几经转让：海南外信工贸公司→海口中机经贸联营公司→溧阳燃料总公司→盛京公司，三亚住建局提供资料证明，这几次转让交易的都是 A 楼 1~9 层房产，不包括地下室。2004 年，韦波从盛京公司处购买了外信小区 A 楼 1、2 层房产，双方约定：盛京公司将该楼地下室房产无偿赠给韦波。韦波取得了外信小区 A 楼 1、2 层《土地房屋权证》。2008 年，易达公司以韦波侵占其名下的外信小区 A 楼地下室为由提起民事诉讼。韦波败诉。韦波转而起诉三亚市政府和三亚住建局，请求法院依法撤销三集房字第 447 号《房屋所有权证》，并确认两被告给易达公司颁发该证的行为违法。试分析：韦波与三亚市政府和三亚住建局之间有行政法律关系吗？

---

[1]　参见中华人民共和国最高人民法院行政审判庭编：《中国行政审判案例（第 2 卷）》，中国法制出版社 2011 年版，第 14 页，第 48 号案例，有改动。

理论知识

法律是社会关系的调节器，社会关系一经法律规范调整，便形成相应的法律关系。行政法律关系是法律关系的重要范畴，它对立法机关理顺关系、配置权利义务，行政机关执行法律、实施行政管理，司法机关分析案情、适用法律，以及学者们区分法律部门、构造法学体系，都具有重大的意义。[1]

一、行政法律关系概述

（一）行政关系与行政法律关系

任何法律关系都本源于实际存在的社会关系。行政法律关系作为一类特殊的法律关系，则本源于行政活动中产生或引发的各种社会关系，这些社会关系统称为行政关系。通常认为，行政关系是行政法的调整对象，而行政法律关系是行政法调整行政关系的结果。尽管行政关系与行政法律关系二者具有十分密切的联系，但二者有着根本区别，表现在：①性质不同。行政关系是一种客观存在的事实关系，仅具有"物质社会关系"的属性。这些事实关系只有受到行政法律规范调整之后，才能成为行政法律关系。因而，行政法律关系具有"思想社会关系"的属性。②内容范围不同。从传统的警察国行政转向服务行政、生态行政，社会和法律对行政提出了更高的要求；就法治行政、公民与社会权利保护最大化而言，凡是涉及权利、义务的行政关系都应当法律化与制度化。但由于行政机关实施的一些行为，尤其是内部行为，目前尚没有法律、法规对之加以调整，因这些行为发生的关系就只是行政关系而无法形成行政法律关系。因此，行政法律关系的范围小于行政关系，但内容层次较高。

（二）行政法律关系的概念[2]

自20世纪80年代恢复行政法以来，理论界对行政法律关系概念的界定纷繁复杂。通常认为，行政法律关系是指行政主体在实现行政职能的过程中，因行政职权的配置、行政职权的行使和对行政的监督，经行政法调整之后所形成的具有权利义务内容的社会关系。我们可以从以下几方面理解：

1. 行政法律关系是行政法对一定社会关系的法律调整。所谓调整是指法律规范赋予关系各方当事人以实体权利和程序权利，规定各方当事人实体义务和程序义务，使相互关系的进行能适应人民的意愿和建立某种秩序状态。调整的方式主要有认可和设定。

〔1〕罗豪才主编：《行政法学》，中国政法大学出版社1996年版，第17页。

〔2〕朱维究、王成栋主编：《一般行政法原理》，高等教育出版社2005年版，第41页。

2. 行政法律关系是行政法对一定社会关系调整后所形成的特定法律关系的总称。这些社会关系是为实现行政职能而发生的各种社会关系。对其中的行政职能的范围应作广义的理解，包括行政机关为实现行政职能而需要配置的行政职权和行政职责活动的范围，为实现行政职能而进行行政活动的范围以及为保证有效实现行政职能而对行政机关进行必要监督的范围。在这个范围内的各种社会关系经行政法调整后，形成内容丰富、形式多样的行政法律关系。

3. 行政法律关系是一种行政法上的权利义务关系。行政法律规范对一定的行政关系作出规范和调整之后，关系的双方当事人便有了明确的权利和义务。同时，由于行政法律关系是受到行政法规范调整后形成的权利义务关系，因而只能是一种行政法上的权利义务关系。

本节引例中，韦波与被诉房屋登记行为有客观存在的关系，但问题在于，这是一种行政关系吗？本案中，被诉房屋登记行为发生于 1994 年，韦波从盛京公司处受赠 A 楼地下室是在 2004 年，也就是说，房屋登记机关作出房屋登记行为时，韦波所主张的权益尚未取得，不存在该登记行为作出时侵犯其财产权益的情形。况且，韦波没有合法取得 A 楼地下室的权属依据，也不存在被诉房屋登记行为作出后侵害其继受取得的合法权益的事实。因此，韦波与被诉的三亚市政府和三亚住建局之间没有形成行政法律关系。

二、行政法律关系的主体

（一）行政法律关系主体的概念

主体是法律关系的根本要素。行政法律关系的主体，是指行政法律关系中享有权利并承担义务的人或组织。与其他性质的法律关系相比，行政法律关系的主体具有如下特征：[1]

1. 主体的恒定性与不可转化性。行政法律关系发生在实现行政职能的过程中，关系双方当事人中必有一方是承担行政职能的行政主体，不以行政主体为一方当事人的法律关系不可能是行政法律关系。这就是行政法律关系主体的恒定性，是行政法律关系区别于其他法律关系的特点之一。同时，在行政法律关系主体中，行政主体与其他各类当事人是不能相互转化或互换位置的，它们各自的地位和法律角色是确定的。例如，在行政诉讼中，原告只能是行政相对人，被告只能是行政主体，他们不能互为原被告。

2. 主体资格的受限制性。在行政法律关系中，无论是行政主体还是其他各类当事人都要受到一定资格和条件的限制。就行政主体而言，作为行政权力的

---

〔1〕 杨解君："行政法律关系"，载应松年主编：《当代中国行政法（上卷）》，中国方正出版社 2005 年版，第 140 页。

享有与行使者，必须具备法定的资格条件。根据我国的实际情况，在我国只有行政机关和法律、法规授权的组织才能作为行政主体。而且，行政机关和法律、法规授权的组织可以作为行政主体，并不意味着它们可以作为任何一种行政法律关系的行政主体，它们必须受法律授权范围的限制。其他各类当事人在资格上的限制呈多样化。其中，对行政管理法律关系中的行政相对人，一般情况下无资格上的特别限制，只是在一些特别行政法律关系中要求具有特别权利能力和行为能力。例如，公民加入国家公务员队伍，成为内部行政法律关系主体的条件是具有我国国籍，并具备一定的文化程度和良好的身体条件。

（二）行政法律关系主体的种类

行政法律关系主体不是某一方主体，是指参与到行政法律关系中的一切当事人，是双方或多方主体。根据它们在行政法律关系中所处地位的不同，可以划分为以下几类：

1. 行政主体。行政主体是指具有行政权能，并能以自己的名义运用行政权力，独立承担相应法律责任的社会组织。在我国，具有行政主体资格的社会组织包括国家行政机关和法律、法规授权的组织。其中，国家行政机关是最普遍、最重要的一种行政主体，但不是唯一的行政主体。国家行政机关以外的其他社会组织在得到法律、法规授权的情况下，也能成为行政主体。同时，国家行政机关也并不始终是行政主体，它只有在行使行政权、管理行政事务时才是行政主体，当它作为被管理者的身份出现时，就是行政相对人。

2. 行政相对人。广义上讲，是指在行政管理法律关系中与行政主体相对应的、受行政权作用的另一方主体。行政相对人包括内部行政相对人和外部行政相对人。内部行政相对人是与行政主体具有隶属关系，代表行政主体执行公务的国家公务员。外部行政相对人是指与行政主体具有一般行政管理关系而不具有隶属关系的自然人、法人或者其他组织。自然人，是指基于生理规律出生的人，包括公民、外国人和无国籍人。广义上所使用的公民通常涵盖外国人和无国籍人。公民是最主要、最经常、最广泛的行政相对人，但公民成为法定的行政相对人应具备一定的资格，即行政法对其规定的权利能力和行为能力。在某些特殊的法律关系中，对公民的权利能力、行为能力有一些特殊的要求。法人和其他社会组织成为法定的行政相对人也必须具有权利能力和行为能力。法人和其他社会组织的权利能力和行为能力都始于成立、终于解散。

3. 监督主体。监督主体是指在监督行政法律关系中依法对行政主体及公务员实施监督的各种主体，既包括国家权力机关、国家司法机关、专门行政监督机关，也包括国家机关系统以外的公民、法人和其他组织。作为监督主体的国家权力机关、司法机关根据宪法和组织法，监察机关、审计机关根据宪法和专门法，对行政主体及其公务员行使职权行为实施的监督，是直接产生法律效力的监督。国家机关系统以外的公民、法人和其他组织作为监督主体，不能对监督对象作出直接产生法律效力的监督行为。

三、行政法律关系的客体

行政法律关系的客体，是指行政法律关系主体的权利义务所指向的标的。权利和义务如果没有他们所指向的对象，将因没有目标而不能落实，也就丧失其存在的意义。行政法律关系客体范围很广泛，一般认为，行政法律关系的客体包括物、精神财富和行为。

（一）物

物是指现实存在的、能够为人们所控制和支配的，满足人们物质需要的物体。包括天然存在的物体，如水、矿产资源等；也包括人工制造的物体，如汽车、房屋等。大多数行政法律关系都与物有着密切的联系，有的直接以物为客体，如行政机关对公共设施的管理；有的虽以行为为客体，但仍与物紧密相关，如税务机关对市场主体纳税行为的监管，主要通过对其交纳金钱的数量的检查来实现。因此，物在行政法律关系中占有重要地位。

作为行政法律关系客体的物主要包括：①行政奖励物，如奖金；②被行政确认或裁决物，如使用权有争议的土地；③行政罚没物，如罚款；④被保护的物，如受行政主体保护的公民合法财产或公共财物、公共设施等；⑤征收征用物，如行政征收、征用的税金、规费及其他财产；⑥救济物，如行政主体对遭受洪灾的人给予的金钱或生活、生产物资；⑦公益物，如行政主体为社会及相对人提供的公园、道路、桥梁等；⑧行政活动保障物，如行政主体进行行政管理所具有的一定的物质保障；⑨其他财政资产、金融资产、国有资产等公产、公物。[1]

（二）精神财富

精神财富是指能满足人们精神需要的无形的客观事物，如人格、文艺创作成果和娱乐等。精神财富虽然是一种无形的事物，但它是客观存在的，并有一定的表现形式，如国家机关的职位、文学作品、发明、某种荣誉和行为等。某些精神财富只能满足人们精神生活的需要，如娱乐行为；而某些精神财富在满足人们精神生活需要的同时，又能间接地带来物质利益，从而满足人们物质生活的需要，如学术著作等。在公民向国家专利管理机关申请发明专利的行政法律关系中，专利就是客体。

---

[1] 方世荣主编：《行政法与行政诉讼法》，中国政法大学出版社 2002 年版，第 29 页。

（三）行为

正如马克思所说："对于法律来说，除了我的行为以外，我是根本不存在的，我根本不是法律的对象。我的行为就是我同法律打交道的唯一领域，因为行为就是我为之要求生存的权利，要求现实权利的唯一东西。而且因此我才受现行法的支配。"[1] 由此可以看出，行为在法律关系中占有重要的地位。作为行政法律关系的客体的行为包括作为与不作为、合法行为与违法行为、行政主体的行为与行政相对人的行为。作为行政管理法律关系客体的行为主要是行政相对人的行为；作为行政服务法律关系客体的行为主要是行政主体的服务行为；作为监督法律关系客体的行为主要是行政行为。

四、行政法律关系的内容

（一）行政法律关系在内容上的特征

行政法律关系的内容，是指行政法律关系的主体所享有的权利和所承担的义务。[2] 行政法律关系主体的权利，是指由行政法规范规定的，行政法律关系主体以相对自由的作为或不作为方式获得利益的一种手段。行政法律关系主体的义务，是指由行政法规范规定的，行政法律关系主体以相对抑制的作为或不作为方式承受负担或保障权利主体获得利益的一种手段。行政主体和行政相对人都享有一定的权利，承担一定的义务。与其他性质的法律关系相比，行政法律关系在内容上具有如下特征：

1. 法律关系主体的权利义务具有法定性。行政法律关系主体之间不能相互约定权利义务，也不能自由选择权利义务，而是由行政法律规范预先规定他们的权利、义务。

2. 法律关系主体的权利义务具有对应性。在行政法律关系中，主体双方相互行使权利并履行义务，不允许存在一方只行使权利而另一方只履行义务的情况。例如，行政主体对行政相对人行使行政处罚的权力的同时又要履行说明理由、听取陈述和申辩以及接受监督的义务。

3. 法律关系主体的权利义务具有不对等性。在行政法律关系中，主体双方虽对应地既享有权利又履行义务，但各自权利义务的质量却不对等。从质的方面讲，行政主体行使的是行政职权，履行的是行政职责，而行政相对人享有和承担的是公民、法人和其他组织的权利义务，两类权利义务具有不同的性质。从量的方面看，主体双方各自权利义务的数量也不相等，因权利义务性质不同，

---

〔1〕《马克思恩格斯全集》第1卷，人民出版社1972年版，第16～17页。
〔2〕法律关系的内容是指各方当事人享有的权利义务。这是通说。本书采用通说的观点。至于行政法律关系各方主体的"特殊"权利义务，在具体段落再加以说明。

无法等量衡量，更不能等价交换。

4. 行政主体的职权职责具有统一性和处分有限性。作为行政法律关系一方当事人的行政主体，其享有的权利义务是行政权的转化形式，因而又被称为"行政职权"和"行政职责"。行政主体必须依法行使行政职权，不得违法或失职，否则要承担法律责任。行政职权职责的法定性和统一性要求，行政主体对其享有的行政职权不能放弃，也不得自由处分。

（二）行政主体的职权和职责

1. 行政职权。不同的行政主体所享有的行政职权内容有别，但总体说来，行政职权大致包括以下内容：制定规范权，即行政机关制定行政法规、行政规章和其他行政规范的权力；行政检查权，即行政主体依法对行政相对人履行法定义务的情况进行监督检查的权力；行政处理权，即行政主体对行政相对人的权利义务进行处理的权力，包括许可权、处罚权、处分权、奖励权等；行政强制权，即行政主体对行政相对人依法采取强制措施的权力，包括即时强制权和强制执行权；行政司法权，即行政主体对一定的行政纠纷和民事纠纷进行裁决处理的权力，包括行政复议权、行政裁决权、行政调解权等。此外，还有行政命令权、行政合同权、行政指导权等。

2. 行政职责。行政职责随行政职权的产生、变更或消灭而相应变化，与行政职权密不可分。行政职责的核心是依法行政，其具体内容主要有：依法履行职务、不失职；严守职权、不越权；符合法定目的、不滥用职权；遵循法定程序、避免程序违法。

（三）行政相对人的权利和义务

行政相对人的权利和义务，即公民、法人和其他组织在行政法上的权利和义务。它们分别被规定在众多的具体的行政法律规范之中。

行政相对人的权利可概括为：①行政参与权。即行政相对人可以依照法律规定，通过各种途径参与国家行政管理活动的权利。具体包括：直接参与管理权、了解权、听证权、行政监督权、行政协助权等。②行政获益权。即行政相对人可以依据法律规定从行政主体或通过行政主体的管理活动获得利益。具体包括：就业权，享受养老、保险、救济金等社会福利的权利，获得许可、奖励、减免税等其他权益的权利，接受义务教育的权利。③行政保护权。即当行政相对人的合法权益受到侵犯时获得行政法上的保护的权利。这些保护是行政相对人通过行使请求权、申请行政复议或提起行政诉讼的方式而实现。

行政相对人的义务主要有：遵守行政法律规范；服从行政管理；执行行政决定等。

（四）监督主体的权利和义务

不同的监督主体与行政机关及其公务员之间的权利义务，因监督主体的性质不同而有所区别。监督主体是国家机关的，他们享有的权利表现为监督权力，属于法定职权范畴。权力机关的监督权力主要包括：对违法行政或不当行政的撤销权或变更权，对行政领导人员的罢免权，对行政行为的检查权、调查权、质询权等。国家行政机关的监督权力体现在：对违法行政或不当行政的撤销权或变更权，对在行政活动中违法、违纪的公务员的行政处分权以及辞退权，专门的行政监察权，审计权等。国家司法机关的监督权力主要有：对行政主体具体行政行为的审查、裁判权，对作为具体行政行为依据的行政规章和规范性文件的判断权及选择适用权，对行政机关申请人民法院强制执行的决定的审查权，对行政主体的司法建议权等。行政主体对上述国家机关的各种权力性监督负有不得干扰和妨碍的义务、配合并接受监督活动的义务、服从并执行监督权行使结果的义务。

其他的监督主体的监督权利体现为：对行政活动提出批评、建议的权利，申诉、控告、检举、揭发的权利，来信来访的权利，提出行政复议、行政诉讼的权利，要求行政赔偿的权利等。

五、行政法律关系的产生、变更和消灭

行政法律关系是由行政法律规范调整和规定而形成的，所以，行政法律规范是行政法律关系形成的法律根据和前提条件。但是，行政法律规范所规定的只是一般的、普遍性的或抽象的权利义务模式，并不是现实具体的行政法律关系，它只为具体行政法律关系的产生、变更或消灭提供了可能。只有具体适用该权利义务规定的法律事实出现，这种可能性才能转化为现实性。因此，行政法律关系的运动，是指由于一定的法律事实而引起的行政法律关系产生、变更和消灭的过程。

（一）法律事实

这是指引起行政法律关系产生、变更和消灭的具体条件和根据。它之所以产生这样的法律效果，即能否引起行政法律关系的运动、能引起何种行政法律关系的运动，以及是引起行政法律关系的产生还是引起行政法律关系的变更或消灭，完全取决于行政法律规范的预先规定。实际上，法律事实就是行政法律规范结构中的假定部分。法律事实通常可分法律事件和法律行为。法律事件，是指能引起行政法律关系产生、变更和消灭，不以人的主观意志为转移的客观事件，如地震、台风和洪水等自然灾害和战争、动乱、流行病暴发、人的出生或死亡等社会事件。例如，人的出生，可引起户籍管理等行政法律关系的产生；年龄的增长，可引起身份证管理和人事管理等行政法律关系的变更和监护等法律关系的消灭；人的死亡，能引起户籍管理和人事管理等行政法律关系的消灭和抚恤金管理等行政法律关系的产生。法律行为，是指能引起行政法律关系产生、变更和消灭的，行政法主体有意志的行为。它可以是作为，如滥伐林木；也可以是不作为，如逃避服兵役。它主要是行政主体的行为，如行政征收和强制执行；但也可以是相对人的行为，如超速驾驶。它可以是合法行为，如暂住人口申报暂住登记，公安机关依法收缴枪支；也可以是非法行为，如非法开采金矿，行政主体滥用职权。

（二）行政法律关系的运动形式

行政法律关系的运动有产生、变更和消灭三种形式。

1. 行政法律关系的产生。这是指行政主体和行政相对人之间依法实际形成特定的权利义务关系，即把行政法律规范中规定的权利义务转变为现实的由行政法主体享有的权利和承担的义务。例如，公民年满 18 周岁，就产生了兵役主管部门和该公民间的行政法律关系，使该公民具有了服兵役的义务，使兵役主管部门享有对其予以征集的权利。

2. 行政法律关系的变更。这是指特定的行政法律关系在存续期间，因一定原因而使部分的权利义务发生变化的情况。具体地说，行政法律关系发生变更，需满足两点：①发生在法律关系存续期间，如果行政法律关系尚未产生，或已经消灭，均不存在变更的问题。②法律关系的部分要素发生了变化，如果一种法律关系的主体、客体和内容都有变化，则表明原来的行政法律关系已不复存在而形成了另一个新的行政法律关系。一般认为，行政法律关系的变更即主体、客体或内容发生变更。

3. 行政法律关系的消灭。这是指行政法律关系因一定原因而不复存在，其本质上表现为行政法律关系主体之间的权利义务的终结。引起行政法律关系消灭的法律事实主要有：①原主体消灭，没有或不能有承继主体。例如，公民或国家公职人员的死亡、法人被兼并、其他社会组织被解散或授权行政主体的授权期限届满，国家公职人员因开除、辞退或解职而丧失所具有的身份等，都会引起行政法律关系的消灭。②设定权利义务的法律规范或行政决定的消灭。如行政决定的撤销、废止，权利的实现和义务的履行等，使行政法律关系归于消灭。③客体的消灭。例如，作为客体的文物的灭失，使文物保护行政法律关系归于消灭。当然，客体的消灭也不一定必然导致行政法律关系消灭。如果原客体消灭后，能以其他客体代替的，则原权利义务仍然可以实现，行政法律关系只是有了一定的变更。

第二章　行政法的基本原则

【知识目标】

1. 掌握行政合法性原则、比例原则、诚实信用原则、程序公正原则的具体要求。

2. 理解法律优位、法律保留的内涵。

【技能目标】

能够运用行政法的基本原则分析案例。

作为部门法的行政法应当有自己的独立的基本原则，但由于行政法没有统一的法典，行政法基本原则不可能像宪法、刑法和民法的基本原则那样由统一的法典加以明确规定。我国行政法学者对行政法基本原则的概括和表达不尽相同，但对行政法基本原则的特征的理解大致接近。一般认为，行政法基本原则，是指导行政法制定、执行、遵守以及解决行政争议的基本准则，贯穿于行政立法、行政执法、行政司法和行政法制监督的各个环节之中。[1] 因此，只有充分把握行政法的基本原则，才能保证行政法规范在适用上的统一与和谐，才能使行政法规范得到切实有效的实施。同时，当法律规范出现空白和漏洞时，行政法基本原则作为共同理念可以弥补法律的不足。

行政法基本原则是在长期的民主法制建设过程中，在行政法与其调整对象相互作用过程中逐渐形成和确立的一种精神，是对行政法规范的精神实质的概括，体现着行政法的价值和目的。因此，行政法基本原则内容的确定不仅要反映出法之基本原则的特征，也应反映出行政法追求的价值和目的。

---

〔1〕　应松年主编：《行政法学新论》，中国方正出版社 1998 年版，第 37 页。

第一节　行政合法性原则

本节引例

2002 年初，某省某钢铁有限公司筹划在某市建设新的大型钢铁联合项目，概算总投资 105 亿元人民币，2003 年 6 月进入现场施工。该项目在建设实施过程中出现问题：越权审批项目，违规拆分审批征用土地，违规组织实施征地拆迁工作；违反土地管理法，未取得征地批准文件即动工建设，违法占用土地 6541 亩，其中耕地 4585 亩（含基本农田 1200 亩），致使 4000 多名农民被迫搬迁；该公司严重违反国家环境保护法、环境影响评价法的有关规定，未取得环保部门批复环境影响评价报告书就擅自开工建设；等等。上述事件经媒体调查曝光后在全国引起强烈震动。

理论知识

行政合法实质上体现了现代民主政治的基本要求，反映了现代国家行政的一般规律。其作为社会主义国家行政法制建设的一项基本原则和主要内容，贯穿于社会主义国家行政活动的始终。

一、行政合法性原则的概述

行政合法性原则是指行政主体的一切管理活动都必须符合法律规定。

（一）"法"的含义

行政合法，顾名思义，是要求行政要依据法律而为。因此，法律的范围直接影响着行政合法的具体要求。对"法"的范围的界定在不同历史时期有所区别。在自由资本主义阶段，行政合法就是行政机关严格依照国家立法机关制定的法律行使职权，行政机关实施的一切行政行为都必须有明确的法律依据，绝对不得超越法律的规定。法律若无规定，行政机关不得为之，这就是通常所说的"无法律即无行政"。但是，随着社会的发展，这种严格意义上的行政合法在各国实践中都难以得到切实的推行。因为立法机关制定的法律在任何时候都是有限的，不可能对行政权所涉及的全部事务都预先作出详尽周密的规定。当前，世界各国共通的认识是，对"法"作广义理解，是指一切行政法的法律渊源。在我国，不仅包括各级人民代表大会制定的法律、法规，而且包括行政机关制定的行政法规和规章。

（二）行政合法性原则的含义

我国行政法学界对行政合法性原则进行了比较深入的探讨，从不同的角度阐述其内涵，归纳起来包括以下几方面内容：行政权力的设定符合法律的规定；行政主体必须依据法律取得职权；行政主体依法定权限、法定实体规则和法定程序规则行使行政职权；违法行政应承担相应的法律责任。

本节引例中，当地政府及地方相关行政职能部门严重违反国家有关法律法规，违法作为或不作为，2004 年 4 月，该大型钢铁联合项目被国务院查处并勒令叫停。

行政合法性原则具体体现为法律优位和法律保留。

二、法律优位原则

法律优位原则或称法律优先原则，简而言之，是指法律相对于行政机关及其活动的优越地位，表现为：行政法规范对行政活动具有拘束力和支配力，行政主体不得采取任何违反行政法规范的措施。需要指出的是，法律优位原则只要求行政活动不得与法律相抵触，并不要求行政活动具有明确的法律依据，行政主体不实施与法律规定不一致的行为即符合该原则的要求。因此，该原则又称为消极的依法行政原则。

（一）含义

行政机关的行政行为，从大的方面来说有两类，即制定规范性文件的抽象行政行为和作出处理决定的具体行政行为。依法行政不仅要求行政机关根据法律和法律授权制定规范性文件，还要求行政机关在作出具体行政行为时必须依据法律。从法律优先角度来讲，具体有下列要求：

对拥有行政立法权的行政机关而言，法律优先意味着：①在已有法律规定的情况下，行政法规、规章不得与法律相抵触，凡是有抵触的，都以法律为准。凡是上一位阶的法律规范已经对某一事项作出规定的，下一位阶的法律规范不得与之相抵触。②在法律尚无规定的情况下，行政法规、规章在各自范围内作出了规定，一旦法律就此事项作出规定，法律优先。在上位阶法律尚无规定时，下位阶规范可以作出规定，但上位阶规范就此作出规定的，下位阶规范必须服从。[1]

对行政职权的行使，法律优先包含以下含义：①越权无效。行政权之主体应受其组织法所赋予职务的限制，不得逾越其管辖权和权限。任何超越管辖权和权限的行政，均为无效行政。[2] ②行政不得违反法律。"任何组织和个人都不得有超越宪法和法律的特权。"代表国家行使行政权的行政主体尤其应在法律

---

〔1〕 刘莘："行政法基本原则"，载应松年主编：《当代中国行政法（上卷）》，中国方正出版社 2005 年版，第 87 页。

〔2〕 刘莘："行政法基本原则"，载应松年主编：《当代中国行政法（上卷）》，中国方正出版社 2005 年版，第 87 页。

允许的范围内活动，行政主体实施行政行为不仅应当依照法律的具体规范，而且应当依据法律所确认和体现的原则、目的和精神以及社会公认的公平正义等价值观念；不仅应当依照实体法规范，而且应当依据程序法的规定。③行政主体应主动适用法律。执行法律是行政机关的职责，行政机关应主动适用其职权范围内的法律，不得拒绝和任意为之。

（二）保障机制

法律优先必须有机制保障，违反法律的审查机制是法律优先的重要保障。因各国体制不同，存在着不同的违法审查机制。[1] 在我国，对行政法规、规章及其他规范性文件的审查权属于权力机关和有权行政机关。例如，全国人大常委会有权撤销国务院制定的同宪法、法律相抵触的行政法规、决定和命令；国务院有权改变和撤销各部、各委员会发布的不适当的命令、指示和规章；人民法院有对具体行政行为是否合法的审查权，没有对抽象行政行为的审查权，但从原则上讲，在审判中如果有理由可拒绝适用违法的行政法规和规章。

三、法律保留原则

法律优先原则只要求行政机关要按照现行法律行事，对法律未明文规定的事项，并未禁止行政机关行为。行政行为没有抵触法律，虽然不违反法律优先原则，但也不可任意为之。在涉及公民权利义务等事项方面，只有法律明确授权，行政主体才能实施相应的管理活动。这就是法律保留原则。法律优先原则仅要求行政活动不与法律相抵触，而法律保留原则进一步要求行政活动必须具有法律的明确授权根据，否则即构成违法，其要求显然比法律优先原则严格，法律保留原则因此又被称为积极的依法行政原则。

（一）立法保留

立法保留是指在国家法律体系内，一些重大的事项只能由国家立法机关以正式法律的形式规定，而不能由其他国家机关特别是行政机关代为规定。明确了全国人民代表大会、国务院、享有立法权的地方各级人民代表大会和人民政府各自享有的设定权限。

我国法律所规定的法律保留原则又分为"绝对保留"和"相对保留"。"绝对保留"是指特定事项的立法权只属于法律，任何其他国家机关不得行使，也不能授权其他国家机关行使。根据我国《立法法》的规定，涉及犯罪与刑罚、公民政治权利和人身自由的强制措施和处罚、司法制度等事项的立法权，只能

---

〔1〕 在英国，议会和法院拥有违反法律优先原则的审查权；在法国，行政法院对行政立法、具体行政决定是否具有违法性进行审查；在德国，违反法律优先原则的审查权在国会和法院，对具体的行政决定是否合法的审查权在行政法院。

由全国人民代表大会及其常务委员会行使，不得授权国务院制定行政法规，也不得授权地方各级人民代表大会制定地方性法规；涉及国家主权的立法事项，不得授权地方各级人民代表大会制定地方性法规。所谓"相对保留"是指特定事项的设定权本来属于法律，但在特定情况下，法律可以授权国务院根据实际需要制定行政法规。相对保留的立法事项涉及国家机关的设置、职权及其相互关系，民族区域自治制度、特别行政区制度、基层群众自治制度等国家政权建设的制度，涉及公民财产的强制措施和处罚，物权、债权、知识产权、婚姻家庭、财产继承等民事规范，诉讼制度、律师公证和仲裁制度，财政、税收、海关、金融和外贸制度，自然资源的所有权确认及其转让，等等。

（二）职权法定

现代社会关系的复杂性和瞬息万变要求国家赋予行政机关更多的决策权力，以便使其能够有效地维护社会秩序和公共利益。但是，行政权所具有的扩张性和侵略性又决定了不能将所有事项的决策权都毫无保留地交给行政机关，某些事项的决策权必须由法律保留，只能由法律加以规定，而行政机关必须严格执行、遵守法律的规定。关于哪些行政执法行为需要法律的明确授权，行政机关才能实施，通行的观点采取的是权力行政保留说。

1. 任何行政职权的存在都必须基于法律的授权，任何行政职权的行使和委托都必须具有法律根据，否则，相应的行政活动构成违法，原则上应当被撤销或者宣告无效。也就是说，行政主体的权力是有限的，不仅法律明确禁止的不能为之，而且法律没有授权的，也不得为之。当然，职权法定并不禁止行政机关在没有法律规定时从事不妨碍其履行职责的且有益于相对人的事。职权法定与立法保留一样，凡属于对相对人"不利益"的权力，行政机关的行使要有法律授权，反之，法律并不禁止行政机关为之。

2. 行政职权与行政职责统一。对行政机关而言，行政职权同时就是行政职责，必须依法行使，不得放弃。行政机关应当行使行政职权而不依法及时行使的，构成对法定职责的违反，必须承担违法性确认、赔偿等行政法律责任。

第二节　比例原则

本节引例

陈宁诉辽宁省庄河市公安局不予行政赔偿决定案[1]

2001 年 12 月 24 日，在辽宁省庄河市栗子房镇发生交通事故，市公安局交警大队接到报警后，立即出警，赶到事故现场。在事故现场初步查明，一出租车已被撞变形，司机韩某被夹在驾驶座位中，生死不明，需要立即组织抢救。交警在先后采取撬杠等各种方法均不能打开驾驶室车门的情况下，最后采取气焊割门的方法，在现场群众的帮助下，将韩某从车中救出送往医院，到医院后发现韩某已经死亡。交警虽然在气焊切割车门时采取了安全防范措施，但仍造成了轿车失火，因火势较大，使用事先准备的消防器材无法将火扑灭，扩大了轿车的损失。事后，韩某的妻子陈宁向庄河市公安局提出行政赔偿申请，要求庄河市公安局赔偿交警气焊切割造成轿车被烧毁的损失。试分析：交警采取的救助行为是否适当？

理论知识

我国 20 世纪 80 年代到 20 世纪 90 年代中期，受英国行政法学的影响，教科书将合理性原则作为行政法的基本原则。到 20 世纪 90 年代中期以后，由于德国行政法理论的大量引入，学界开始较为普遍地用比例原则代替合理性原则作为行政法的基本原则。实际上，比例原则与行政合理性原则完全相通。两者都是针对行政裁量行为，为行政机关正确行使裁量权、审查行政裁量行为的合法性提供可供操作的标准，客观上都具有控制裁量权、使行政裁量的适当性转化为合法性的作用。由于比例原则包含了评价行政裁量行为合法性的可操作的具体标准，以比例原则替代行政合理性原则，可以从根本上解决行政合理性原则没有操作性的问题，避免造成在理论上重要、实践中却形同虚设的尴尬境地。

在我国，比例原则在一些行政管理领域有所体现，如行政处罚制度、行政许可制度等。在行政自由裁量权广泛存在的现代社会中，强调比例原则，有利

---

〔1〕　参见中华人民共和国最高人民法院行政审判庭编：《中国行政审判指导案例（第 1 卷）》，中国法制出版社 2010 年版，第 11 页，第 19 号案例，有改动。

于加强对行政裁量权的控制，提高行政裁量行为的可预测性，切实保护公民、法人和其他组织的合法权益。

一、比例原则与依法行政原则

比例原则与依法行政原则都是有关行政活动合法性的原则，只是调整的侧面和层次不同。依法行政原则主要从法律与行政、权力机关与行政机关之间主从关系的角度调整行政行为的合法性，从根本上确立法律对于行政的支配关系。而比例原则专门针对行政裁量行为，通过具体的评价标准，使行政裁量行为受到法律的严格约束，从而使行政裁量行为的合理性问题转化为合法性问题。比例原则是在依法行政原则的基础上，使行政活动特别是行政裁量行为的合法性标准进一步具体化。如果说依法行政是宏观上确立行政的民主合法性的基本原则，那么，比例原则是从微观上确立行政的技术合法性的基本原则。[1]

二、比例原则的含义

比例原则是指行政机关在采取行政措施时，应当全面权衡有关的公共利益和个人利益，采取对公民权益造成的限制或者损害尽可能小的行政措施，并且使行政措施造成的损害与所追求的行政目的相适应，又称为禁止过度原则或者最小损害原则。这一原则包含以下三个方面的具体要求：

1. 行政行为应当具有适当性。对行政行为适当性的要求，是指所设定或采取的行政行为与行政目的之间应成比例、相平衡。衡量行政行为是否具有适当性，关键在于当时采取的措施是否指向所追求的目的，即使行政行为或措施只是部分地有助于目的的实现，也未违反适当性。适当性针对的是行政目的和手段之间的客观联系，手段之于目的应该是一种正确的选择。

2. 行政行为应当具有必要性。必要性是指行政权的行使虽然是为达成某一行政目的所必需，但给公民造成的不利影响不能超过目的所要求的价值和范围，必须在侵害公民权利最小的范围内行使。对行政立法而言，必要性要求立法人员全面考虑各种因素，对各种利益进行权衡。所规定的措施可能不是限制或者损害最小的，但必须对实现法定目的是最恰当的。对行政执法而言，必要性要求在法律规定可以达到相同法定目的可供选择的各种行为方式中，行政执法人员应当选择对公民权益侵害或者限制最小的措施。

3. 行政行为应当具有相当性。这个要求又称为狭义的比例原则，是指行政机关在经过适当性和必要性考虑之后，所设定或者选择的措施可能产生的成本或者损害必须与所追求的行政目的相对称。这一原则与适当性要求的区别在于，它是一个衡量行政措施实现公共利益的效用与其对公民合法权益所造成的损害

---

〔1〕　朱维究、王成栋主编：《一般行政法原理》，高等教育出版社 2005 年版，第 106 页。

之间大小关系的一个标准。根据该原则，行政机关应当在行政目的所达成的公共利益与侵害公民合法权益之间进行权衡，使公民所要付出的代价与得到的公共利益相当，只有证明公共利益重于公民合法权益时，行政行为才能"侵犯"公民的权益。

本节引例中，对被困人员进行救助，可能会对被救助人的生命和财产造成进一步的损害，因此，实施救助行为的过程中存在着对手段和结果的利益衡量问题，这就需要运用比例原则加以判断。在本案中，打开车门是救人的前提，因此，交警采取气焊切割门这一救助措施，在目的上是适当的。交警是在采取其他风险较小的开门方式无法奏效的情况下不得已才采取气焊切割门的方式，在手段上是必要的。生命权优于财产权，交警以扩大财产损失和救助风险的方式来实施抢救生命的行为，是符合相当性原则的。综上所述，交警采取的施救行为符合比例原则。

第三节　诚实信用原则

本节引例

杨某诉某县房地产管理局撤销房产登记案[1]

2002 年，某县房产管理局为杨某颁发了利西潘楼镇 01226005 号《房屋所有权证》。2010 年 1 月 15 日，某县房产管理局以杨某在申办该房屋所有权证时提供过期身份证为由，将杨某的房屋所有权证予以撤销。杨某认为，自己申办该房屋所有权证提供过期身份证，并不违反法律的规定，因此，请求法院撤销某县房产管理局作出的利房管（2010）005 号《关于撤销杨某 01226005 号房产证书的决定》。本案二审终审，判决某县房产管理局败诉。试分析：某县房产管理局的行为是否侵犯了相对人的信赖利益？

理论知识

诚实信用原则本是私法关系领域的一项基本原则，在近代，几乎被各国民法典所明示。实际上，诚实信用是一个社会的公共秩序与善良风俗的要求，是

---

〔1〕 安徽省高级人民法院编：《安徽 2010 法院案例选》，安徽人民出版社 2011 年版，第 109 页，第 94 号案例。

国家、社会存在与发展的基本秩序，也是社会推崇的基本的价值标准和道德标准，它不仅是对公民的要求，同时也是对行政机关及其管理活动的要求。行政机关之间、行政机关与公民之间关系的处理，都存在一个讲求诚实信用的问题。如今，许多国家已在行政法上确认诚实信用原则为行政法的基本原则。2004 年 7 月 1 日实施的《中华人民共和国行政许可法》第 8 条、第 69 条规定的内容是诚信原则的体现。

一、诚实信用原则的含义

与民事法律关系不同的是，在行政法律关系中，行政机关与公民之间的权利义务是不对等的。行政机关作为有权一方严格要求相对人遵循诚实信用原则，否则，行政机关将给予惩罚；但作为公民一方，当行政机关一方不遵守诚实信用原则使其利益受损时，却常常处于无能为力的状态。从这个意义上讲，行政法上的诚实信用原则，首先是针对行政机关提出的要求，因此，行政机关的诚实信用与对公民合法信赖利益的保护相连，是一个问题的两个方面，只是角度有所不同。一些西方国家将信赖保护原则作为行政法的基本原则。信赖保护原则中的"信赖"通常是指公民对法律制度和法律规范的稳定性、连续性、可预测性的信任和对具体行政执法行为、既得权益和法律行为持续的信任。保护这些正当合理信赖，就要求行政机关诚实信用地设定或行使职权。

诚实信用原则的主要内容建立在主观的"善意"和客观的"衡平"的基础上，具体的要求可归纳为以下几点：①行为具有明确性和可预测性。行政立法尽可能明确具体，以便公民可以毫无疑问地理解什么是允许的，什么是禁止的，行政机关可以对人民采取什么措施。同时，行政行为必须能被公民所预见，以便公民据以安排自己的活动。②不溯及既往。法治国家要求行政法律秩序具有连续性，行政立法对其实施以前已终结的事实，原则上不适用。特别是侵益性、负担性立法，一般禁止溯及既往。③禁止反复无常。行政机关作出将来作为或不作为的承诺，就应当积极践行。如果行政机关不履行承诺对公民权益造成损害的，应当承担责任。即使承诺违法，若信赖利益大于公益，也应当承认承诺具有拘束力。在合法承诺因情势变更而被行政机关收回时，应当给当事人以补偿。④行政撤销权受到限制。行政行为具有公定力，一经作出即被推定为有效，若有违法瑕疵，原则上可由有权行政机关或法院依法加以撤销。但为保护信赖该决定为合法的公民的利益，对违法行政决定是否撤销应综合权衡，不能只强调维护合法性。

二、诚实信用原则的内容

1. 行政机关之间相互信任和忠诚[1]。相互信任和忠诚是诚实信用原则在行政机关之间关系上的表现，是行政机关树立公民对行政的信任、保护公民对行政的合法信赖的前提。具体来说：①忠诚和信任是行政机关在处理相互关系时承担的职责；②对一个行政机关依法作出的行政行为，其他行政机关应当承认其效力，接受其约束，除非法律另有规定，不得作出与该行政行为冲突或者不一致的行政决定；③一个行政机关作出的行政行为可能涉及其他行政机关的职权职责时，应当及时告知其他行政机关；④在遵守管辖权的限制和其他法律规定的情况下，一个行政机关对其他行政机关提出的职务上的请求，应当尽力协助。

2. 行政机关原则上不得制定对公民产生不利影响的具有溯及力的法律规范。禁止法律规范具有溯及力，是法治国家原则的要求。但是，经济、文化和社会的发展必然引起法律制度和法律规范的变更，法律制度和立法应当根据新的情况作相应的调整。这里存在着发展与稳定、信赖保护和法律安定性与法律灵活性的冲突。在制定法律规范时，立法机关应当权衡这些相互冲突的利益。就行政立法而言，行政机关不得制定给公民增加负担的、限制或损害公民已经依法取得的既得利益的、具有溯及力的法律规范。

3. 除非法律有明确规定，行政机关不得撤销或者废止已经生效的行政处理决定。在法定救济期限内，行政处理决定处于不确定的状态，不产生关系人的既得权益，行政机关可以随时撤销。但行政处理决定一经生效，就会对相对人产生有利或者不利的影响，撤销与否都涉及信赖保护问题。一般来说，分以下两种情况进行处理：①对相对人不利的行政处理决定，若合法，行政机关可以裁量决定是否废止；若违法，行政机关可以随时裁量决定撤销。②对相对人有利的行政处理决定，若合法，行政机关原则上不得废止，除非法律有特别明确的具体规定；若违法，行政机关可以裁量决定部分或者全部撤销，但是受益人对该行为的存续具有值得保护的信赖利益的，行政机关不得撤销。

本节引例中，办理房屋交易过户并颁发房产证是房产行政管理部门的法定职权，是对行政相对人的民事法律行为和权益进行的一种行政认可行为。本案中的杨某从县房产管理局处办理了房屋产权证，即相信自己的民事权益已得到了法律的承认和保护，也就是说，某县房产管理局颁证行为具有了信赖利益。杨某在申办房产证时提供的过期身份证所显示的信息是真实的，根据《安徽省城市房屋产权产籍管理办法》的规定，不属于隐瞒事实真相或伪造证明文件，

---

〔1〕　朱维究、王成栋主编：《一般行政法原理》，高等教育出版社2005年版，第100页。

不应当被撤销。某县房产管理局以杨某隐瞒事实、为纠正错误为由对杨某作出的撤销房产证的决定，侵犯了杨某的信赖利益，违反了诚实信用原则。

4. 行政机关依法撤销或废止行政处理决定，给相对人造成损失的，应当补偿或者赔偿。相对人依法取得的利益受法律保护，行政机关不得擅自改变已经生效的行政处理决定。行政处理决定所依据的法律、法规、规章修改或者废止的，或者作出行政处理决定所依据的客观情况发生重大变化的，为了公共利益的需要，行政机关可以依法变更或者撤销已经生效的行政处理决定。由此给相对人造成财产损失的，行政机关应当依法给予补偿。行政处理决定违法是由行政机关及其公务员违法造成、相对人并无过错的，行政机关撤销行政处理决定，应对相对人的合法权益的损害依法给予赔偿。但撤销行政处理决定可能对公共利益造成重大损害的，不予撤销。

第四节 程序正当原则

本节引例

彭淑华诉浙江省宁波市北仑区人民政府工伤行政复议案[1]

2003 年 7 月，彭淑华的丈夫徐某在骑车去上班的途中，与机动车发生碰撞致死。2005 年，彭淑华向宁波市北仑区劳动和社会保障局提出工伤认定申请，该局根据查明的事实，认定该次事故伤害为工伤。宣告后，徐某的工作单位金鑫公司不服，于同年 9 月向北仑区政府申请复议。2005 年 11 月，北仑区政府在未通知彭淑华参加行政复议的情形下，作出仑政行复 ［2005］6 号行政复议决定，撤销北仑劳动和社会保障局作出的涉案工伤认定决定。彭淑华不服该行政复议决定，于 2005 年 12 月向法院提起行政诉讼。试分析：北仑区政府的行政复议行为是否违法？

理论知识

行政机关在行使职权时除必须依据实体法，还应该遵循程序法。如果说，行政实体法规定的是行政职权所要达到的目的、目标，那么，行政程序就是达

---

〔1〕 参见中华人民共和国最高人民法院行政审判庭编：《中国行政审判指导案例（第 1 卷）》，中国法制出版社 2010 年版，第 15 页，第 20 号案例，有改动。

到这一目的的步骤、顺序、方式和期限。早在 13 世纪，英国的大宪章中就确立了程序正义的观念。[1] 程序正当在英国被称作"自然公正"，后为美国法所继承，并因美国宪法第 5 条、第 14 条修正案被冠以"正当程序"条款而名扬天下。正当程序及程序正义在实现行政法治方面的重要作用，已为英美等行政法治发达国家的实践所证明。我国有"重实体，轻程序"的传统，因而有必要借鉴先进的发达法治国家的程序原则，将"程序正当"上升为行政法的基本原则，以规范行政行为，特别是行政裁量行为。由于经济发展和现代社会生活的需要，行政裁量的范围越来越广，行政裁量是行政的自由领域，法律规范无法从实体上予以明确规定，又不能失控，因而程序的规范作用就显得尤为重要。

一、程序正当的渊源

无论是英国的自然公正原则，还是美国的正当程序原则，均以控制行政行为的正当性、妥当性为目的，它们所确立的观念和原则对世界上其他国家的行政程序法制建设有着重大的影响。了解和掌握英国自然公正原则和美国正当程序原则的含义，有助于我国的程序正当原则的建立。

（一）英国的自然公正

自然公正是英国法治的核心概念，是英国法官据以控制公共行为及行政行为的方法。自然公正有两个主要原则：①任何人不得作自己案件的法官。这一要求又被单独称为反对偏私的原则。行政决定必须由一个没有偏私的行政官员作出，若由不具资格者参与决定，则该决定无效。②任何人的合法权益受到不利影响时，必须允许其陈述自己的意见，这些意见必须被公平地听取。即听取意见原则。这一原则要求行政机关在决定公民的申诉时，必须让双方相互了解对方的观点和根据，以便提出自己的辩护。同时，行政机关作出对公民不利的决定时，也必须遵守这个原则，必须事先告知行政机关的意图，听取其意见。公民不能蒙受不利而没有陈述意见的权利。

（二）美国的正当法律程序

最久负盛名的"正当法律程序"条款出现在美国宪法第 5 条、第 14 条修正案中，依此规定，无论是联邦政府还是州政府，"非经正当法律程序，不得剥夺任何人的生命、自由或财产"。根据美国最高法院的解释，宪法规定的正当法律程序有两个方面的意义：①实质性正当法律程序。这是一个实体规则，要求国会所制定的法律，必须符合公平与正义。如果法律剥夺个人的生命、自由或财产，不符合公正与正义的标准，法院将宣告其无效。②程序性正当法律程序。

---

[1] 英国 1215 年的《大宪章》第 39 条规定："自由民非依国法而受其同辈之合法审判者，不得逮捕、禁锢、剥夺其财产，逐出于国外，或加以任何伤害。"

这是指允许行政机关对个人或组织采取具有严重后果的行动，必须遵循公正的程序。一般而言，正当程序提供下列程序保障：①事先的通知和听证；②（法律明确规定时）审判形式的听证；③律师辩护；④公正无私的裁决人；⑤公布调查结果和结论。

二、程序正当原则的内容

正当程序原则在英国和美国虽然从适用上是从司法行为渐次扩展到行政行为，但其基本内涵仍然是不能作为自己案件的法官，作出不利决定前要告知并听取当事人的意见。也就是说，程序正当是对行政机关的最起码的要求。程序正当原则应当包括公开、公平、公正原则和相对人参与原则等子原则。

（一）公开原则

行政公开是行政机关在行使职权时，除涉及国家机密、个人隐私和商业秘密外，必须向行政相对人及社会公开与行政职权有关的事项。行政公开的本质是通过一种法律程序实现对行政权的制约，其基本内容是：

1. 公开行政行为的依据。行政机关应当将作为行使行政权的依据在没有实施或者作出最终行政决定之前，向社会或行政相对人公开展示，使之知晓。公开依据有几个要求：①要求"事先"，即影响行政相对人合法权益的行政决定作出之前，如事后公开职权依据将导致行政决定无效，除非法律有特别规定。②要求"明确"，即一般理性人不会产生理解上的严重偏差。③要求"合法"，主要是指公开的方式应符合法律的规定，如没有法律的规定，应采取便于社会和行政相对人了解的方式。

2. 公开行政行为的过程。行政机关应当将行政决定形成过程中有关的事项向行政相对人和社会公开。一般来说，行政决定形成过程中涉及两部分事项：一部分是行政内部程序，如讨论、批准等，这些内容一般不在公开之列；另外一部分属于公开的内容，如行政资讯、行政听证、卷宗阅览权等，这些事项在公开之列。

3. 公开行政决定结论。行政机关作出影响行政相对人合法权益的行政决定之后，应当及时将行政决定的内容以法定形式向行政相对人、与行政决定有利害关系的第三人公开；具有重大的、涉及社会公共利益内容的行政决定，向社会公众公开。

（二）公平原则

行政公平主要体现在行政机关基于公平观念而行使行政权所产生的，可以为一般人所接受的结果。行政公平具有以下内容：

1. 遵守行政先例或惯例。所谓行政先例，是指关于行政上同一或具有同一性的事项，经过长期、持续和反复的施行，即可认为已成为行政上的通例。行政机关在作出具体行政行为时，对于相同或者具有同一性质的事件，如无正当理由，应受行政先例或惯例的拘束而作出相同的处理。

2. 平等对待。行政机关行使行政权时，相同情况应当相同对待，不同情况应当区别对待。这是宪法上的平等原则在行政程序法上的具体体现，因而，这里的平等是实质意义上的平等，即相同事务不应有差别待遇，不同事务应差别对待。如行政机关对弱者合理的倾斜性保护，本质上是为实现平等对待。

（三）公正原则

行政公正是确保行政机关行使行政权的过程和结果可以为社会一般理性人所认同、接受所要遵循的基本原则，其要旨是要求行政权的行使无偏私，天下为公，没有私利。[1] 具体包括以下内容：

1. 行政行为的正当性。行政机关在行使行政权时，首先必须服从于法律规定的目的，因为法律目的可以引导行政机关的行政权不偏离正当性的基本要求。目的的正当具有两项内容：①行政机关行使行政权不得以谋利为目的；②行政机关行使行政权不得有本位主义，不得以保护本部门不当利益为目的。

2. 行政行为的无偏私性。行政机关在行使行政权的过程中，应排除可能造成偏见的因素，公平地对待行政相对人。可能造成偏见的因素主要有：行政机关对有关情况了解的不充分；执法人员与行政相对人有利害关系或与行政行为的结果有直接的利益关系；行政机关有先入为主的倾向；行政行为的方式不统一；等等。

3. 行政行为的说理性。行政机关就其作出的行政行为能够向行政相对人说明理由，至少能说明行政机关在理性地行使行政权，从而排除或减少行政权行使过程中的专断、恣意。说理主要内容：①事实理由。即指行政机关通过法定程序收集的、支持行政行为所依赖的事实的各种证据。一个行政行为公正的事实理由既包括对行政相对人不利的证据，也包括对行政相对人有利的证据。②依据理由。即指用于支持行政行为的国家机关制定的各种规范性文件。其中，外部规范性文件应由制定者事先通过一定的程序向社会公布，行政相对人有理由在行政行为作出前了解、认知。③裁量理由。即指行政机关行使自由裁量权时所考虑的各种因素。由于裁量理由不具有法定性，行政机关具有相当的选择权，因此，裁量理由的正当与否直接影响到行政行为的公正性。

（四）参与原则

行政参与是指行政相对人为维护其自身的合法权益，而参与到行政程序中，

---

〔1〕　章剑生："行政程序法的基本原则"，载应松年主编：《当代中国行政法（下卷）》，中国方正出版社2005年版，第1316页。

就涉及的事实和法律问题阐述自己的主张，从而影响行政机关作出有利于自己的行政决定的活动。行政参与原则本质上是确定行政相对人的程序参与权，因而，行政相对人的程序参与权构成行政参与原则的基本内涵。

1. 获得通知权。行政相对人在符合参与行政程序的法定条件下，有要求行政主体通知其何时、以何种方式参与行政程序的权利。相应地，行政机关便承担通知的义务，应以符合法律规定的方式，将行政相对人应享有的实体上、程序上的权利和义务，在法定期间通知到相对人。

2. 陈述权。行政相对人就行政管理所涉及的事实向行政机关所作的陈述，不仅有利于行政机关全面了解事实真相，正确地行使职权，而且也是满足行政相对人维护自己合法权益的需要。陈述权的行使一般应限定在行政程序中，在行政程序未开始或者已结束时，行政相对人不能行使陈述权。行政相对人因客观事由不能行使陈述权的，可以委托代理人代为行使。

3. 抗辩权。当行政机关行使行政权限制、剥夺行政相对人的自由权、财产权等法律权利时，应当允许行政相对人针对对己不利的指控，依据其掌握的事实和法律向行政机关提出反驳，旨在法律上消灭或者减轻行政机关对其提出的不利的指控。抗辩权从本质上说是一种防卫权，是对行政权形成的约束。国家行政权是否具有正当性很大程度上取决于国家是否承认行政相对人对行政权具有抗辩权。

4. 申请权。即指行政相对人请求行政机关启动行政程序的权利。申请权在行政程序中可以表现为听证申请权、回避申请权、卷宗阅览申请权、复议请求权等几个方面的权利。行政相对人拥有了申请权，意味着他可以依法要求行政机关行使以及如何行使行政权力，从而在一定程度上防止行政机关恣意行政。

本节引例中，基于程序正当原则的要求，作为行政复议机关的北仑区政府应当通知利害关系人彭淑华参加复议。在未通知彭淑华参加复议的情况下作出对其产生不利影响的复议决定，复议机关违反法定程序，复议决定应当依法予以撤销。

延伸阅读

法治政府建设的重要文献：

1. 《国务院关于全面推进依法行政的决定》（国发［1999］23号）。
2. 《国务院全面推进依法行政实施纲要》（国发［2004］10号）。
3. 《国务院关于加强市县政府依法行政的决定》（国发［2008］17号）。
4. 《国务院关于加强法治政府建设的意见》（国发［2010］33号）。

思考题

1. 什么是公共行政?
2. 为什么行政法没有统一的行政法典?
3. 试述行政法的渊源体系与效力分级的主要内容。
4. 如何理解行政法律关系的不对等性?
5. 行政合法性原则的主要内容有哪些?
6. 试述比例原则的重要意义。

第三章　行政法主体

【知识目标】

1. 掌握行政主体、行政相对人的概念。
2. 明确行政主体、行政相对人的法律地位。
3. 了解我国行政公务员制度。
4. 了解行政法制监督主体的类型。

【技能目标】

能正确地识别出行政主体。

行政法主体即行政法律关系主体，包括行政主体、行政相对人和各类监督主体。他们在行政法律关系中都具有相应的权利义务。本章以行政法律规范调整行政关系为视角，围绕行政权力来学习领会行政法律关系主体各方的基本内涵。

第一节　行政主体理论

本节引例

赵某在火车站旁的小吃摊吃早饭时，与摊主李某发生争执，在推推攘攘中，赵某将李某打成轻微伤，某区公安分局的治安科根据《中华人民共和国治安管理处罚法》的规定，以殴打他人为由对赵某作出罚款 150 元的处罚决定，并责成赵某赔偿李某医疗费 158 元。试分析：治安科能否以自己的名义作出上述处罚？

理论知识

一、行政主体的概念

（一）行政主体的含义

所谓行政主体，是指享有国家行政权，能以自己的名义从事行政管理活动，并独立承担由此所产生的法律责任的组织。行政主体具有以下特征：

1. 行政主体是享有国家行政权，从事行政管理活动的组织。这一特征将行政主体与其他国家机关区别开来。行政机关依法享有国家行政权，是最重要的行政主体，但不是唯一的行政主体；一些企事业组织、社会团体等，基于法律法规的特别授权也可以享有部分行政权，从而成为行政主体。

2. 行政主体是能够以自己的名义行使行政权的组织。这主要是指行政主体应当具有独立的法律人格，能独立地对外发布决定和命令，独立采取行政措施等。能否以自己名义行使行政权，是判断行政机关及其他社会组织能否成为行政主体的主要标准。行政机关的内设机构、派出机构作为行政事务的执行者，在行使行政权时，必须以所属行政机关的名义去实施。一般情况下，行政机关的内设机构、派出机构不能成为行政主体。另外，受行政机关委托执行特定行政管理事务的社会组织，如城市的治安联防组织等，也不具有行政主体资格，因其不能以该社会组织的名义作出行政决定，只能由委托的行政机关作出行政决定。

本节引例中，行政机关可以根据行政管理的需要设立若干内部机构，而行政机关内部的行政机构一般没有独立的执法资格。在本案例中，作为行政机关内部机构而存在的"治安科"本身不具有行政主体资格，它对外所从事的活动必须以其所在的机关名义来进行。所以，某区公安分局治安科是不能以自己的名义对赵某作出行政处罚的。

3. 行政主体是能够独立承担法律责任的组织。有权必有责，依法享有行政权的主体还必须能够独立地承担因行使行政职权而产生的行政法上的法律责任。如果某一组织仅仅行使行政权，实施行政管理活动，并不承担因此产生的法律责任，则该组织不具有行政主体资格。行政主体可以独立地参加行政复议、行政诉讼等活动，并能够独立地承担相应的法律责任。

以上述标准来分析，行政机关是主要的行政主体，但行政主体又不以行政机关为限。除行政机关以外，那些依照法律、法规授权取得行政权的其他社会组织，在授权范围内也取得了行政主体资格。

（二）行政主体概念辨析

1. 行政主体与行政法主体。行政法主体与行政主体都是学理概念，两者之间既互相联系，又有区别。行政法主体的范围大于行政主体。行政法主体是指行政法律关系中享有权利承担义务的当事人，包括行政主体、行政相对人和行政法制监督主体。而行政主体作为行政法律关系的一方当事人，只是行政法主体之一。

2. 行政主体与行政机关。行政机关是指为实现行政目的而依宪法或组织法而设置的，行使行政权，负责组织、管理、协调行政事务的国家机关。行政机关是一个法律概念。在法律规范中，行政机关具有三重身份：行政机关行使行政权、管理行政事务时，具有行政主体身份；行政机关以本机关的名义从事民事活动时，其身份是民事法律关系主体；行政机关以被管理者的身份参加行政法律关系时，其身份是行政相对人。行政主体则是一个法学概念，理论上是指在行政法律关系中与行政相对人相对应的一方当事人。行政主体不仅包括具有行政主体身份的行政机关，还包括法律、法规授权的其他组织。

3. 行政主体与公务员。行政主体对社会的行政管理是通过公务员的公务行为来实现的。没有公务员，行政主体就成为毫无意义的空壳；离开行政主体，公务员只是一个普通公民。但公务员不具有行政主体资格，不以自己的名义，而是以其所在的行政主体的名义实施公务行为，行为产生的法律后果由行政主体来承担。公务员与行政主体之间是一种职务委托关系，主要依靠行政组织法律规范来调整。

二、行政主体的职权职责

行政主体作为行政法律关系中必不可少的一方当事人，享有权利承担义务，行政主体享有的权利，称为行政职权；行政主体承担的义务，称为行政职责。

（一）行政职权

行政职权是指行政主体依法管理国家事务和社会事务时拥有和行使的具体的国家行政权，即依法定位到具体行政主体身上的国家行政权。行政职权只能由行政主体行使，行政相对方不享有行政职权。我国行政职权的内容广泛，包括：行政立法权；行政许可权；行政确认权；行政检查权；行政奖励权；行政物质帮助权；行政处罚权；行政强制执行权；行政合同的签订权；行政复议权；行政指导权、行政裁决权等。行政职权一般具有以下特征：

1. 法定性。任何一个组织的行政职权都是法定的，而不是自我设定的。换言之，行政主体拥有或行使行政职权必须通过合法途径，否则便不能成立。

2. 公益性。行政职权的拥有与行使旨在谋求和保护国家、集体、社会的公共利益，同时保护行政相对人的合法权益，必须符合法定的公共目的和范围。

3. 专属性。行政职权的归属，在主体上具有专属性，也即只属于行政主体，行政相对人不具有行政职权，受委托组织也只能代行行政职权。

4. 国家意志性。虽然在行政职权的行使过程中难免会掺入行政职权具体行使者某种程度的个人因素，但行政职权本身的性质和内容乃是国家意志的体现，而非个人意志的体现。

5. 单方性。行政职权的行使是行政主体单方意思表示的行为，而非双方行为（行政合同行为除外）。行政主体行使行政职权取决于自身判断，不以相对人的意志为转移。

6. 强制性。行政职权的行使以国家强制力作为保障，具有直接支配他方当事人的强制命令力量，也即可以通过行使行政职权迫使或禁止相对人作出某种行为、实施某些活动。

7. 不可处分性。行政职权不仅表现为法律上的支配力，还包含着法律上的职责要求，实际上是职权与职责的统一体，故行政主体对其拥有的行政职权不得任意转让和放弃。

8. 优益性。行政主体在行使行政职权时，相对于行政相对人而言处于优越的法律地位，依法享有行政优先权和行政受益权，这是一种特殊的法律保障与物质保障。

（二）行政职责

行政职责是指行政主体在行使国家赋予的行政职权，实施国家行政管理活动的过程中，所必须承担的法定义务。现代民主政治是以责任为基础的，作为行政职权的享有者的行政主体，必须按照法律规定在行使行政职权的过程中承担一定的义务，以对赋予其权力的人民和国家负责。行政职责的内容包括：依法履行职务、遵守权限规定；符合法定目的；遵循法定程序等。其法律特征主要体现在义务性和法定性两个方面。

三、行政主体的法律地位

行政主体的法律地位是行政主体在行政法上权利、义务的综合集中体现，我们可以从以下两个方面来加以考察：

1. 从行政主体与国家之间的关系的角度看，国家通过宪法和法律将行政权授予行政机关和一些社会组织，这些组织因此取得行政主体资格，代表国家实施行政管理，贯彻国家意志，实现国家职能。但国家在赋予行政主体管理国家行政事务权力的同时，也规定其应履行的相应的行政职责。这种职责对于行政主体来说是不可放弃的。行政主体是行政职权和行政职责的统一体。

2. 从行政主体与行政相对人之间的关系的角度看，行政主体代表国家实施行政管理，有权依照法律规定对行政相对人实施管理和提供公共服务。行政相对人则有义务服从和协助行政主体实施管理，也有权要求行政主体履行法定职责。当行政主体的行为侵权时，行政相对人有权获得法律救济。

第二节 行政主体类型

本节引例

丰华养鸡场诉明光市畜牧兽医总站行政处罚案

2000年8月3日,明光市农业局委托明光市畜牧兽医总站对明光市丰华养鸡场门市部进行检查,发现其没有办理2000年兽药经营许可证。2000年8月11日向丰华养鸡场送达了《告知听证违法行为处理通知书》,拟对丰华养鸡场给予三项行政处罚:①立即停止兽药经营;②没收所查扣的兽药;③罚款5000元。并根据《行政处罚法》第3条、第32条、第42条告知了丰华养鸡场享有陈述申辩和要求组织听证的权利。8月12日丰华养鸡场要求组织听证,并递交了书面申请,8月13日,明光市畜牧兽医总站答复决定不组织听证。8月23日,明光市畜牧兽医总站对丰华养鸡场作出了上述三项行政处罚,丰华养鸡场不服,以明光市畜牧兽医总站为被告提起行政诉讼。试分析:明光市畜牧兽医总站能否作为行政主体?

理论知识

根据行政职权的获得方式,可以将行政主体分为职权性行政主体和授权性行政主体。

一、职权行政主体

其所享有的行政职权是随组织的成立而依宪法和组织法的规定而取得,这样的行政主体被称为职权行政主体。在我国,行政机关属于职权性行政主体。

（一）行政机关的概念

行政机关是指依宪法或行政组织法的规定而设置的、行使国家行政职能的国家机关。这一定义包含以下内容:

1. 行政机关是国家机关。这使它与政党组织、社会组织和社会团体相区别。行政机关是由国家设置并代表国家行使国家职能的机关。其他的社会组织或者社会团体,虽然经法律、法规授权也可以行使一定的国家行政职能,但它们不属于国家机关。

2. 行政机关是行使国家行政职能的国家机关。这是它与立法机关、司法机关相区别的根本所在。行政机关承担国家行政职能,具体表现为:执行法律,管理国家内政、外交事务。

3. 行政机关是依宪法或组织法的规定而设置的国家机关。这使它与法律、法规授权的组织区别开来。行政机关是固定的、基本的行政主体。而法律、法规授权的组织是基于具体法律、法规的授权而行使一定的行政职能，只有在行使所授行政职能时才具有行政主体的地位。

（二）行政机关的特征

与其他国家机关比较，行政机关具有以下特征：

1. 行政机关具有执行性和法律从属性。在我国，行政机关是权力机关的执行机关，其活动内容与目的必须严格从属于国家权力机关，或者执行国家权力机关制定的法律和决议，或者为执行该法律和决议而采取组织、管理、监督和指挥等措施。行政机关也可依法制定行政法律规范，为行政管理活动设立行为准则，但无论是采取具体措施，还是制定普遍性规范，行政机关的一切活动都具有强烈的执行性，都不得违背权力机关的意志，不能违反宪法和法律。

2. 行政机关具有相对独立性。行政机关的活动是在全社会中依法进行的，一切合法的行政管理活动都受到国家强制力的保障。为了确保行政机关有效地完成管理国家事务的任务，行政机关拥有自身组织系统上的独立性和依法行使其职权的独立性。

3. 行政机关在组织体系上实行领导—从属制，在决策体制上实行首长负责制。行政机关基于行政管理效率的考虑，在组织体系上实行领导—从属制，即上级行政机关领导下级行政机关，下级行政机关从属于上级行政机关，向上级行政机关负责和报告工作。同时，基于行政效率和明确责任的考虑，行政机关在决策体制上一般实行首长决策制，而不是像立法机关和司法机关那样实行合议制。

4. 行政机关具有社会性、专业性和服务性。行政机关具有管理社会公共事务如经济、科技、文教、卫生、交通、电信、社会保障、环境保护等职能，有较强的社会性。而现代行政的特点，决定了行政机关具有高度技术性和专业性。为了圆满完成对行政事务的管理，行政机关不仅应具备结构合理的行政系统，而且还必须具备一定的专门性、技术性。服务性是现代行政的重要特征之一。行政机关的主要任务是组织和管理国家行政事务，更多强调对行政相对人提供服务。

（三）具有行政主体资格的行政机关

我国行政体制是一个有纵向和横向之分，纵横交错、关系复杂、布局有致的完整系统，由中央行政机关和地方行政机关共同构成。国家行政体制的基础系统，从国务院到省（自治区、直辖市）和自治州、县、乡（镇），除具有上下级隶属关系的各级人民政府及其职能部门外，还有许多处于平行关系的机关、机构等。

1. 中央行政机关。

（1）国务院。中华人民共和国国务院，即中央人民政府，是最高国家权力机关的执行机关，是最高国家行政机关，依法享有领导和管理全国性行政事务的职权，因而具有行政主体资格。

根据宪法和国务院组织法的规定，国务院由总理、副总理若干人、国务委员若干人、各部部长、各委员会主任、审计长和秘书长组成。国务院实行总理负责制，总理负责领导国务院的工作，副总理和国务委员协助总理工作。根据宪法和组织法的规定，国务院享有并行使广泛的行政管理职权。

（2）国务院各部、委员会。国务院各部、委员会是国务院的职能部门，承担国务院的主要行政职能。各部管理比较专门的行政事务，各委员会则负责管辖较综合性的行政事务。国务院各部、委员会接受国务院的领导和监督，执行国务院的行政法规、决定和命令。同时，各部、委员会可以在法定的职权范围内，就自己所管辖的事项，以自己的名义实施行政活动，并能独立承担因此而产生的责任，具有行政主体资格。

（3）国务院直属机构。根据宪法和组织法规定，国务院可以根据工作需要和精简的原则设立若干直属机构，主管某项专门业务。如国家工商行政管理局、海关总署等。直属机构的法律地位低于各部、委员会，其行政首长不是国务院的组成人员。同时，直属机构具有独立的职权和专门职责，可以在主管事项的范围内，对外发布命令和指示。因此，直属机构具有行政主体的资格。

（4）国务院部、委管理的国家局。依据有关组织法的规定，国务院可以根据国家行政事务的需要，设立若干行政主管职能部门。由于其行政事务与一些部、委的职能有关，因此由相应的部、委实施管理。例如，国家烟草专卖局由国家工业和信息化管理局管理等。这些国家局自成立时就具有独立的法律地位，依法行使对某项专门事务的管理权和裁决争议权，故具有行政主体资格。

延伸阅读

国务院机构改革 削权放权是关键

改革开放至 2013 年，中央政府已对机构配置进行了 7 次较大规模的调整。政府机构配置逐步与市场经济接轨，建立公共服务型政府的改革路径日渐清晰。1982 年改革开放后首轮机构改革时，国务院改革减掉了 39 个工作部门，并为经济体制改革打下"伏笔"，成立"国家经济体制改革委员会"；1988 年的第二次机构改革，更是针对计划经济产物的工业专业经济部门，撤销国家计委和国家经委，组建新的国家计委。此后的机构改革也均围绕这一宗旨展开。到 2008 年的第六次机构改革，为最大限度地避免职能交叉迈出了"大部制"步伐。新组建工信部等 5 个部委，国务院组成部门改革为 27 个，这也被媒体称为"第一轮大部制改革"。2013 年，新一轮国务院机构改革启动，改革后，除国务院办公厅外，国务院设置组成部门 25 个。这次改革的重点是，紧紧围绕转变职能和理顺职责关系，稳步推进大部门制改革，实行铁路政企分开，整合加强卫生和计划生育、食品药品、新闻出版和广播电影电视、海洋、能源管理机构。

改革开放至今的机构改革，可以划分四个阶段：20 世纪 80 年代的精简机构；20 世纪 90 年代的改革为市场经济奠定基础；2003 年的改革确立了宏观调控、市场监管、社会管理和公共服务基本定位；2008 年和 2013 年的"大部制"改革。历次改革，始终以适应市场经济体制改革为目标，以转变政府职能为轴心。

2. 地方行政机关。地方行政机关是指在一定的行政区域内行使行政职权的各级地方人民政府及其职能部门。

（1）地方各级人民政府。地方各级人民政府是地方各级国家权力机关的执行机关，负责组织和管理本行政区域内的行政事务。根据宪法和有关组织法的规定，按照行政区域的划分，我国地方各级人民政府分为：省、自治区、直辖市人民政府；市、自治州人民政府；县、市辖区和不设区的市人民政府；乡（镇）人民政府等四级。地方各级人民政府具有双重性，一方面，各级人民政府是国务院统一领导下的国家行政机关，都要服从于国务院的统一领导；另一方面，地方各级人民政府又是地方国家权力机关的执行机关，对地方国家权力机关负责并向其报告工作。但地方各级人民政府的这种地位并不影响其具有行政主体资格，因为地方各级人民政府在其管辖的行政区域内，有权依照宪法和组织法规定的权限，独立管理本行政区域内的行政事务，并依法对其行政行为所产生的法律后果承担责任。

（2）地方各级人民政府的职能部门。县级以上地方各级人民政府依据宪法和法律的规定，根据工作的需要可以设立行使专门权限和管理专门行政事务的职能部门，这些职能部门受本级人民政府的领导，对本级人民政府负责。县级以上地方各级人民政府的职能部门依据法律、法规和规章，可以就其管辖的专门行政事务，发布有关的决定和命令；在符合法律、法规和规章的前提下，职能部门有权就其主管的行政事项作出处理。因此，这些职能部门都具有行政主体资格。

（3）县级以上地方各级人民政府的派出机关。这是指县级以上地方各级人民政府因工作需要在一定区域内设立的代表本级政府实施行政管理的机关。根据相关组织法的规定，地方各级人民政府的派出机关主要有三种类型：①省、自治区人民政府经国务院批准而设立的行政公署；②县、自治县人民政府经省、自治区、直辖市人民政府批准而设立的区公所；③市辖区和不设区的市人民政府经上一级人民政府批准而设立的街道办事处。派出机关并非一级人民政府，但实际上却履行着一级人民政府的行政职能，组织与管理一定区域内的行政事务，具有行政主体资格。

二、授权行政主体

有权机关以法律、法规形式将行政职权授予一些社会组织享有，这些组织在授权范围内取得行政主体资格，属于授权性行政主体。

（一）授权的形式

从法律、法规由制定机关来解释，以及全国人大常委会以往对法律的解释严格限制在本义范围内的情况来看，法律、法规授权不会扩大解释为法律、法规和规章授权。因此，授权的形式应限于法律和法规。

（二）授权的限制

行政权的授予应当遵循一定的条件：①明确授权内容。对限制人身自由权的行政权不能授予；对法律、法规已经赋予特定行政机关的行政权不能授予。②明确授予对象。被授权组织应是具有管理公共事务职能的组织；被授权组织应当具备相应的责任能力。

（三）法律、法规授权组织的类型

1. 专门行政机构。依照法律、法规的授权而设立的处理专项行政事务的行政机构，具有行政主体资格。例如，《中华人民共和国商标法》授权国务院工商行政管理部门商标局主管全国商标注册和管理的工作，国务院工商行政管理部门设立的商标评审委员会，负责处理商标争议事宜。

2. 内设行政机构。行政机关根据工作需要设立若干个办理机关内部事务和行政管理事务的工作机构，主要有两类：一类是各级人民政府所属的内部机构和临时机构；另一类是政府职能部门的内设机构。这些内设行政机构，在一般情况下，只能以所属机关的名义对外行使职权，因而不具有行政主体资格。但出于技术和专业上的需要，或为了提高行政效率、维持行政秩序等因素的考虑，行政机构在获得法律、法规授权后，可以以自己的名义对外独立行使行政职权，并承担相应的法律责任，在这种情况下，内设行政机构就取得了行政主体资格。

3. 行政机关的派出机构。派出机构是政府职能部门根据行政管理的需要而在一定区域内设立的，代表该职能部门管理某项专门行政事务的机构，如公安派出所、税务所、工商所等。派出机构与派出机关不同：①设立主体不同。派出机关是由各级人民政府设立的，派出机构则是由各级人民政府的职能部门设立的。②职能范围不同。派出机关的职能、权限是多方面、综合性的，是对该行政区域内的各种行政事务进行管理，而派出机构的职能、权限则是单方面的、专门性的，是对该行政领域内的某项专门行政事务进行管理。③法律地位不同。派出机关自其成立时起即享有行政主体资格，而派出机构一般不具有行政主体资格。在有法律、法规明确授权的情况下，派出机构在授权范围内才取得行政主体资格。例如，公安派出所依《中华人民共和国治安管理处罚法》的授权可以派出所名义对行政相对人实施警告或者 500 元以下罚款的行政处罚，此时公安派出所就具有行政主体资格。在授权范围之外，派出机构仍然须以派出它的职能部门的名义进行行政管理。

4. 其他社会组织。由于现代行政事务的增加和行政范围的扩展，许多带有社会性和专业性的行政事项，完全依靠行政机关来承担和完成已难以适应现代国家不断出现的新的行政形势发展的需要，不利于取得良好的社会效果。于是，行政机关系统以外的社会组织逐渐参与行政活动，成为承担国家行政活动、实现行政目的的一支生力军。为了使其他社会组织承担行政职能的活动规范化和法制化，出现了法律、法规直接将行政职权授予其他社会组织的情形。获得授权的其他社会组织便获得行政主体资格，使行政主体的范围得以扩大。

其他社会组织是一个集合概念，其具体存在形态可以是企业单位、事业单位，也可以是社会团体或基层群众性自治组织。各种社会组织分别依照其所属领域的社会管理法律规定而成立和存在，其存在目的不是或不主要是为承担或完成一定行政职能。通过法定授权，其他社会组织可以获得行政主体资格，成为行政主体。

（四）被授权组织的法律地位

1. 被授权组织在行使法律、法规所授行政职权时，具有行政主体资格。虽然都属于行政主体范畴，但被授权组织和行政机关的地位是有区别的：行政机关是一般行政主体，被授权组织只有在行使被授职权时才成为行政主体；属于行政机关专门享有的一些职权和管理手段，如行政立法权、行政处罚权中的行政拘留权及行政复议受理、裁决权等，被授权组织不能享有。

2. 被授权组织在非行使行政职权的场合，不具有行政主体的资格。被授权组织的基本性质是法人或非法人组织，在执行它作为企业事业单位、社会团体等本身的职能时，与其他法人或其他组织一样，享有民事主体或行政相对人的地位。

三、受委托的组织

（一）受委托的组织含义

受委托的组织，是指受行政主体委托而代替行政主体行使一定行政职权的组织。一般来讲，出于行政管理的需要，某一行政主体可能会委托其他行政机关或者非行政机关组织代为行使一定的职权，该行政主体就是委托组织，接受委托的一方就是受委托组织。受委托组织具有以下几个方面的特征：

1. 受委托组织基于行政主体的委托而行使行政职权。行政主体可以根据行政管理工作的实际需要，以法律、法规或者规章为依据，将一部分行政职权委托给其他的社会组织来行使。受委托组织则本身并不享有行政职权，只是基于行政主体的委托才行使一定的行政职权。

2. 受委托的组织根据委托行使一定的行政职权，而不能行使一般的行政职权。所谓"一定的行政职权"，是指行政机关依法可以委托其他组织代为行使的那些行政职权。在行政职权中，还有一些职权只能由行政机关行使，不得委托他人代为行使，如行政立法权、限制人身自由的行政处罚权或行政强制措施权等。

（二）受委托组织的法律地位

受委托组织不具有行政主体资格。行政主体的委托行为并不引起行政职权和职责转移，而只是将行政职权进行委托。受委托组织在委托权限范围内以委托行政机关的名义行使行政权，其行为的法律后果由委托组织承担。

在委托行政机关与受委托组织之间关系上，受委托组织接受委托行政机关的监督、指导，在委托权限范围内行使职权，不得超越委托权限。同时，受委托组织有权取得履行职责所应有的权力、管理手段和工作条件；有权取得履行职责所需要的经费和报酬；有权请求委托行政机关协助排除其在履行职责中所遇到的障碍；有权向委托行政机关提出变更委托范围和改进相应领域行政管理的建议。

本节引例中，明光市畜牧兽医总站是依法成立的管理公共事务的事业组织，其接受明光市农业局委托，以农业局的名义实施对丰华养鸡场的行政处罚，这属于行政委托。故而，明光市畜牧兽医总站不能成为行政主体。

第三节 行政公务员

本节引例

李某大学毕业后，经过国家公务员考试成为某市工商局一名公务员。在日常工作中，踏实肯干，正直热心，人缘较好，但与某位领导关系有些紧张。在2010年的年度考核中，他被考核为"不称职"，李某得知后表示不服。试分析：根据公务员法，他可以通过什么途径维护自己的权利？

理论知识

一、行政公务员的概念

2006 年 1 月 1 日正式实施的《中华人民共和国公务员法》（以下简称《公务员法》）第 2 条规定："公务员是指依法履行公职、纳入国家行政编制、由国家财政负担工资福利的工作人员。"根据这一规定，我国目前公务员的范围除行政机关的公务员以外，还包括中国共产党机关的公务员、权力机关的公务员、政协机关的公务员、审判机关和检察机关的公务员以及民主党派机关的公务员。在行政法学研究中，主要介绍依法履行行政职能的行政机关公务员，即行政公务员。行政公务员是指在行政机关中，依法行使行政职权、履行行政职责，纳入国家行政编制，由国家财政负担工资福利的工作人员。这个定义包含以下具体内容：

1. 行政公务员是国家机关工作人员。从职责上看，公务员是为国家服务的人员；从法律地位上看，公务员纳入了国家行政编制；从经济来源上看，公务员是由国家财政负担其工资福利。

2. 行政公务员是依法行使行政职权的国家机关工作人员。在行政机关工作的人员并不都是公务员。行政公务员与国家之间包含三层法律关系：行政职权关系；人事编制关系；财政福利关系。从行政职权关系角度，排除一般的工勤人员；从人事编制关系角度，排除在政府供职但没有纳入行政编制的人员；从财政福利关系的角度，排除政府委托行使职权的人员。

二、行政公务员的义务与权利

国家任用公务员行使各项权力，目的是为国家和社会服务。为了达到这一目的，必须对公务员有明确的义务要求，强调公务员要认真履行义务，否则将受到纪律处分和法律制裁。同时为了防止肆意践踏公务员权益的情况发生，还要赋予公务员相应的权利，当其合法权益受到侵害时，能够依法得到救济。

（一）公务员的义务

公务员的义务，是指法律对公务员必须做出一定行为或不得做出一定行为的约束和强制。

根据我国《公务员法》的规定，公务员承担如下义务：①模范遵守宪法和法律；②按照规定的权限和程序认真履行职责，努力提高工作效率；③全心全意为人民服务，接受人民监督；④维护国家安全、荣誉和利益；⑤忠于职守，勤勉尽责，服从和执行上级依法作出的决定和命令；⑥保守国家秘密和工作秘密；⑦遵守纪律，恪守职业道德，模范遵守社会公德；⑧清正廉洁，公道正派；⑨法律规定的其他义务。

（二）公务员的权利

公务员的权利，是指法律对公务员在履行职责、行使职权、执行国家公务的过程中，可以做出某种行为，要求他人做出某种行为或抑制某种行为的许可和保障。我国公务员享有的权利包括：①获得履行职责应当具有的工作条件；②非因法定事由、非经法定程序，不被免职、降职、辞退或者处分；③获得工资报酬，享受福利、保险待遇；④参加培训；⑤对机关工作和领导人员提出批评和建议；⑥提出申诉和控告；⑦申请辞职；⑧法律规定的其他权利。

三、行政公务员的法律制度

（一）录用制度

原则上，国家机关是按照规定的条件和程序，面向社会采用公开考试、严格考察的办法来选拔录用公务员。

1. 公务员录用的报考条件。报考公务员一般应具备以下三个方面的条件：①基本条件。具有中华人民共和国国籍；年满18周岁；拥护《中华人民共和国宪法》；具有良好的品行；具有正常履行职责的身体条件；具有符合职位要求的文化程度和工作能力；法律规定的其他条件。②资格条件。主要指具备拟任职位所要求的资格条件，这些条件在《公务员法》中没有作统一规定，而是由相关部门具体确定或根据其他相关规定确定。如按照有关规定，报考省级以上政府工作部门职位的一般须具有两年以上基层工作经历。③其他条件。主要是指录用主管机关批准的其他条件。如公安部门要求其录用对象达到一定的身高等。此外，我国《公务员法》第24条对公务员的条件作了限制性规定：曾因犯罪受过刑事处罚的；曾被开除公职的；有法律规定不得录用为公务员的其他情形的，不得录用为公务员。

2. 公务员录用的适用范围。公务员录用制度适用于：①担任综合管理类主任科员以下的非领导职务的人员，包括办事员、科员、副主任科员和主任科员四个层次；②担任专业技术类、行政执法类职位中相当于主任科员以下职务层次的人员。担任领导职务和相当于副调研员以上非领导职务的公务员，不采取录用方式。

3. 公务员录用的方法。国家行政机关录用公务员，采取公开考试、严格考察、平等竞争、择优录取的办法进行。录用公务员，必须在规定的编制限额内，并有相应的职位空缺。录用公务员，应当发布招考公告。招考公告应当载明招考的职位、名额、报考资格条件、报考需要提交的申请材料以及其他报考须知事项。招录机关应当采取措施，便利公民报考。招录机关根据报考资格条件对报考申请进行审查。报考者提交的申请材料应当真实、准确。公务员录用考试采取笔试和面试的方式进行，考试内容根据公务员应当具备的基本能力和不同职位类别分别设置。招录机关根据考试成绩确定考察人选，并对其进行报考资格复审、考察和体检。体检的项目和标准根据职位要求确定。招录机关根据考试成绩、考察情况和体检结果，提出拟录用人员名单，并予以公示。公示期满，中央一级招录机关将拟录用人员名单报中央公务员主管部门备案；地方各级招录机关将拟录用人员名单报省级或者设区的市级公务员主管部门审批。录用特殊职位的公务员，经省级以上公务员主管部门批准，可以简化程序或者采用其他测评办法。新录用的公务员试用期为一年。试用期满合格的，予以任职；不合格的，取消录用。

（二）职务升降与任免制度

1. 职务晋升。职务晋升是指公务员管理机关按照法律、法规的规定，根据政府工作的需要和公务员本人的德才情况，提高公务员职务和级别的活动。公务员的职务晋升，必须坚持德才兼备、任人唯贤的原则，注重工作实绩。公务员晋升职务，应当具备拟任职务所要求的资格条件，且必须在国家核定的职数限额内按照法定的程序进行。

2. 降职。降职是指公务员管理机关按照法律、法规的规定，根据政府工作的需要和量才适用原则，将由于各种原因不能胜任现职的公务员，改任较低的职务的活动。公务员的降职与降级、撤职不同，降级、撤职都属于比较严重的行政处分，而降职则不是处分，它是任免机关根据工作需要和公务员本人能力的具体情况对公务员所任职务的一种调整。根据《公务员法》的规定，公务员在定期考核中被确定为不称职的，按照规定程序降低一个职务层次任职。

3. 职务任免。公务员的职务任免制度，是公务员任职与免职的统称，是指有任免权的机关按照法定的条件和程序，任命或免除公务员担任某一职务，以确认或解除该公务员与国家行政机关之间的某种职务关系的一种人事管理制度。我国《公务员法》规定，公务员任职必须在规定的编制限额和职数内进行，并有相应的职位空缺。公务员职务实行选任制和委任制。

（三）培训、交流、回避制度

1. 公务员的培训制度。行政机关根据经济、社会发展的需要，按照职位要求和有关规定，应当有计划、有组织地对公务员进行以提高其业务能力为主要目的的培养和训练。国家建立专门的公务员培训机构。根据需要也可以委托其他培训机构承担公务员培训任务。对新录用人员应当在试用期内进行初任培训；对晋升领导职务的公务员应当在任职前或者任职后一年内进行任职培训；对从事专项工作的公务员应当进行专门业务培训；对全体公务员应当进行更新知识、提高工作能力的在职培训，其中对担任专业技术职务的公务员，应当按照专业技术人员继续教育的要求，进行专业技术培训。国家有计划地加强对后备领导人员的培训。公务员的培训实行登记管理。公务员培训情况、学习成绩作为公务员考核的内容和任职、晋升的依据之一。

2. 公务员的交流制度。公务员的交流是指根据工作需要或公务员的个人愿望，通过调任、转任、轮换和挂职锻炼等形式变换公务员的工作岗位从而实现人员合理流动的一种人事管理方式。交流的具体形式包括调任、转任和挂职锻炼三种。调任是指行政机关以外的工作人员调入行政机关担任领导职务或者副调研员以上及其他相当职务层次的非领导职务。转任是指国家公务员因工作需要或者其他正当理由在行政机关内部的平级调动（包括跨地区、跨部门调动）。挂职锻炼是指行政机关根据培养锻炼公务员的需要，可以选派公务员到下级机关或者上级机关、其他地区机关以及国有企业事业单位挂职锻炼。公务员在挂职锻炼期间，不改变与原机关的人事关系。

3. 公务员的回避制度。公务员的回避是法律上对公务员在任职和执行公务等方面作出的限制性规定，旨在保证公务员能够公正廉洁，防止因某种亲属关系或其他关系而影响他们秉公办事，以致出现违法乱纪现象。公务员的回避主要有任职回避、公务回避和地区回避三种类型。任职回避要求公务员之间有夫妻关系、直系血亲关系、三代以内旁系血亲关系以及近姻亲关系的，不得在同一机关担任双方直接隶属于同一行政首长的职务或者有直接上下级领导关系的职务，也不得在其中一方担任领导职务的单位从事人事、监察、审计和财务工作。公务回避要求公务员在执行公务时，凡处理涉及本人或与本人有夫妻关系、直系血亲关系、三代以内旁系血亲关系以及近姻亲关系等的利害关系的问题，或者其他可能影响公正执行公务的问题时，应予以回避。公务员担任乡级机关、县级机关及其有关部门主要领导职务的应当实行地域回避，法律另有规定的除外。

（四）工资保险福利制度

公务员以其知识和技能为国家和社会提供服务，有从国家和社会领取劳动报酬和享有其他各种利益的权利。对公务员实行国家统一的职务与级别相结合的工资制度，贯彻按劳分配的原则，体现工作职责、工作能力、工作实绩、资历等因素，保持不同职务、级别之间的合理工资差距。公务员工资包括基本工资、津贴、补贴和奖金。公务员工资应当按时足额发放。公务员按照国家规定享受地区附加津贴、艰苦边远地区津贴、岗位津贴等津贴。按照国家规定享受住房、医疗等补贴、补助。公务员在定期考核中被确定为优秀、称职的，按照国家规定享受年终奖金。公务员按照国家规定享受福利待遇。国家根据经济社会发展水平提高公务员的福利待遇。国家建立公务员保险制度，保障公务员在退休、患病、工伤、生育、失业等情况下获得帮助和补偿。

（五）辞职、辞退、退休制度

1. 公务员的辞职制度。公务员依据法律、法规的规定，可以向有权任免机关申请终止其与国家行政机关的任用关系。公务员辞职应当向任免机关提出书面申请，任免机关应当在 3 个月内予以审批，其中对领导成员辞去公职的申请，应当自接到申请之日起 90 日内予以审批。担任领导职务的公务员因工作严重失误、失职造成重大损失或者恶劣社会影响的，或者对重大事故负有领导责任的，应当引咎辞去领导职务。但是，公务员有下列情形之一的，不得辞去公职：①未满国家规定的最低服务年限的；②在涉及国家秘密等特殊职位任职或者离开上述职位不满国家规定的脱密期限的；③重要公务尚未处理完毕，且须由本人继续处理的；④正在接受审计、纪律审查，或者涉嫌犯罪，司法程序尚未终结的；⑤法律、行政法规规定的其他不得辞去公职的情形。

2. 公务员的辞退制度。公务员的辞退是指行政机关可以依照法律、法规规定的条件和程序，在法定的权限内单方面解除其同公务员之间的行政职务关系。辞职和辞退都会引起公务员法律关系的消灭，但辞退不同于辞职，辞职是国家公务员所享有的一项权利，而辞退则是行政机关所行使的一项职权。公务员有下列情形之一的，予以辞退：①在年度考核中，连续两年被确定为不称职的；②不胜任现职工作，又不接受其他安排的；③因所在机关调整、撤销、合并或者缩减编制名额需要调整工作，本人拒绝合理安排的；④不履行公务员义务，不遵守公务员纪律，经教育仍无转变，不适合继续在机关工作，又不宜给予开除处分的；⑤旷工或者因公外出、请假期满无正当理由逾期不归连续超过 15 天，或者一年内累计超过 30 天的。被辞退的国家公务员，可以领取辞退费或者根据国家有关规定享受失业保险。

3. 公务员的退休制度。公务员达到国家规定的退休年龄或者完全丧失工作能力，根据相关规定可以办理手续，离开工作岗位，享受国家规定的退休金和其他各项待遇。公务员达到国家规定的退休年龄或者完全丧失工作能力的，应当退休。符合下列条件之一的，本人自愿提出申请，经任免机关批准，公务员可以提前退休：①工作年限满 30 年的；②距国家规定的退休年龄不足 5 年，且工作年限满 20 年的；③符合国家规定的可以提前退休的其他情形的。公务员退休后，享受国家规定的退休金和其他待遇，国家为其生活和健康提供必要的服务和帮助，鼓励发挥个人专长，参与社会发展。

（六）考核、奖励制度

1. 公务员的考核制度。国家各级行政机关依法对公务员的思想品德、工作能力、工作态度和工作实绩等进行考察和评价。对公务员的考核，按照管理权限，全面考核公务员的德、能、勤、绩、廉，重点考核工作实绩。公务员的考核分为平时考核和定期考核。定期考核以平时考核为基础。对非领导成员公务员的定期考核采取年度考核的方式。对领导成员的定期考核，由主管机关按照有关规定办理。定期考核的结果分为优秀、称职、基本称职和不称职四个等次。定期考核的结果应当以书面形式通知公务员本人。定期考核的结果作为调整公务员职务、级别、工资以及公务员奖励、培训、辞退的依据。

2. 公务员的奖励制度。行政机关依法对在工作中表现突出或者有特殊事迹的公务员给予物质或精神鼓励。对公务员的奖励，坚持精神奖励与物质奖励相结合的原则。执行奖励必须公正，做到受奖者确实有值得奖赏的功绩，并根据功绩的大小实行不同奖励。对公务员奖励分为嘉奖、记三等功、记二等功、记一等功、授予荣誉称号五种。对给予奖励的国家公务员，应当按照规定给予一定的物质奖励。公务员的奖励是一种法律行为，必须严格按照法定的权限和程序进行。

（七）行政公务员的处分制度

根据《行政机关公务员处分条例》的规定，行政机关公务员违反法律、法规、规章以及行政机关的决定和命令，应当承担纪律责任的，依照条例给予处分。

1. 行政处分的原则。有权机关给予行政公务员处分，应当坚持公正、公平和教育与惩处相结合的原则。给予行政机关公务员处分，应当与其违法违纪行为的性质、情节、危害程度相适应。给予行政机关公务员处分，应当事实清楚、证据确凿、定性准确、处理恰当、程序合法、手续完备。行政机关公务员违法违纪涉嫌犯罪的，应当移送司法机关依法追究刑事责任。

2. 行政处分的种类。根据《行政机关公务员处分条例》第6条、第7条的规定，行政机关公务员处分的种类为：警告；记过；记大过；降级；撤职；开除。行政机关公务员受处分的期间为：警告，6个月；记过，12个月；记大过，18个月；降级、撤职，24个月。

3. 行政处分的权限。对行政机关公务员给予处分，由任免机关或者监察机关按照管理权限决定。对经全国人民代表大会及其常务委员会决定任命的国务院组成人员给予处分，由国务院决定。对经地方各级人民代表大会及其常务委员会选举或者决定任命的地方各级人民政府领导人员给予处分，由上一级人民政府决定。对地方各级人民政府工作部门正职领导人员给予处分，由本级人民政府决定。行政机关公务员违法违纪，已经被立案调查，不宜继续履行职责的，任免机关可以决定暂停其履行职务。被调查的公务员在违法违纪案件立案调查期间，不得交流、出境、辞去公职或者办理退休手续。

（八）行政公务员的救济制度

公务员对涉及本人的处分决定不服的，可以申请复核或者申诉。《公务员法》第90条规定，公务员对涉及本人的下列人事处理不服的，可以自知道该人事处理之日起30日内向原处理机关申请复核；对复核结果不服的，可以自接到复核决定之日起15日内，按照规定向同级公务员主管部门或者作出该人事处理的机关的上一级机关提出申诉；也可以不经复核，自知道该人事处理之日起30日内直接提出申诉：①处分；②辞退或者取消录用；③降职；④定期考核定为不称职；⑤免职；⑥申请辞职、提前退休未予批准；⑦未按规定确定或者扣减工资、福利、保险待遇；⑧法律、法规规定可以申诉的其他情形。行政机关公务员对处分不服向行政监察机关申诉的，按照《中华人民共和国行政监察法》的规定办理。

复核、申诉期间不停止处分的执行。行政机关公务员不因提出复核、申诉而被加重处分。

有下列情形之一的，受理公务员复核、申诉的机关应当撤销处分决定，重新作出决定或者责令原处分决定机关重新作出决定：①处分所依据的违法违纪事实证据不足的；②违反法定程序，影响案件公正处理的；③作出处分决定超越职权或者滥用职权的。

有下列情形之一的，受理公务员复核、申诉的机关应当变更处分决定，或者责令原处分决定机关变更处分决定：①适用法律、法规、规章或者国务院决定错误的；②对违法违纪行为的情节认定有误的；③处分不当的。

行政机关公务员的处分决定被变更，需要调整该公务员的职务、级别或者工资档次的，应当按照规定予以调整；行政机关公务员的处分决定被撤销的，应当恢复该公务员的级别、工资档次，按照原职务安排相应的职务，并在适当范围内为其恢复名誉。被撤销处分或者被减轻处分的行政机关公务员工资福利受到损失的，应当予以补偿。

本节引例中，李某对本人的年度考核结果不服的，可以自知道该人事处理之日起30日内向其所在的单位某市工商局申请复核；对复核结果不服的，可以自接到复核决定之日起15日内，向同级人事局或上一级工商部门提起申诉，也可以不经复核，自知道该人事处理之日起30日内直接提出申诉。

第四节　行政相对人

金奎喜起诉杭州市规划局案[1]

杭州市民金奎喜有一天在西湖风景区散步时，发现了一件令他感到不可思议的事情。他当时在风景名胜区里面看到有两个大吊机在施工，好像是要搭建某个建筑，金奎喜经了解得知是浙江老年大学要迁到这里来了。金奎喜觉得这里是西湖风景名胜区，在这里建一处与风景区无关的其他建筑似乎有些不合时宜。2003 年 2 月 25 日，杭州市民金奎喜向浙江省西湖区人民法院提出行政诉讼，要求法院撤销杭州市规划局为浙江省老年大学项目所颁发的项目许可证，依法保护社会公共利益，依法保护杭州西湖风景名胜区。

一、行政相对人概述

（一）行政相对人的含义

行政相对人是指在行政法律关系中与行政主体相对应的另一方当事人。行政法律关系不同于民事法律关系，双方当事人的法律地位是不平等的，一方享有行政权，能依法实施行政管理，作出影响对方当事人权益的行政行为；而另一方则有义务服从管理，依法履行行政行为确定的义务。有权实施行政管理行为的一方当事人被称为"行政主体"，而接受行政主体管理的一方当事人被称为"行政相对人"。作为行政主体的一方当事人是行政机关和法律、法规授权的组织，作为行政相对人的一方当事人是公民、法人和其他组织。

（二）行政相对人的范围

1. 自然人。包括中国公民和外国公民或者无国籍人。中国公民是最主要的行政相对人。在中国境内的外国公民和无国籍人与中国公民一样，他们在行政法律关系中处于行政相对人的地位。确立外国人在我国行政法中的相对人地位，一方面意味着他们必须服从我国政府的行政管辖，另一方面意味着我国政府有责任保护他们在中国境内的合法活动和权益。

---

[1]　案例来源：载中国法院网，http：//old. chinacourt. org/public/detail. php? id = 92767，有删改。

2. 法人。法人是指具有民事权利能力和民事行为能力，依法独立享有民事权利和承担民事义务的社会组织。从整体上讲，法人分为两类：一类是营业性的法人，即企业法人，属于经济组织；一类是非营业性的法人，包括国家机关、事业单位和社会团体法人。

3. 其他组织。其他组织即法人以外的组织，又称为非法人组织，是指不具备法人条件，没有取得法人资格的社会组织或者经济组织。如合伙组织、个体工商户、农村承包经营户、企业法人的分支机构等。

二、行政相对人的认定

（一）行政法上的利害关系的含义

在行政法律关系中，除了行政直接相对人之外，还可能有与行政权行使及其产生的行政法律后果有着密切关系的当事人，通常我们把这类利益群体称为行政利害关系人。行政法上的利害关系，是指在行政法律关系中的公民、法人和其他组织的合法权益与行政权的结果之间存在一种因果关系，即存在法律上的权利和义务关系。

随着行政法学理论的发展，社会各种利益主体在行政法律关系中有着不同的地位和利益诉求，需要法律予以调整和平等保护。例如，在我国行政许可制度中，一个具体的行政许可所涉及的相对人有许可申请人、利害关系人、其他相对人或公众。许可实施后涉及的是上述各方的实体利益，在许可核发之前即未触及任何人的实体利益之前，应当给予或提供给各方相对人的是程序性权利和保护。根据《中华人民共和国行政许可法》（以下简称《行政许可法》）规定，行政机关审查许可申请时，发现行政许可事项直接关系他人重大利益的，应当告知该利害关系人，而且申请人和利害关系人都有权进行陈述和申辩，行政机关应当听取申请人、利害关系人的意见。行政许可直接涉及申请人与他人之间重大利益关系的，行政机关在作出行政许可决定前，应当告知申请人、利害关系人享有要求听证的权利。

（二）行政法上的利害关系的界定

对于行政法上的利害关系的界定，我们可以从合法权益、行政行为以及两者之间的因果关系角度来考量。

1. 合法权益。合法权益的存在是其被具体行政行为侵害，并进而形成"法律上利害关系"的前提。"合法权益"应当是指法律要求行政机关作出行政行为时应当考虑的利益，同时还应当是通过法律救济途径可能保护的实质的利益，排除"过于微小的、不值得耗费司法资源进行保护的利益"或者"意识形态的利益"。在我国现行的行政法规范中，法律对合法权益的保护往往只列举规定了人身权和财产权，但是合法权益并不仅限于此，宪法赋予了公民许多权利，除了人身权和财产权以外，还包括政治权利、自由权利以及各项社会经济权利，这些都是合法权益的内容。

2. 成熟的行政行为。可诉的行政行为必须是最终的成熟行政行为，行政诉讼制度设计体现出行政权与司法权之间的直接对峙与制约。因此，作为评判对象的行政行为必须是最终成熟的。一个行政行为在作出最终决定之前，先有一些预备性和中间性的决定，对此，法院不应进行审查。只有被指控的行政行为对相对人的权利义务产生了实际影响，时机才算成熟，行政相对人才能提起行政诉讼，人民法院才能进行审查。因为司法权不能代替行政权，否则有违既定的国家权力分工。

3. 法律上的因果关系。法律上的因果关系，是指通过立法或司法活动确认的、作为承担法律责任之基础的、存在于加害结果之间的联系。也就是说，是事实上的因果关系根据法律原则精神升格后的因果关系。

为给行政相对人提供更为充分的救济机会，对"利害关系"不宜作过于严格的限制，既不要将其限定在法定权利的范围，也不要将其限定在直接利害关系的范围，只要当事人在行政法律关系中具有一定的法律利益，就应当认定为有利害关系。确定法律主体资格时，既不能仅凭当事人的主观认识，也不能要求当事人的权益必须受到现实的损害，但法律主体资格所要求的"利害关系"必须具有一定的现实性，即当事人应当证明其在该行政法律关系中具有客观的法律利益存在。

三、行政相对人的分类

根据不同的标准，可以将行政相对人进行不同的分类。对行政相对人的分类研究，有助于我们把握各种类型的行政相对人的特征。

（一）个人相对人与组织相对人

以行政相对人是否为组织体为标准，行政相对人可以分为个人相对人与组织相对人。个人相对人主要指公民。在大多数行政管理领域，与行政主体发生法律关系的对方当事人都可能是公民，如行政许可、行政征收、行政给付、行政强制、行政处罚、行政裁决，公民都可以成为这些行政行为的直接或间接对象。组织相对人包括国家机关、企事业单位、社会团体等法人和非法人组织。有些行政行为的对象只能是组织相对人，如责令停产停业的处罚对象；而有些行政行为的对象只能是个人相对人，如行政拘留的处罚对象。区分个人相对人和组织相对人的意义在于：①个人相对人与组织相对人的行为方式不同；②个人相对人与组织相对人享有的权利义务不同；③个人相对人与组织相对人的权利能力和行为能力不同。

（二）直接相对人与间接相对人

以行政相对人的权益受行政行为的影响是否直接为标准，行政相对人可以分为直接相对人与间接相对人。直接相对人是行政主体行政行为的直接对象，其权益受到行政行为的直接影响，如行政许可、行政给付的申请人；行政征收的被征收人；行政处罚的被处罚人；等等。间接相对人是行政主体行政行为的间接对象，其权益受到行政行为的间接影响，如治安处罚关系中受到被处罚人行为侵害的被害人，行政许可关系中其权益可能受到许可行为不利影响的与申请人有利害关系的人等。直接相对人和间接相对人都是行政相对人，其权益受到行政行为侵害都可以依法申请行政救济，但法律规定的救济途径、方式可能会有所区别。

（三）特定相对人与不特定相对人

以行政主体行政行为的对象是否确定为标准，可以将行政相对人分为特定相对人和不特定相对人。特定相对人是行政主体行政行为所明确指向的对象，不特定相对人是行政主体行政行为所指向的、广泛而不确定的对象。特定相对人通常是行政主体具体行政行为的相对人，不特定相对人通常是行政主体抽象行政行为的相对人。特定相对人是与行政主体有特定权利义务关系的公民、法人和其他组织。由于具体行政行为的种类各不相同，特定相对人与行政主体之间的权利义务也就各不相同。不特定相对人是对行政主体有同类权利义务关系的相对人。行政主体作出抽象行政行为是行使行政立法权或规范性文件制定权的行为，就行政立法和规范性文件所规定的义务而言，不特定相对人既有可能成为同一类权利主体，也有可能成为同一类义务主体。如果行政法规、规章和规范性文件在内容中规定他们的权利，他们为同一类的权利主体；如果规定他们的义务，他们则是同一类的义务主体。

（四）受益相对人与损益相对人

以行政主体行政行为对其权益影响的性质为标准，行政相对人可以分为受益相对人与损益相对人。行政行为对其权益产生有利影响，即通过行政行为赋予其某种权益的相对人为受益相对人；行政行为对其权益产生不利影响，即行政行为使其失去某种利益或使其利益受到损害的相对人，为损益相对人。一般来说，行政许可、行政给付行为的直接相对人为受益相对人；行政处罚、行政强制的直接相对人为损益相对人。行政相对人划分为受益相对人与损益相对人的意义在于，明确不同的行政相对人在具体行政法律关系中的地位，以使受益相对人充分行使自己的权利，损益相对人更好地履行自己的义务。

四、行政相对人的权利义务

（一）行政相对人的权利

行政相对人权利是指其能针对行政主体所主张的权利。行政相对人的权利与行政主体的义务具有对应性，行政相对人的的权利同时是行政主体的义务。

行政相对人的权利主要有以下几种：

1. 参政权。行政相对人的参政权利是指行政相对人以各种形式和渠道参与行政管理的权利。这种权利是宪法规定的公民政治权利在行政管理中的具体化。行政相对人参与行政管理的权利主要包括：①批评建议权，对国家行政机关以各种方式提出批评、意见、建议的权利；②控告检举权，对国家行政机关及其公务人员的违法失职行为提出控告或检举的权利。公民行使控告、检举权利的方法和途径与公民言论、出版、集会、结社、游行、示威等政治权利有较大联系。

2. 知情权。公民依法享有对国家行政活动有关的内容、资料及其他信息的知情权，除法律、法规规定应予保密外，行政相对人均有权查阅各种规范性文件、会议决议、决定、制度、标准、程序规则等信息。

3. 平等权。行政相对人有平等地享有权利、承担义务和受行政主体平等保护的权利。

4. 受益权。行政相对人有权通过行政主体的积极行为而获得财产利益、人身利益和其他利益。具体体现为：基本生活水平保障权；劳动就业和劳动安全保障权；义务教育保障权和参加基本性社会生活的保障权等。

5. 隐私保密权。行政相对人享有对自己的隐私保密的权利，行政主体有为相对人的隐私保密的义务。行政主体在行政活动中，非经法定程序，不得公开相对人的隐私。

6. 行政协助权。行政相对人有主动协助行政机关的权利。该权利主要包括：①报告权。发现需要由行政主体处理的事情，行政相对人有权向行政主体报告。②制止权。行政相对人对一切违反法律规范的行为有权予以制止。③扭送权。行政相对人对正在实施行政违法行为，或实施完毕正想逃跑的行为人有依法扭送到有关国家机关的权利。

7. 申请、请求权。①申请权。行政相对人有权依法向行政主体提出实现其法定权利的各种申请，如申请办理许可证照；申请取得抚恤金、补助金、救济金等。②权益保护的请求权。行政相对人的各种权益在受到不法侵害时，有权请求获得行政主体的保护，主要包括：紧急情况下受行政主体救助的权利；合法权益受到侵害请求行政主体予以处理的权利；合法权益受行政主体确认的权利；等等。

8. 救济性权利。行政相对人对行政主体的行政行为不服，可以依法申请复议和提起行政诉讼。行政主体的行政行为违法或合法而造成了相对人的财产损失，当事人有权获得国家赔偿或补偿。

（二）行政相对人的义务

行政相对人在行政法上享有一定的权利，同时也必须履行一定的义务。概括起来，行政相对人的义务主要包括：

1. 遵守行政法律秩序、服从行政管理的义务。在行政管理过程中，行政相对人应遵守行政法规、规章和其他规范性文件；执行行政命令、行政决定；履行行政法上的各项义务。

2. 协助行政管理。在行政管理过程中，行政相对人有义务协助行政主体完成行政任务，如配合工商行政管理机关进行商品质量检查、协助人民警察追捕犯罪嫌疑人等，必要时为执行公务提供交通工具或其他必要的设施，如防洪、灭火器材等。

3. 维护公益的义务。行政相对人有义务维护国家和社会公共利益。在国家和社会公共利益正受到或可能受到损害或威胁时，行政相对人应采取措施，尽可能防止或减少损害的发生。行政相对人因维护公益致使本人财产或人身受到损失或伤害的，事后可请求国家予以适当补偿。

4. 接受行政监督的义务。行政相对人在行政管理过程中，要接受行政主体依法实施的监督，包括检查、审查、检验、鉴定、登记、统计、审计，向行政主体提供情况说明及有关材料或报表、账册等。

第五节　行政法制监督主体

本节引例

某县税务局局长刘某自 2004 年担任局长以来利用职权以权谋私，中饱私囊。2004 年 6 月，刘某乘其所辖一企业开张，需办理税务执照而有求于税务局之机，先后接受该企业港币 20 000 多元及金笔一支。2005 年，刘某向县电器厂、县开关厂等企业索取财物，并要求这些企业请吃请喝。2006 年经群众举报，该县监察局对刘某的行为及其相关事实进行了周密调查，经多方取证，认为刘某已经违反了有关行政管理法规，因而予以正式立案。同年，县监察局向县人大汇报情况，县人大经过调查核实，于 2007 年免去刘某税务局长的职务。试分析：在本案中，具体说明涉及哪些行政法制监督类型？

理论知识

一、行政法制监督概述

（一）行政法制监督的概念

实现依法行政，要依靠行政机关的自我约束，更重要的是要通过各种途径和方法，加强对行政权的监督与控制。为保证行政活动的合法性和正当性，从法律制度上建立对行政主体的全面、严密的监督体系尤为重要。我们把这一监督体系统称为"行政法制监督"。

所谓行政法制监督，是指有权的国家机关、国家机关系统以外的个人、组织依照宪法、法律的有关规定，对行政主体及公务员行使国家行政权力、履行行政职责的行为所进行的监察督促。这一定义反映出行政法制监督制度的基本特征：

1. 监督主体的多元性。行政法制监督的主体既包括国家权力机关、国家司法机关、专门行政监督机关，也包括国家机关系统以外的公民、法人和其他组织。作为监督主体的国家权力机关、司法机关根据宪法和组织法，监察机关、审计机关根据宪法和单行法，对行政主体及其公务员行使职权行为实施的监督，是直接产生法律效力的监督。国家机关系统以外的公民、法人和其他组织作为监督主体，不能对监督对象作出直接产生法律效力的监督行为。行政法制监督主体的多样化，既是提高监督效率的重要保障，也是行政活动社会化、民主化的基本要求和重要体现。

2. 监督对象的确定性。行政法制监督的对象主要有两种：①可以代表国家行使行政权力的行政主体；②代表行政主体行使行政权的公务员。不拥有行政权力或不行使行政权的其他组织或者个人，如行政主体以外的其他国家机关、企业事业单位、社会团体和一般公民等，均不属于行政法制监督的对象。这里要指出的是，公务员在行政管理中代表行政主体行使职权，但在行政法制监督法律关系中，却与行政主体并列，成为独立的监督对象，特别是在行政监察中，公务员是最主要的监督对象。

3. 监督内容的广泛性。行政法制监督的主要内容是行政主体行使职权的行为和公务员履行职责的行为。行政行为是以国家强制力为保障的，能对行政相对人产生权利义务，因此必须受到有效监督。除了监督行政主体及其公务员行使职权的行为是否合法以外，监督对象与实施行政行为、履行职责有关的情况，如是否廉洁奉公，忠于职守，是否兼有营利性组织的职务，个人的财产收入状况等，也是监督的内容。

4. 监督方式的多样性。不同的监督主体享有不同的监督权，行使监督权的方法和途径具有多样性。国家机关作为监督主体，能对监督对象采取直接产生法律效力的监督措施，如撤销行政行为、处罚违纪违法的公务员等。公民、法人和其他组织作为监督主体，只能通过批评、建议或申诉、控告、检举等方式向有权国家机关反映，使之采取能产生法律效力的措施，以实现对监督对象的监督。通过各种方法，建立体系完备、运转协调的对行政管理的监督制度，从而保证行政管理的高效、廉洁。

（二）行政法制监督与行政执法监督的辨析

行政法制监督和行政执法监督的出发点都是为了维护和保障行政管理秩序，实现行政的民主和公正，提高效率。但两者是性质不同的监督，有着以下区别：

1. 监督的主体和对象不同。行政法制监督是对行政主体及其公务员的监督，监督主体是国家权力机关、司法机关、被监督对象的上级行政机关、专门监督机关以及国家机关系统以外的个人和组织；行政执法监督是对公民、法人及其他组织的监督，监督主体是有权的行政主体。

2. 监督的内容和目的不同。行政法制监督的内容是行政主体及其公务员行使行政职权和履行行政职责的情况，目的是保证国家行政权力的正确行使，维护公民、法人和其他组织的合法权益；行政执法监督的内容是公民、法人和其他组织遵守法律、法规或规章的情况，目的是保证行政法规范的贯彻施行，维护正常的行政秩序。

3. 监督的性质不同。行政法制监督是对国家权力（行政权）行使情况进行的监督，具有权力制约的特点，体现了国家权力行使的严肃性和统一性；行政执法监督是对行政法规范执行情况的监督，反映了行政权的主动性、广泛性特点，并体现了行政法规范的国家意志性和强制性。

4. 监督的方式不同。行政法制监督主要采取权力机关审查、调查、质询、司法审查、行政监察、审计、舆论监督等方式；行政执法监督主要采取检查、检验、统计、登记、鉴定等方式。

二、行政法制监督主体

（一）国家权力机关

宪法规定，各级国家行政机关由同级国家权力机关产生，是国家权力机关的执行机关，对它负责，受它监督。这是权力机关对行政机关进行监督的宪法依据。

作为监督主体的国家权力机关是指我国各级人民代表大会及其常务委员会。权力机关对行政机关的监督是由其性质和法律地位决定的，反映了我国根本政治制度。权力机关对行政机关实施监督，可以保证政府在法定的范围内活动，保证政府的目标与人民的利益相一致，体现我国的国家性质。

（二）国家司法机关

作为监督主体的司法机关包括审判机关和检察机关。依法享有国家司法权的人民法院和人民检察院作为监督主体，与行政法制监督的其他监督主体的监督不同。相对于行政系统的内部监督而言，司法监督是一种外部监督，具有较强的可信度；相对于权力机关的监督而言，司法监督没有权力机关监督那么范围广泛和形式多样；相对于公民、法人和其他组织对行政行为的监督而言，司法监督是一种权力监督，是国家体制设计上权力制约思想的体现。当然，司法机关的监督有一定的限度，司法权毕竟不同于行政权，有自己的作用范围，对行政的介入不能逾越干涉行政权的法定界限。

（三）国家行政机关

行政系统内部的监督又可以分为行政机关的层级监督、平级监督和专门监督，因而，作为监督主体的行政机关包括被监督对象的上级行政机关、内部管理机关、行政监察机关和审计机关。

根据我国行政组织法律规范的规定，作为监督主体的上级行政机关依据被监督对象而定。被监督对象为一级人民政府的，上级行政机关是指被监督者的上级人民政府；被监督对象为政府职能部门的，上级行政机关是指被监督者的本级人民政府和上一级主管部门；被监督对象是公务员的，上级行政机关是指该公务员所属的行政机关。

作为监督主体的内部管理机关是指行政机关的法制机构、人事机构、财务机构等。行政监察和审计机关虽然也属于内部管理机关，但它们属于专门监督机关。

《中华人民共和国行政监察法》规定，监察机关是人民政府行使监察职能的机关。我国监察机关在县级以上各级人民政府设立，各级监察机关在本级人民政府的统一领导下开展监察工作。《中华人民共和国审计法》规定，国家审计权是行政权的重要组成部分，它由审计机关依法独立行使。国务院设立审计署，在国务院总理领导下，主管全国的审计工作。县级以上地方各级人民政府设立审计机关，在本级人民政府行政首长和上级审计机关领导下负责本行政区域内的审计工作。

（四）其他法律监督主体

宪法规定，公民对于国家机关和国家机关工作人员，有提出批评和建议的权利；对于任何国家机关和国家机关工作人员的违法失职行为，有向国家机关提出申诉、控告或者检举的权利。宪法的规定给公民监督行政提供了法律依据。除此以外，其他社会组织，如政党、政协、人民团体、企事业单位、社会团体、群众自治组织等，可以根据宪法所赋予的民主权利对行政主体及其工作人员是否依法行政进行监督。

本节引例中，涉及的法制监督类型有：①群众举报，属于国家机关系统外部的个人、组织的监督。②监察局对刘某的行为及其相关事实进行了周密调查，属于专门行政监督机关的监督。③人大经过调查核实，免去刘某税务局长的职务，属于国家权力机关的监督。

思考题

1. 什么是行政主体？行政主体与行政机关的区别？
2. 简述我国行政主体的范围。
3. 如何判断行政相对人？行政相对人有哪些权利和义务？

实务训练

案例一

1997年8月15日，湖南省卫生厅确认溆浦县中医院是一所功能较全、急诊科已达标的二级甲等综合医院，具备设置急救中心的条件。同年12月8日，溆浦县卫生局指定县中医院开办急救中心，开通"120"急救电话。同日，县中医院向县邮电局提交了《关于开通"120"急救专用电话的报告》，但是该电话一直未开通。同年7月27日，县中医院再次书面请求县邮电局开通"120"急救电话，县邮电局仍拒不开通。于是，湖南省溆浦县中医院认为湖南省溆浦县邮电局不履行"120"急救专用电话开通职责，向湖南省溆浦县人民法院提起行政诉讼。

问题：湖南省溆浦县邮电局是否属于行政主体？

案例二

1990年6月24日，根据金堂县编委文件，建立了金堂县云顶石城管理处，性质属全民所有制事业单位，其职责是负责云顶山风景区开发、建设、管理及旅游经济实体开发。1995年1月15日，云顶石城风景名胜区（云顶山慈云寺系其主要景点）被四川省人民政府评审为省级风景名胜区。1996年5月15日，金堂县物价局审批将云顶石城风景区游山门票价格调为5.00元/人，对朝山进香的佛教居士，凡持有云顶山慈云寺皈依证的，仍执行门票价格0.50元/人不变。金堂县物价局向云顶石城管理处颁发了收费许可证，并允许在凉云路后段即去慈云寺必经之路上，离该寺约1公里处设收费站，收取游览费至今。慈云寺认为，云顶石城风景管理处向游客收取进山费既无相关的法律、法规支持，也未征求过慈云寺的意见，更未考虑本地的实际经济状况，致使到慈云寺游玩、朝山的游客逐年递减。云顶石城风景管理处设卡收费的行为不仅违反了国家的有关法律、法规和国家对宗教事务的有关政策，同时也严重威胁到了慈云寺广大僧众的基本生存，请求法院依法判决撤销云顶石城风景管理处的收费行为。

问题：云顶石城风景管理处是不是行政主体？

第四章　行政行为

学习目标

【知识目标】
1. 掌握行政行为的概念、行政行为的合法要件。
2. 识别行政行为的分类、行政行为的范围。
3. 理解行政行为效力的内容。
4. 了解行政程序等基本理论。

【技能目标】
培养识别行政行为的能力。

第一节　行政行为概述

本节引例

机械厂诉某镇电管站强行采取停电措施案

某镇电管站工作人员接受县供电局的委托到某机械厂查抄电表，按照计算的用电数给某机械厂开具了 3.2 万元发票。机械厂对此表示异议，要求重新核查。电管站向市供电局汇报后，向机械厂发出通知，要求在 5 日内缴清电费，逾期将按照《全国供用电规则》的规定停电。到期后，机械厂没有交纳电费，电管站遂向机械厂发出停电通知书，强行采取停电措施。机械厂不服，向人民法院提起行政诉讼，要求恢复供电，赔偿因停电造成的损失。试分析：某镇电管站强行采取停电措施是什么性质的行为？

理论知识

一、行政行为的概念

在行政法学中，行政行为是一个重要的和基础的法律概念。行政行为（Administrative Action），又称为行政法律行为，是指行政主体为了实现行政职能，行使行政权作出的，能够直接或者间接产生法律效果的行为。行政行为具备以下基本特征或要素：

1. 行政行为是行政主体所实施的行为，这是行政行为的主体要素。行政主体包括行使行政权的行政机关和法律、法规授权的组织。通常情况下，只有依照法律成立的行政机关，才能实施行政行为。但行政机关以外的其他社会组织在法律、法规授权的条件和范围内，也能实施行政行为。此外，行政主体在特定的条件下还可以委托其他国家机关、社会组织或者个人行使行政权力，实施行政行为。当然，在该情形下，被委托的其他国家机关、社会组织或者个人依法在委托权限范围内实施行政行为是以委托的行政主体的名义作出的，由此而产生的法律责任也由委托的行政主体承担。

2. 行政行为是行使行政权力的行为，这是行政行为的权力要素。国家行政机关以平等的民事主体的身份参加的民事活动，如购买办公用品、装修办公用房等，以及国家行政机关的工作人员与行使职权无关的个人行为，如购买消费品、外出旅游等，这些行为都不能成为行政行为。行政行为与行政权力是密不可分的，行政行为是行政权的载体或表现形式。只有行政主体为了实现行政管理目标而依法行使行政权力的行政管理行为才是行政行为。

3. 行政行为是能够直接或间接产生行政法律效果的行为，这是行政行为的法律要素。法律效果是就法律关系当事人的权利和义务而言的。行政行为产生的法律效果应当是行政法意义上的效果。这个特征一方面使行政行为具有法律强制性，另一方面也确保行政主体在实施行政行为时负有法律责任，以区别于行政机关的事实行为，如收集资料、发布数据、打印文件等。行政主体的行政行为能够对行政相对人的权利和义务产生直接或间接的影响。行政行为有时对当事人的权利和义务的影响是直接的，如行政处罚行为、行政许可行为等；有时对当事人的权利和义务的影响是间接的，如行政机关的通知、鉴定、证明、调查等行为，这些行为可能影响到即将作出的行政处理决定。另外，就行政机关发布的规范性文件来说，它对当事人的权利和义务的影响也是间接的。

本节引例中，停电行为是供电部门根据供电合同和等价有偿原则所采取的民事行为，而非依行政职权作出的；机械厂与供电部门都是民事主体，具有平等的法律地位，机械厂不交电费属于民事违约行为。

二、行政行为的内容与形式

（一）行政行为的内容

权利和义务是一切法律行为的主要内容，行政行为也不例外。行政行为的内容是指一个行政行为对当事人权利（职权）和义务（职责）的具体影响。无论哪种行政行为，其基本内容都应该包含着行政主体和行政相对人的权利（职权）和义务（职责）两方面的内容。下面我们仅从行政相对人角度来分析，可以把行政行为从内容上主要分为权利性行政行为和义务性行政行为。

1. 权利性行政行为，是指对行政相对人的权益产生积极或消极影响的行政行为。具体包括以下两方面内容：①赋予权益的行政行为，对行政相对人的权益产生积极的影响，即表现为赋予相对人更多的权益。例如，颁发营业执照、授予律师资格、发放抚恤金或救济金等。②剥夺权益的行政行为，对行政相对人的权益产生消极的影响，即表现为对相对人权益的剥夺。例如，吊销许可证或执照、责令停产停业、没收财产等。

2. 义务性行政行为，是指行政主体依法设定或免除行政相对人某种义务的行政行为。具体包括以下两方面内容：①设定义务的行政行为，使符合法定条件的相对人承担某种义务，即表现为相对人义务的增加。可以是单纯行为上的义务，也可以是财产上义务或人身上义务，如接受审计监督、纳税的义务、罚款的决定等。②免除义务的行政行为，使符合法定条件的相对人免除某种义务，即表现为相对人义务的减少。可以是单纯行为上的义务，也可以是财产上义务或人身上义务。如免除纳税人的纳税义务即属于此类行政行为。

此外，还有一些其他内容的行政行为，如确认法律事实或行政相对人的法律地位。法律事实确认是指行政主体通过行政行为对现有的事实状态依法作出确认。这种状态的确认与否，对于一定的法律关系影响重大，是构成一定的法律关系的基础。例如，对于公民出生的登记、对于婚姻事实的登记、工伤事故的认定，等等。此种确认的结果将成为行政相对人权利和义务发生变化的依据，导致发生一定的法律后果。法律地位的确认是指行政主体通过行政行为确定某种法律关系是否存在。例如，土地管理部门对土地使用权的确认，房管部门对房屋所有权的确认，人民政府对矿产、森林等自然资源使用权的确认，等等。

这里必须强调，上述各项内容对于一个行政行为来讲可能同时具备，它们之间并不是相互排斥的关系。一个行政行为可能既赋予权益又设定义务，同时产生多项法律效果。例如，工商部门在向企业颁发工商营业执照的同时，又要求其交纳一定的规费。

（二）行政行为的形式

每一个行政行为都具备一定的外在表现形式。在行政管理中，各种行政行为的外在表现会有差异，体现出不同的形式。总结起来，行政行为的形式有以下四种：

1. 口头形式。口头形式是指行政主体借助于口头语言来表达其行政行为的内在意思的一种形式。例如，口头作出决定或者电话告知等。口头形式的优点是便捷、易于执行；但也具有不易保留为证据的缺点，发生争议时不利于问题的解决。因此，在行政管理实践中，不易被广泛采用，只适用于比较简单的行政行为。内容复杂、对当事人权利和义务影响较大的行政行为不能采用口头形式，否则，无论是对行政权力运作的监督，还是对行政相对人权益的维护，都是极为不利的。

2. 书面形式。书面形式是指行政主体借助于书面语言来表达其行政行为的内在意思的一种形式。主要指文字（文件、信函、电报等）、图表、照片、电子数据等形式。在行政管理中，书面形式是行政主体作出行政行为的最经常、最大量采用的形式。书面形式的特点是繁难不便，但却有郑重庄严和"白纸黑字，铁证如山"的优点。按照依法行政的要求，内容复杂、对当事人权利和义务影响较大的行政行为都应当采用书面形式。对于大量要式的行政行为依法必须采用书面形式而未采用此种形式的，当属于无效的行政行为，行政主体应当承担由此而产生的不利的法律后果。

3. 动作形式。动作形式是指行政主体借助于其工作人员的外形动作来表达其行政行为的内在意思的一种形式。动作形式的优点是直接、明了，但不易被大量运用，而只能在一些简易的行政程序中予以运用。最为常见的是交通管理中交警指挥交通的各种手势。

4. 默示形式。上述三种形式都是明示的形式，而默示形式是指行政主体以含蓄或者间接的方式来表达其行政行为的内在意思的一种形式。默示所包含的意思，行政相对人不能直接把握，而要通过推理手段才能理解。例如，某企业向工商部门申请颁发工商营业执照，在法定的期限内该工商部门不予答复，即可以推定行政机关是拒绝作为。默示形式的采用必须严格加以限制，只有在法律、法规或规章有明确的规定，或者在行政管理实践中为大家所公认的情形下，才能被采用。

第二节　行政行为分类

本节引例

乔占祥诉铁道部 2001 年春运价格上浮案

2000 年 12 月 21 日，铁道部依据《国家计委关于部分旅客列车票价实行政府指导价有关问题的批复》，发出《关于 2001 年春运期间部分旅客列车实行票价上浮的通知》（以下简称《通知》），有关铁路局依据此通知对旅客列车的票价实行上浮。乔某在春运期间购买了石家庄至磁县、石家庄至邯郸的火车客票两张，支付票款 37 元，比上浮前分别多了 5 元和 4 元。对此，乔某认为铁道部上浮票价的行为侵犯了自己的合法权益，遂于 2001 年 1 月 18 日向铁道部申请复议，要求撤销上浮火车票价的具体行政行为。同年 3 月 19 日，铁道部作出维持的复议决定。乔某不服，向北京市第一中级人民法院提起行政诉讼，请求法院撤销铁道部的复议决定及《通知》。一审法院审理后，判决驳回了乔某的诉讼请求。乔某不服一审法院判决，向北京市高级人民法院提出上诉。二审法院审理后，判决驳回上诉，维持原判。

理论知识

　　行政行为的表现形式多样，内容繁多。对行政行为进行相应的分类不仅是理论研究的需要，也是规范行政行为的要求。通过对行政行为的进一步分类研究，我们能够认识和把握各种不同行政行为的内容、特点以及它们所要遵循的行为规则，同时更能够加强对各种行政行为的成立与合法要件和法律效力的深入理解，从而有助于确立对行政行为的科学的监督和救济机制。因此，对行政行为的科学分类，一直是行政法学的一项重要的课题。下面我们以不同的标准和目的，对行政行为作出几种不同的重要分类。

　　一、抽象行政行为与具体行政行为

　　这是以行政行为的对象是否特定为标准，将行政行为划分为抽象行政行为与具体行政行为。目前这是行政行为的最为重要的分类之一。抽象行政行为与具体行政行为的划分不仅仅是行政法学理论研究的需要，而且也是我国法律制度中所采用的一对法学概念。例如，《行政诉讼法》和《行政复议法》的受案范围里都提出了具体行政行为的概念。尽管理论上我们认为在划分抽象行政行为与具体行政行为的时候，两者外延的界定上有不够周延之处，但是细致地作进一步的研究具有重要的理论意义和实践意义。

　　所谓抽象行政行为，是指行政机关在行政管理过程中以不特定的人或事为对象，制定和发布具有普遍约束力的行为规范的行为。例如，行政机关制定行政法规、规章的行为。对抽象行政行为可以有两种意义上的理解：一种是行政机关制定和发布具有普遍约束力的行为规范，即静态意义上的抽象行政行为，如国务院的行政法规；一种是行政机关制定和发布具有普遍约束力的行为规范的行为，即动态意义上的抽象行政行为，如国务院制定和发布行政法规的行为。两种意义上的理解都能成立。另外，从我国目前的立法体例上来看，抽象行政行为可以分为行政立法和制定行政规范性文件的行为两个层次。然而，目前学术界对行政立法研究比较成熟，对于行政机关制定行政规范性文件的行为的研究尚待发展。抽象行政行为的特点是：对象具有不特定性；效力具有普遍的约束力；可以被反复地适用。抽象行政行为调整范围的广泛性和长期性，决定了其对行政相对人的权利和义务影响十分重大。

所谓具体行政行为，相对于抽象行政行为而言，是指行政机关在行政管理过程中以特定的人或事为对象，作出直接影响行政相对人的权利和义务的行为。与抽象行政行为相比，具体行政行为的对象的特定性、直接影响行政相对人的权利和义务是其最为突出的特点。具体行政行为只对特定的对象或业已发生的事件有法律上的拘束力，对尔后发生的同类事件没有法律效力，即所谓的"一次性消费"。后面我们讨论的行政许可、行政强制、行政处罚等都属于具体行政行为。当然抽象行政行为与具体行政行为并非截然对立的关系，在很多情形下，具体行政行为的作出是以抽象行政行为为依据的。可以说，具体行政行为是抽象行政行为的贯彻和落实。

对抽象行政行为与具体行政行为的法律救济和监督途径是有所区别的。抽象行政行为不属于《行政诉讼法》的受案范围，只有具体行政行为才有可诉性。但行政复议既可以审查具体行政行为，也可以审查部分抽象行政行为。

本节引例中，铁道部作出的《通知》是抽象行政行为还是具体行政行为？这里的关键在于具体行政行为与抽象行政行为的区分标准。为此，最高人民法院曾经以司法解释的形式对具体行政行为进行了界定。原《最高人民法院关于贯彻执行〈中华人民共和国行政诉讼法〉若干问题的意见（试行）》第1条规定，具体行政行为是指国家行政机关和行政工作人员、法律法规授权的组织、行政机关委托的组织或者个人在行政管理活动中行使职权，针对特定的公民、法人和其他组织，就特定的具体事项作出的有关该公民、法人和其他组织权利义务的单方行为。根据该解释，在排除其他条件的情况外，确定某个执法行为属于具体行政行为要具备两个"特定"，即"特定的相对人"和"特定的事项"。只有行政机关作出的管理行为符合两个"特定"，才属于具体行政行为。由此，行政机关就不特定事项针对特定相对人作出的行为以及针对特定事项但相对人不确定的行为，均不属于具体行政行为。按照这个标准，铁道部的通知属于抽象行政行为。但是，从学理上来看，具体行政行为与抽象行政行为之间没有绝对的界限，两者之间存在一个灰色的地带，本案的通知属于事项特定而对象不特定的行政行为，从保护公民合法权益角度来看，应当认为是具体行政行为。

二、羁束行政行为与自由裁量行政行为

根据法律规定对行政行为约束强度不同，以行政主体的自由选择、裁量空间为标准，将行政行为分为羁束行政行为与自由裁量行政行为。这是行政行为

的重要分类之一。

所谓羁束行政行为，是指法律规范对行政行为的范围、条件、形式、标准、方法、程序等作了较为详细、明确而具体规定的行政行为。行政主体没有自由选择、裁量的余地，只能严格依照法律规定的范围、条件、形式、标准、方法、程序等实施。例如，有关税务方面的法律、法规明确规定了征税范围、征税的对象以及税种、税率，税务机关在这些方面没有自由选择、裁量的余地，如果违反法律规范的明确规定，就构成行政行为违法，并承担由此而产生的一切法律后果。

所谓自由裁量行政行为，是指法律规范对行政行为的范围、条件、幅度和种类等作了原则性或概括性的规定，行政行为的具体条件、标准或者种类等可由行政主体自由选择、裁量的行政行为。例如，《中华人民共和国治安处罚法》第 23 条规定，对有本条所列行为之一的扰乱公共秩序行为人，处警告或者 200 元以下罚款；情节较重的，处 5 日以上 10 日以下拘留，可以并处 500 元以下罚款的行政处罚。

划分羁束行政行为与自由裁量行政行为的法律意义在于：在法律责任方面，羁束行政行为主要适用于行政合法性的范围或者领域。违反法定羁束行政行为，在法律性质上是合法与违法的判断，一般不是适当与否的问题；自由裁量行政行为受到行政合理性原则的制约，在法定权限和幅度内，一般不发生是否违法的问题，而只发生是否适当的合理性问题。在法律救济方面，划分羁束行政行为与自由裁量行政行为决定着司法审查的程度。在行政诉讼中，人民法院审理行政案件只对具体行政行为的合法性进行审查，在行政处罚显失公正的情况下，人民法院可以判决变更。因此，对于羁束行政行为，人民法院可以进行合法性审查；对于裁量行政行为，人民法院原则上不予审查。

三、依职权的行政行为与依申请的行政行为

以行政主体是否主动实施行政行为为标准，将行政行为划分为依职权的行政行为与依申请的行政行为。

所谓依职权的行政行为，又称为主动的行政行为或积极的行政行为，是指行政主体依据法律的规定，主动行使其职权而无须行政相对人申请的行政行为。例如，行政征收行为、行政处罚行为、行政强制行为，等等。

所谓依申请的行政行为，又称为被动的行政行为或消极的行政行为，是指行政主体必须在行政相对人提出申请以后才能实施的行政行为。行政相对人提出申请是构成此类行政行为的前提条件和必经程序。如果没有行政相对人提出申请，行政主体就不能主动实施行政行为。行政许可行为就是典型的依申请的行政行为。在这里应当强调的是，行政相对人提出申请只是行政主体行为作出的必要条件而不是充分条件，最终行政行为是否作出的决定权仍然属于行政主体。

区分依职权的行政行为与依申请的行政行为的法律意义在于：①两类行政行为决定了不同的诉讼类型。对于依职权的行政行为提起的行政诉讼，行政相对人的诉讼请求一般是违法撤销之诉，人民法院对这类行政行为的合法性进行审查，作出维持或者撤销判决。对于依申请的行政行为提起的行政诉讼，行政相对人提出请求履行法定职责之诉，人民法院审查判断后，一般作出维持判决或限期履行判决。②两类行政行为决定了举证责任的分配的不同。依职权的行政行为，举证责任的分配遵循行政诉讼的一般分配规则，即由被告（行政主体）承担举证责任。依申请的行政行为，除被告承担举证责任外，原告应当提供其在行政程序中曾经提出申请的证据材料，即对自己的申请行为承担举证责任。

四、内部行政行为与外部行政行为

以行政行为的效力范围为标准，将行政行为分为内部行政行为与外部行政行为。所谓内部行政行为是指行政主体对有行政隶属关系的组织内的编制、人事、财务等内部事务进行管理的行政行为。例如，行政机关对所属公务员作出的行政处分，上级行政机关对下级行政机关财务报告的审批等。所谓外部行政行为是指行政主体对非隶属关系的行政相对人及社会事务进行管理的行政行为。例如，税务机关的税务管理、工商机关的市场监管、公安机关的治安处罚等。

内部行政行为与外部行政行为的区别表现在：①两者所适用的法律规范的性质不同。内部的行政行为适用的是内部行政法律规范；而外部行政行为适用的是外部的行政法律规范。两者所适用的法律规范不能任意地相互替代。②两者所产生的法律效果的领域不同。内部行政行为只能对内部行政相对人发生法律效果；外部行政行为也只能对外部的行政相对人发生法律效果。③两者的救济途径是不同的。在我国现行法律救济制度中，内部行政行为是被排除在行政复议和行政诉讼的受案范围之外的。然而，行政复议和行政诉讼制度对外部行政行为是开放的，公民、法人和其他组织对外部行政行为不服，只要符合法定条件，是可以提起行政复议或者行政诉讼的。

五、单方行政行为与双方行政行为

以行政行为成立时，行政法律关系参加者的意思表示的参与情况为标准，将行政行为划分为单方行政行为与双方行政行为。

所谓单方行政行为是指行政主体依其单方意思表示，无须行政相对人的意思表示即可以成立的行政行为。多数的行政行为都具有单方行政行为的法律属性。单方行政行为无论是依职权作出的，还是依申请作出的，都是以行政主体的意思表示为主导的，最终的决定权在行政主体。行政相对人是否有参与意志，不影响行政行为的法律定性。因此，尽管单方行政行为的外在表现可能不同，但是单方意志性是没有改变的。

所谓双方行政行为是指行政主体为了实现行政管理的目的，与行政相对人意思表达一致而成立的行政行为。此种行政行为的主要表现形式是行政合同。双方行政行为最为重要的特点是，行政相对人的同意或协助是构成行政行为成立的基本条件。双方行政行为在现代行政管理活动中越来越多地得以运用，可以说，双方行政行为或者多方行政行为的形式，既是行政行为的一种形态，也是行政民主化的反映。

区分单方行政行为与双方行政行为的法律意义在于，全面认识行政行为的各种形式。单方意志性的行政行为占绝大多数，可是也存在双方合意的行政行为。

六、行政行为的其他类型介绍

（一）行政立法、行政执法与行政司法行为

以行政主体实施行政行为与行政相对人形成的法律关系结构的不同为标准，将行政行为分为行政立法、行政执法与行政司法行为。

所谓行政立法行为是指行政主体依法定职权和程序，制定具有普遍约束力的行为规则的行政行为。例如，国务院制定行政法规的行为。行政立法法律关系的一方是行政机关，另一方是不特定的行政相对人。所谓行政执法行为是指行政主体行使行政职权作出影响行政相对人权益的行政行为。例如，行政许可行为等。行政执法法律关系的一方是行政机关，另一方是特定的行政相对人。所谓行政司法行为是指行政机关以居间（中立）管理者的身份，依法审查和裁决特定范围内争议的准司法性行政行为。例如，行政裁决、行政复议等行为。行政司法法律关系的一方是行政机关，与发生涉及行政管理事务的争议的双方当事人之间形成的法律关系。

（二）职权行政行为、授权行政行为与委托行政行为

以实施行政行为的行政权力的来源不同，将行政行为分为职权行政行为、授权行政行为与委托行政行为。

所谓职权行政行为是指国家行政机关行使直接来源于宪法和组织法规定的行政权力而作出的行政行为。所谓授权行政行为是指行政机关以外的社会组织依据法律、法规的授权而实施的行政行为。所谓委托行政行为是指行政机关以外的社会组织或个人依据行政机关的委托而实施的行政行为。

（三）作为行政行为与不作为行政行为

以行为是否改变行政相对人现有的法律状态（权利义务关系）为标准，行政行为可以分为作为行政行为与不作为行政行为。作为行政行为，是指行政主体积极改变现有法律状态的行政行为。如行政征收和颁发许可证等。不作为行

政行为，是指行政主体消极维持现有法律状态，通常表现为不履行法定职责的行政行为，如对行政相对人的请求不予答复。有的观点认为，作为与不作为的划分，应以行政主体的义务是作为义务还是不作为义务，对义务的态度是积极还是消极为标准。行政主体积极履行作为或不作为义务的行为是作为行政行为，行政主体消极对待作为义务的行为是不作为行政行为。我们应当认识到行政权的权责一致性，对行政职能的放弃或者懈怠，无论表现为职权（权力）状态还是职责（义务）状态，都应当视为行政不作为。

（四）实体性行政行为与程序性行政行为

根据行政行为与行政相对人权益联系程度的不同，将行政行为分为实体性行政行为与程序性行政行为。所谓实体性行政行为是指直接决定相对人实体权益内容的行政行为；所谓程序性行政行为是不直接决定相对人权益的具体内容，但为其实现提供保障的行政行为。其实，实体性行政行为与程序性行政行为并不是两个对立的行政行为，而是一个行政行为的两个方面。任何一个行政行为，既有实体的规定，又有程序的规定。

此外，对行政行为还可以依据不同的标准作出更多的分类。如要式行为与不要式行为；附款行政行为与无附款行政行为；授益行政行为与负担行政行为；独立行政行为与需补充行政行为；可诉行政行为与不可诉行政行为；合法行政行为与违法行政行为；等等。

第三节　行政行为效力

本节引例

某商贸有限公司诉某县规划局行政强制拆除案

原告某商贸有限公司于2006年3月20日和某县新华书店签订了一份房屋租赁合同，租赁该店位于中山南路11号的商用房一幢四层共206平方米楼房从事服饰商贸经营活动。被告某县规划局针对该商贸有限公司未取得建设工程规划许可证，于2006年4月中旬擅自在该县中山南路11号封走廊作橱窗使用的行为，认为其违反了《某市城市规划管理条例》第22条之规定。因该橱窗与北部走廊不协调，且改变了原建筑设计的风貌，依据《某省城市市容和环境卫生管理条例》第11条第1款第2项的规定，该橱窗不符合城市市容容貌标准。根据《某市违反城市规划建设行为行政处罚办法》第8条之规定，于2006年4月20

日作出限拆字［2006］02号拆除通知书，责令某商贸有限公司接到通知后3日内无条件自行拆除，否则将依法组织强拆。逾期后，该公司未自行拆除。2006年4月27日15时30分许，被告组织其工作人员将原告的部分橱窗拆除。某商贸有限公司不服，向法院提起行政诉讼。

理论知识

一、行政行为的成立要件

行政行为的成立是指行政行为的实际存在。一项行政行为倘若没有成立，那么我们就无法进一步讨论其合法要件、效力问题。行政行为的成立是行政行为发生法律效力的前提条件。在行政管理实践中，行政行为成立的标志有两种：一种是由某一组织通过一定的组织会议形式作出行政行为。这一组织可以是行政主体，包括行政机关或被授权的组织，也可以是被委托的组织。组织会议讨论行政行为的对象、内容、执行方式等实体问题，然后作出决定。因此，组织会议讨论决定是一项行政行为形成的标志。另一种是由行政主体或被委托组织的工作人员代表它们直接作出行政行为。此种情形下行政行为形成的标志是工作人员在执行公务时有明确的意思表示并作出了具有行政法律意义的行为。

行政行为的成立要件是指一项行政行为能够实际存在所必须具备的条件。包括以下几个方面：

1. 法律主体要件。行政行为必须是行政主体自为的或者委托其他社会组织或个人而为的。被委托的社会组织或个人作出行政行为必须以行政主体的名义。其他社会组织或个人所为的行为都不是行政行为。行政行为若要成立，主体要件是必不可少的。

2. 主观方面的要件。行政主体自为的或者委托其他社会组织或个人而为的行政行为必须有产生、变更或消灭行政法律关系的意思表示。主体的任何行为都是一种意思表示。行政行为的意思表示必须是针对行政相对人，并且具有产生、变更或消灭行政法律关系的意图。没有这一方面的主观意思表示，行政行为也是没有成立的。主观方面的要件也是行政行为的基本要件。

3. 客观方面的要件。行政主体在客观上有行使行政职权或履行行政职责的外在形式，包括行为的对象、时间、地点、语言、文字等。行政主体只有将自己内在的意思表示通过上述因素表现在外部，并告知了行政相对人，才能成立一个行政行为。没有这一方面的要件，行政行为也不能成立。

4. 法律效果要件。行政行为是能够直接或间接产生行政法律效果的行为。行政法律效果是指行政主体通过外化的行为对行政相对人的权利和义务产生影响。行政主体的行为必须产生行政法律意义，否则，行政主体作出的行为可能就是事实行为或其他法律行为。

行政行为的成立要件是行政行为能否实际存在的必备要素。已经成立的行政行为要能成为合法有效的行政行为，还必须具备合法要件。

二、行政行为的合法要件

行政行为的合法要件，是指行政行为合法成立并发生法律效力所应当具备的条件。具备合法要件的行政行为都是会发生法律效力的行政行为，但是发生法律效力的行政行为不见得都是合法的行政行为。由于行政行为具有推定有效性的特点，有些违法的行政行为也会发生法律效力。行政行为的合法要件与行政行为的生效要件不是同一概念。

在行政管理中，存在着各种各样的行政行为。每种行政行为的合法要求会有所不同，体现着各自不同的特点。我们在这里讨论的行政行为的合法要件，是各类行政行为所共同具备的基本要素，或称为一般要件。

（一）行政行为合法有效的主体要件

主体合法，即行政行为的主体应当合法。这是行政行为合法有效的主体要件。这一要件基本含义是：作出行政行为的主体必须是具备行政主体资格的组织，依法设立并能够以自己的名义行使行政权力，而且能够独立承担因此而产生的法律责任。只有这样的行为主体作出的行政行为才是合法有效的行政行为。具备行政主体资格的组织包括行政机关和法律、法规授权的组织。一般情况下，行政机关或法律、法规授权的组织是以自己的名义直接作出行政行为的。在行政管理中，还存在着大量的委托行政的情形，即行政主体将原本属于自己行使的行政职权一部分委托其他社会组织或个人来行使，被委托的其他社会组织或个人是以行政主体的名义来行使行政职权，并由委托方承担由此而产生的法律责任。无论是行政主体的自为行政还是行政主体的委托行政，最终行政行为都是靠公务人员来完成的。因此，我们认为主体合法的要件应当包括以下几项具体的内容：

1. 组织合法。①行政机关必须是依法设立的。行政机关设立的依据是宪法和组织法的规定。依法设立的行政机关才有可能具备行政主体资格，对外以自己的名义独立地实施行政行为。②行政机关的内设机构、派出机构、临时机构、协调机构一般情况下是不能以自己的名义独立对外实施行政行为的。除非有法律、法规的明确授权或者有行政主体的委托存在。

2. 授权合法。具备行政主体资格的组织除了行政机关以外，还包括法律、法规授权的组织。法律、法规授权的组织也可以以自己的名义对外实施行政行为。但是我们必须考察是否有法律、法规的存在，明确将某一方面的行政职权通过法定的方式授予给该社会组织。如果没有合法的授权，那么该社会组织实施的行为就不是合法有效的行政行为。

3. 委托合法。行政机关或法律、法规授权的组织为了行政管理的实际需要，可以将行政职权的一部分依法定方式委托其他社会组织或个人来行使。行政机关或法律、法规授权的组织委托行政必须严格遵循法律的规定；被委托的其他社会组织或个人也必须在委托的权限范围内实施行政行为。否则，就不是合法有效的行政行为。

4. 公务人员合法。无论是行政机关、被授权的组织，还是被委托的其他社会组织，实施行政行为都是由隶属于它们的公务人员来完成的。这些公务人员必须具有合法的身份，具备法定的职务，与所属组织之间是职务上的委托关系，基于上述法定条件，才能够代表组织对外行使行政权力，作出的行政行为才是合法有效的。

（二）行政行为合法有效的权限要件

权限合法，即行政行为应当符合行政主体的权限范围。这是行政行为合法有效的权限要件。行政行为的实施必须在法定的权限范围内，任何超越行政权限的行政行为当属无效。任何行政职权都有一定的限度，这些限制性要求体现在事项、地域、时间、手段、时效等方面。

1. 事项上的限制。依据宪法、组织法及其他相关法律的规定，国家行政机关层层设置，各负其责。每一个行政机关都有自己的管辖事项范围，不能相互取代或干涉。例如，《中华人民共和国行政处罚法》（以下简称《行政处罚法》）规定，限制人身自由的行政处罚只能由公安机关行使。超越管辖事项范围实施行政行为，构成越权行为，行政行为无效。

2. 地域上的限制。任何行政机关实施行政权力都受一定地域范围的限制，只有在本地域范围内，该行政机关才有管辖权。超越法定地域范围实施的行政行为无效。

3. 时间上的限制。合法有效的行政行为应当是依法设立的行政机关在其合法存在的期间实施的行政行为。行政机关在其成立之前，或是被撤销、变更之后实施行政行为无效。

4. 手段上的限制。行政机关在行使行政职权的时候往往受到法律规定的一定的手段的限制。例如，查封、扣押、冻结等强制措施的限制。行政机关不能恣意任为，否则会承担相应的法律后果。

5. 时效上的限制。若法律规定了行政行为的时效，即对违法行为追究法律责任的有效期限。若超过了这个期限，行政主体就不能再实施行政行为。例如，《行政处罚法》第 29 条规定，违法行为在 2 年内未被发现的，不再给予行政处罚，法律另有规定的除外。

此外，被授权的组织和被委托的组织或个人在实施行政行为的时候，应当严格遵循授权、委托的权限范围。如果超越了权限的范围，行政机关实施的行政行为也属于无效的行政行为。

（三）行政行为合法的内容要件

行政行为的内容应当合法与适当，这是行政行为的内容要件。它的基本含义是：一方面要求行政行为所涉及行政相对人的权利、义务必须符合法律、法规的规定和社会公共利益的要求；另一方面要求行政行为的内容要客观、公正、符合理性。违背上述两项基本要求的行政行为当属于无效的行政行为。

1. 行政行为的内容必须符合法律、法规的规定。法律、法规如果对行政行为的宗旨、原则、具体内容或适用条件作了明确的规定，那么行为的主体就不能违反上述规定。否则，作出的行政行为当属于无效的行政行为。即使对于自由裁量的行政行为，法律、法规也有明确的范围和幅度的规定，行为的主体若超越法定的范围和幅度，行政行为的内容亦属无效。

2. 行政行为的内容应当适当。即行政行为应当客观、公正、符合理性。自由裁量的行政行为，除了受行政合法性原则的约束以外，还应当遵循行政合理性原则的基本要求。例如，《中华人民共和国食品安全法》第84条有规定，违反本法的规定，视情节可并处以2000元以上5万元以下的罚款。在有幅度如此之大的裁量空间的情况下，行为主体应当综合考虑，保证作出的行政行为是客观、公正、公平、符合理性的。否则，该行政行为亦不能合法有效成立。

（四）行政行为合法的程序要件

程序合法，即行政行为必须符合法律规定的程序，这是行政行为合法的程序要件。行政程序是指行政主体的行政行为在时间和空间上的表现形式，即指行政行为所遵循的方式、步骤、次序和时间的总称。任何行政行为的实施都要经过一定的行政程序。如先取证、查明事实，后裁决、作出处理决定。现代行政不仅仅要求实现实体正义，而且要求实体正义用公平的形式表现出来。程序法在现代行政中占有非常重要的地位。立法程序性规定是法律、法规不可或缺的内容。例如，《行政处罚法》第42条规定，行政机关作出责令停产停业、吊销许可证或者执照、较大数额罚款等行政处罚决定之前，应当告知当事人有要求举行听证的权利；当事人要求听证的，行政机关应当组织听证。行为主体违反法定程序实施的行政行为是不能合法有效成立的。《行政诉讼法》有明确规定，如果具体行政行为违反法定程序，人民法院可以判决撤销或者部分撤销，并可以判决被告重新作出具体行政行为。

（五）行政行为合法的形式要件

这是行政行为的形式要件。行政行为大部分是要式的行政行为，而要式的行政行为要求行政主体作出的行政行为必须具备法律、法规规定的法定形式，否则不发生法律效力。例如，行政许可类行为颁发的许可证或执照的法定形式必不可少。

三、行政行为效力的内容

行政行为效力是行政行为的核心。只有合法有效的行政行为才能在行政管理中发挥作用，并获得国家强制力的保障。行政行为效力的内容，一般认为包括确定力、拘束力、公定力、执行力四个方面。

（一）行政行为的确定力

行政行为的确定力，是指已经发生法律效力的行政行为非依照法律的规定不得随意地改变或撤销，即具有不可变更的法律效力。此种法律效力是对行政主体和行政相对人双方而言的。行政主体非依法定事由和法定程序，不得改变或撤销已经作出的行政行为；行政相对人也是非依法定事由和法定程序，不得请求或自行改变或撤销已经作出的行政行为。例如，营业执照的颁发，工商行政机关不得随意撤销，也不得随意更改许可经营的事项和范围。同时，持有营业执照的行政相对人也不能无视登记范围的限制，而从事登记范围以外的活动。

行政行为具有不可变更的法律效力并非是绝对的，而是相对而言的。如果行政行为存在着违法的情形，行政主体可以依据法定的程序加以改变或撤销，并承担由此而给行政相对人带来的损失。例如，我国《行政许可法》第 8 条规定，公民、法人和其他组织依法取得的行政许可受法律保护，行政机关不得擅自改变已经生效的行政许可。行政许可所依据的法律、法规、规章修改或者废止，或者准予行政许可所依据的客观情况发生重大变化的，为了公共利益的需要，行政机关可以依法变更或者撤回已经生效的行政许可。由此给公民、法人和其他组织造成财产损失的，行政机关应当依法给予补偿。行政相对人如果认为行政行为是违法作出的，侵犯了自己的合法权益，也可以经过法定程序（如行政复议、行政诉讼）请求有权机关予以改变或撤销。

（二）行政行为的拘束力

行政行为的拘束力，是指已经发生法律效力的行政行为对行政主体和行政相对人有约束和限制的法律效力。行政行为一旦合法成立以后，有关机关和人员必须服从、遵守。当然，具体行政行为约束和限制的是特定的人或事，抽象行政行为约束和限制的是不特定的人或事。首先，行政行为合法成立后，约束和限制行政相对人，行政相对人必须严格服从、遵守和执行，使行政行为的内容得以实现，否则要承担对自己不利的法律后果。其次，行政行为合法成立后，也同样对行政主体产生约束和限制的法律效力。行政主体是代表国家意志作出行政行为，必须得到尊重和执行。最后，其他国家机关和社会成员也必须对合法成立的行政行为予以尊重。

（三）行政行为的公定力

行政行为的公定力，是指行政行为一旦作出，不论是合法还是违法，都具有被推定为合法而要求任何机关、组织或个人必须予以服从、遵守的法律效力。公定力是一种被推定或假定的法律效力，而并不意味着行政行为是真正合法有效的。之所以这样，是对公权力运作的行政主体地位和作用的必要信任和尊重，从而有利于权利义务关系的稳定。同时，赋予行政行为公定力的法律效力也是行政效率原则的必然要求。公定力的法律效力并不只是针对行政主体和行政相对人的，而是要求任何机关、组织或个人必须予以服从、遵守。因此，公定力是一种对世的法律效力。

（四）行政行为的执行力

行政行为的执行力，是指行政行为合法成立以后，要使其内容得以实现的法律效力。执行力与其他法律效力一样，是一种潜在于行政行为内部的法律效力，而不是根据这种执行力而采取的、表现于行政行为外部的执行行为或强制措施，在行政法理论和实务上，执行力与执行行为常常被混淆，因此应当注意区分。

执行力的法律效力是针对行政主体和行政相对人的，双方当事人对行政行为所设定的内容都具有实现的权利和义务。在理论和实务界，普遍认为执行力只是针对行政相对人的观点是有错误的。

执行力是对行政行为的内容而言的，其实现的方式有自觉履行和强制履行两种。自觉履行是指当事人主动使行政行为的内容得以实现。强制履行是在行政行为的内容无法主动得以实现的情况下而采取的强制方式。行政主体的强制履行，包括行政主体直接强制执行和申请人民法院强制执行两种。行政相对人的强制履行，一般是通过行政复议或行政诉讼的途径来实现。

本节引例中，该案争议的焦点为：①某县规划局对行政处罚决定是否具有强制执行权。②某县规划局下发的限期拆除通知书是否具有执行力。依据相关法律规定，对于规划行政处罚的强制执行权，属于人民法院，规划机关无自行强制执行权。《某市违反城市规划建设行为行政处罚办法》第8条"对不符合城市容貌标准、环境卫生标准的建筑物、构筑物，规划部门应当责令限期拆除；逾期未拆除的，经同级人民政府批准，由规划部门组织公安、市政、城管、执法等部门强制拆除……"的规定，违反上位法规定，不能证明其行政行为合法。本案中某县规划局对违章建设行为没有下发处罚决定书，亦未告知行政相对人提起行政复议和行政诉讼等救济权利，而直接给行政相对人下发限期拆除通知书，该通知书显然不具备行政处罚的形式及实体、程序等要件，也就不具有具体行政行为的执行力。法院经审理判决某县规划局违反法定程序，拆除违章建筑的行为违法。

四、行政行为效力的变化

行政行为一经作出，就具备持续的法律效力，对公民、法人和其他组织产生作用。然而行政行为的效力并非静止不变，它会因各种不同情况的出现而发生变化。这种变化主要体现在以下几个方面：

（一）行政行为的无效

1. 行政行为无效的概念与条件。行政行为无效，是指行政行为存在有严重、明显的法律缺陷，以一般人通常的理解就明显可以看出存在违法情形，该行为不能发生与其内容相应的法律效力。无效的行政行为应当是已经成立的行政行为，一个尚未成立的行政行为，行政机关正在运作，但尚未对外发生法律效力，对行政相对人的权利义务一般不可能构成实际的影响，也就无任何效力可言。

行政行为无效需要具备以下条件：①行政行为具有特别重大的违法情形或具有明显的违法情形。此种违法情形或为主要证据不足，或为适用法律、法规错误，或为超越行政职权，或为滥用职权，或为违反法定程序，或为行政主体受胁迫作出，等等。同时此类违法情形表现特别重大或者明显。②行政行为无效必须经有权的国家机关宣布或者确认。有上述违法情形的行政行为是无效的行政行为，有权的国家机关可以依法判断并确认该行政行为无效。

2. 行政行为无效的法律后果。行政行为无效的法律后果，主要表现在实体法上、程序法上和后果处理上：①在实体法上，无效的行政行为自作出之日起就没有法律约束力。对行政主体和行政相对人不产生法律上的约束力，对社会上其他任何机关、组织和个人也不产生法律上的影响。②在程序法上，无效的行政行为不具有确定力。公民、法人和其他组织认为该行政行为损害了自己的合法权益，可以主张该行政行为无效，有权的国家机关应当依法确定该行政行为无效。被无效行政行为损害合法权益的公民、法人和其他组织，为了避免自己主观法律认识错误导致的风险，应该请求国家有权机关进行认定并宣布其无效。例如，依法提起行政复议或行政诉讼，但是必须要严格遵循法律规定的期限。否则，可能丧失这方面的权利。③在后果处理上，行政行为被确定为无效后，原则上应当使当事人的权利义务尽可能恢复到行政行为作出以前的状态。行政主体应当返还从当事人那里取得的利益，如罚没款物等。如果是负担行政行为，应当取消当事人所要承担的义务。如果有损害事实的存在，还要赔偿当事人的一切损失。如果是授益行政行为，行政主体应当收回无效行政行为给予当事人的权益。并且如果此种收回给善意当事人的合法权益造成损害，行政主体应当予以补偿。

（二）行政行为的撤销

1. 行政行为撤销的概念与条件。行政行为撤销，是指行政行为违法或明显不当，由有权国家机关作出撤销决定后而使其失去法律效力。导致撤销的条件包括两方面：①行政行为违法。违法是指行政行为的合法要件的缺乏。行政行为的合法要件包括主体合法、权限合法、内容合法及程序合法等四个方面。行政行为缺乏其中的任何一个方面的合法要件，都是可以被撤销的行政行为。但这种违法并不是特别重大或者明显，具有特别重大或者明显的违法情形，如前所述，是行政行为无效的条件。②行政行为明显不当。明显不当是指行政行为的内容明显不合理。即行政行为的作出违背行政合理性原则。内容明显不合理的行政行为不见得是违法的行政行为，但是可以是被撤销的行政行为。

2. 行政行为撤销的法律后果。主要表现有：①在实体法上，行政行为被撤销的效力可以溯及该行政行为的成立之日。当然也可以自撤销之日起失效，这主要考虑法律规定的公共利益的需要或者相对人是否存在过错等因素。但是相对人在撤销决定作出之前一直要受该行政行为的约束。②在程序法上，撤销行政行为必须依照法定的程序由有权的机关作出决定，不能随意为之。行政相对人以及其他任何机关、组织或者个人均不能随意否定行政行为的法律效力。例如，行政相对人可以提起行政复议或者行政诉讼，请求行政复议机关或者人民法院撤销违法或明显不当的行政行为，但是行政相对人必须在法定的期限内提起行政复议或者行政诉讼，否则就会丧失这方面的救济权利。当然，行政主体还可以通过行政监督的程序来撤销违法或明显不当的行政行为。例如，上级行政机关撤销下级行政机关的行政行为，行政机关主动撤销自己作出的行政行为等。③在处理结果上，符合被撤销条件的行政行为并非一律予以撤销，例如，《行政许可法》对符合撤销条件的行政许可行为作出了可以撤销、应当撤销和免予撤销三种处理方式的规定。被撤销行政行为失去法律效力以后，如果相关义务已经履行或者已经执行的，能够恢复原状的应当恢复原状。对于行政相对人的损失，要分不同的情况区别对待。如果行政相对人的损失是行政主体违法造成的，行政主体应该赔偿行政相对人的损失。如果由于行政相对人的过错（如使用欺骗、贿赂等不正当的手段）导致行政行为被撤销，行政相对人的损失就应该由自己承担。如造成公共利益的损失，还应该承担相应的法律责任。

此外，在我国立法和实务中，撤销也常常被用做一种行政处罚的形式。例如，《中华人民共和国注册会计师法》规定，对违法情节严重的会计事务所可以由省级以上人民政府财政部门暂停其经营业务或者予以撤销。这种撤销是由于行政相对人在行政行为成立后未受行政行为的拘束而实施了违法行为，因此撤销原行政行为的法律效力不能溯及该行政行为的成立之时，而只能自撤销之日起。这在性质上是行政处罚。为规范起见，今后这类情况不宜使用"撤销"，应该用注销或吊销等法律术语替代。

（三）行政行为的废止

1. 行政行为废止的概念与条件。行政行为废止是指行政主体依据职权使行政行为丧失法律效力的行为。行政行为具有确定力，一经作出是不能随意废止的，但通常认为在下列情形下可以废止：①行政行为所依据的法律、法规、规章、政策，已经被有权机关依法修改、废止或者撤销。如果仍维持该行政行为的法律效力，就和现行的法律、法规、规章、政策相冲突。②行政行为所依据的客观情况发生重大变化或者已经不复存在。该行政行为法律效力的继续维持已经没有了客观依据，甚至会给国家和社会公共利益造成重大损失。③行政行为所期望的法律效果已经实现，而没有必要继续存在。

2. 行政行为废止的法律后果。被废止的行政行为，自废止之日起就丧失了法律效力。原则上要求，行政行为在废止之前给予行政相对人的利益、好处不再收回；行政相对人也不能对依原行为已履行的义务要求任何补偿。然而，如果这种废止严重损害行政相对人的合法权益，或者造成严重的社会不公的情形，那么行政主体尽管不承担赔偿责任，仍然要对行政相对人承担相应的补偿责任。

（四）行政行为的终止

行政行为的终止又称行政行为的消灭，是指行政行为失去法律效力。与行政行为废止不同的是，行政行为的终止是自然地失去法律效力。主要条件有：①标的物消灭。行政行为的处理对象消灭，行政处理决定无法执行，法律效力自然终止。②行政相对人死亡。行政处理决定的法律效力原则上只能及于特定的当事人，而不能发生转移。由于行政相对人的不存在而使行政行为法律效力终止。③期限届满。有一定生效期限的行政行为，自期限届满起就自然失效。④内容已实现。行政行为的内容已经实现也会导致该行政行为的自然失效。

第四节　行政程序

本节引例

沈某和彭某于 1994 年 12 月 15 日在临湘市聂市镇政府登记结婚。2006 年 2 月 27 日，趁沈某在外地务工期间，彭某请了一位外貌与沈某相像的年轻女子冒充沈某，在临湘市民政局办理离婚登记手续。民政局审查了彭某提交的全部证件和证明材料，在没有识别出该女青年不是沈某情况下，办理了彭某和沈某的离婚手续。2009 年 1 月 15 日，民政局又为彭某和第三人孙某办理了结婚登记。沈某 2009 年得知真相后，认为民政局侵犯了其婚姻自由权，属行政违法行为，于 2009 年 7 月提起行政诉讼，请求撤销民政局办理离婚登记及此后办理结婚登记的具体行政行为。

理论知识

一、行政程序的概述

（一）行政程序的概念

行政程序是指行政主体实施行政行为时所遵循的步骤、顺序、时间、方式等制度的总称。行政程序本质上是行政主体的行政行为在时间和空间上的表现形式。具有以下基本特征：

1. 行政程序是关于行政行为的程序。行政机关在日常活动中可以行政主体、民事主体以及诉讼主体等多种身份出现，只有以行政主体的身份出现作出行政行为时，才涉及行政程序。

2. 行政程序是行政行为的过程，是行政行为的实施形式。任何行政行为都是实体内容与程序形式的有机统一。实体内容与程序形式是相互依存的关系，任何行政行为都离不开行政程序。

3. 行政程序是由步骤、顺序、时间、方式等基本要素构成的。步骤、方式构成了行政行为的空间形式，顺序、时间构成了行政行为的时间形式。任何行政行为都是时间上和空间上不同表现形式的有机结合。

行政行为的程序合法是行政行为合法要件之一，如果行政程序违法则构成了行政复议机关和人民法院撤销该行政行为的理由。行政程序在行政法中具有非常重要的意义。

（二）行政程序的种类

1. 内部行政程序和外部行政程序。这是根据行政程序的适用范围来划分的。内部行政程序是指行政主体管理内部事务所遵循的工作程序，如行政机关公文的处理程序。外部行政程序是指行政主体处理外部事务所遵循的程序规则，如行政处罚程序。这种划分的意义在于：明确行政程序的调整重心，确立"交叉适用无效"和"分别救济"两大原则。外部行政程序是行政程序的核心，它是行政程序调整的重心。研究行政程序主要是研究外部行政程序，因为直接和间接影响行政相对人的合法权益的行政行为主要是外部行政行为。

2. 抽象行政程序和具体行政程序。这是根据行政行为的对象是否特定来划分的。抽象行政程序是为了规范抽象行政行为而设置的行政程序，如行政立法程序。具体行政程序是为了规范具体行政行为而设置的行政程序，如行政处罚程序。这种划分的意义在于：①违反不同的行政程序将会有不同的法律后果；②违反不同的行政程序所适用的法律救济途径不同。

3. 强制性行政程序和任意性行政程序。这是根据行政主体在行政程序中是否有自由裁量权为标准来划分的。强制性行政程序又称为法定性行政程序，是指行政主体在实施行政行为的时候必须严格遵守的，而没有自由选择权的行政程序。例如，《行政处罚法》规定，行政机关作出责令停产停业、吊销许可证或者执照、较大数额罚款等行政处罚决定之前，应当告知当事人有要求举行听证的权利。任意性行政程序又称为裁量性行政程序，是指行政主体在实施行政行为的时候可以有自由选择权的行政程序。例如，《行政处罚法》规定，当事人向指定的银行缴纳罚款确有困难，经当事人提出，行政机关及其执法人员可以当场收缴罚款。这里的当场收缴罚款程序，可以认为是在法定性行政程序的基础上规定的任意性行政程序。

这种划分的意义在于：①强制性行政程序只存在是否合法的问题；而任意性行政程序还存在是否合理的问题。②强制性行政程序有法律、法规的明确要求，不能违背，否则将导致行政行为的无效。而对于任意性行政程序，行政主体可以自由裁量，只有在超越裁量权限范围或者明显不合理的情况下，才会导致行政行为的无效或撤销。

4. 行政立法程序、行政执法程序和行政司法程序。这是根据实施行政行为时所形成的法律关系的特点来划分的。从构成行政法律关系当事人的特点上分析，行政立法程序是具有行政立法权的行政机关制定和颁布行政法规或行政规章的方式、步骤和次序。例如，《行政法规制定程序条例》所确立的行政法规制定程序。行政执法程序是行政主体在行政管理活动中，实现行政职能，作出（具体）行政行为所遵循的方式、步骤和次序。例如，《行政许可法》规定了行政许可的实施程序。行政司法程序是行政主体居间裁决与行政管理职能有关的事务活动时，所遵循的方式、步骤和次序。如行政复议程序、行政裁决程序等都属于这一类型的行政程序。

这种划分的意义在于：要根据所形成的法律关系的不同性质而设置不同的程序。设置行政立法程序必须考虑两方面：①程序设置上要有利于广大公民、法人和其他组织积极参与，收集不同意见，行政立法要充分体现民意。如立法听证程序的设置。②要设置严格的论证程序，对行政立法进行深入的效益分析和可行性研究。如合议制度、专家论证制度。设置行政执法程序，一方面要考虑利害关系人虽然特定，但是工作量大的情形，因此必须注重效率；另一方面，由于执法活动直接影响公民、法人和其他组织具体的权利和义务，因此要注重对个人权益的保障；此外，由于行政执法的手段体现出多样性，从而决定了程序设置的多样性。例如，行政处罚程序、行政许可程序、行政强制程序等，各有自己不同的特点和要求。行政司法程序是行政机关居中裁决双方当事人的争议，行政机关是以裁决者的身份出现。因此程序的设置上必须具有司法性质和特点，注重体现公平、公正和效率原则。

二、行政程序的主要制度

（一）行政听证制度

行政听证是指行政主体在作出影响行政相对人合法权益的行政决定之前，告知相对人有陈述、申辩和提供证据的权利，并且要充分听取相对人表达的意见。在行政程序中听证受到特别的重视，有利于保障利益相关人参与权的充分行使。

行政听证制度是行政程序的一项基本制度。我国立法中较早规定听证制度的法律是《行政处罚法》，此后一些法律中也规定了听证制度。听证制度的广泛运用，有利于行政机关广泛地听取各方面的意见，从而作出全面、客观、公正的行政决定；有利于行政相对人参与权的行使，加强对行政权运作的监督和强化行政执法人员的自我约束力，从而避免违法和不当行政，减少行政争议，提高行政效率。

（二）信息公开制度

信息公开制度又称为资讯公开制度，是指行政主体对其所掌握的文件、档案材料及其他政府信息负有义务向社会公示，并允许行政相对人查阅、摘抄和复制的制度。信息公开制度是行政公开原则的具体体现，符合人民主权的政治理念，同时也是对公民知情权的保障。因此信息公开制度在行政程序中占有相当重要的地位。域外现有四十多个国家和地区都制定了专门的信息公开法。其中，美国的信息公开制度最为完善，1966年《情报自由法》（Freedom of Information Act）的制定是重要的标志。我国近些年的行政立法对于行政信息公开制度已经给予了高度的重视。《行政处罚法》第4条、1999年《行政复议法》第4条均将行政公开作为基本原则，特别是《行政许可法》第5条第2款作了更为具体的规定："有关行政许可的规定应当公布；未经公布的，不得作为实施行政许可的依据。行政许可的实施和结果，除涉及国家秘密、商业秘密或者个人隐私的外，应当公开。"但我国目前还没有一部专门的行政信息公开法。

（三）行政调查制度

行政调查制度是行政主体依照法定的权限和程序获取行政相对人的个人信息档案、从事商业经营和公共事业活动信息档案和有关证据材料的制度。行政调查制度，一方面有利于行政主体获取必要的信息而作出正确的决策；另一方面又最容易侵犯行政相对人的合法权益。这里有两个主要问题必须把握：①调查权限的问题；②调查程序的问题。

（四）行政案卷制度

行政案卷制度要求，行政案卷所体现的事实是作出行政决定的唯一依据。行政案卷制度的法律意义在于，规范认定程序和认定结果的权威性，排除外界对行政决定的不当影响和干预，便利司法审查和法制监督。

三、行政程序法

（一）行政程序法的概念

行政程序法是规范行政主体实施的行政行为程序的法律规范的总称。对行政程序法可以分别从实质意义和形式意义加以理解。实质意义上的行政程序法既包括有一部单独的统一的行政程序法典，也包括存在于各种形式中的行政程序法律规范。形式意义上的行政程序法，仅指国家统一的行政程序法典。我国目前只有存在于各种行政法律制度之中具体的行政程序性法律规范，即实质意义上的行政程序法，而没有形式意义上的行政程序法典。

（二）行政程序法的调整范围

行政程序法的调整范围是重要的行政程序。实际的行政管理体现着复杂性的特点，因此行政程序必须具有较强的适应性。为了实现行政管理的目标，行政执法人员就必须根据具体案件的情况灵活地采取措施，适用不同的行政程序。因此行政程序也体现着复杂性和多样性的特点。法律不可能对所有的行政程序都作明确的规定，许多行政程序只能由行政执法人员根据自己的经验和行政机关内部长期形成的制度、习惯等加以运用。行政程序法只规定其中相对稳定的、比较重要的、一般的程序，特别是和行政相对人的权益关系密切的行政程序。

（三）行政程序法的地位与作用

1. 行政程序法的地位[1]。行政程序法是程序法体系的一个独立的分支。我国程序法体系包括刑事诉讼法、民事诉讼法、仲裁法、行政诉讼法和行政程序法。与上述各个诉讼法不同，行政程序法的实施机关是人民政府及其下属职能部门以及法律、法规授权的组织，不是人民法院。而且，行政程序法的适用范围远比诉讼法广泛。与行政诉讼法不同，行政程序法是实施行政实体法的第一道程序法和必要的程序法，是事先的程序法，而行政诉讼法是非必要的第二道程序法，是事后的程序法。换言之，行政程序是行政实体法的"第一审程序"，行政诉讼是行政实体法的"第二审程序"。当然，作为程序法的一个分支，行政程序法的基本原理与诉讼法相通。

行政程序法是行政法体系的一个必不可少的组成部分，与行政实体法相对

---

〔1〕　马怀德主编：《中国行政法》，中国政法大学出版社 1997 年版，第 148～149 页。

称。没有行政诉讼法，行政实体法照样实施，但是没有行政程序法，行政实体法就不可能实施。行政程序法与行政实体法的关系才是"生命和形式"的关系。实际上，行政程序法是行政法和行政法学的关键所在，行政法的民主化和科学化主要体现在行政程序法方面，美国有学者甚至认为行政法主要是行政程序法。

2. 行政程序法的作用。行政程序法对监督和制约行政权力，在保障行政相对人合法权益和提高行政效率方面发挥着积极作用。

（1）监督和制约行政权力的作用。行政程序法能够在程序上对行政机关起监督作用，防止行政机关失职、越权和滥用职权。孟德斯鸠曾说："一切有权力的人都容易滥用权力，这是万古不易的一条经验。"[1] 健全和完善的行政程序法，从法律制度上要求行政机关实施行政行为，必须要严格遵循法定的程序，否则行政行为无效。一方面有利于防止行政机关恣意行政，武断专横地运作行政权力，另一方面也为行政相对人提供了监督和制约行政权力的运作的机会。

（2）保障行政相对人合法权益的作用。行政程序法通过对行政行为的监督，防止、纠正违法或不当的行政行为，为行政相对人的合法权益提供了保障。保障行政相对人合法权益单靠行政实体法的规定是远远不够的，还必须要有正当的行政程序予以保障。例如，相对人参与原则的落实，公民、法人和其他组织通过申诉和辩解制度、听证制度和救济制度等具体制度，不仅充分地表达了自己的观点和意见，而且还能让受损害的合法权益得到有效的法律救济。

（3）提高行政效率的作用。行政程序法将行政程序以及相对人的参与程序规范化、统一化、标准化，有利于提高行政效率。遵循行政程序和提高行政效率并非是矛盾和对立的，科学合理的行政程序是对行政效率的有效促进。正如王名扬先生所指出的："在程序法上规定一些限制，当然是对行政机关的活动制造了一些障碍。看起来是妨碍行政效率，实际上自然公正原则防止行政机关的专横行为，可以维持公民对行政机关的信任和良好关系，减少行政机关之间的摩擦，最大限度提高行政效率。"[2]

本节引例中，法院经审理以民政局离婚登记行为违反法定程序、后续结婚登记主要证据不足为由，作出了撤销两个行政行为的判决。

思考题

1. 行政行为的基本特征有哪些？

2. 简述行政行为的内容与形式。

---

〔1〕 ［法］孟德斯鸠：《论法的精神》，张雁深译，商务印书馆1961年版，第154页。

〔2〕 王名扬：《英国行政法》，中国政法大学出版社1989年版，第152页。

3. 简述抽象行政行为与具体行政行为的区别。

4. 简述行政行为的成立要件与合法要件。

5. 行政行为的效力有哪些内容?

6. 行政程序的基本原则有哪些?

7. 如何理解行政程序法的地位与作用?

实务训练

2002 年 7 月 16 日,某市国土资源局根据《中华人民共和国土地管理法》第 58 条的规定,向某市人民政府请示收回 21 号土地并划拨给某学院作教育用地。2002 年 7 月 24 日,某市人民政府办公室以某府办函 [2002] 96 号《关于收回 21 号土地并划拨给某学院的复函》批准了某市国土资源局的请求。2002 年 8 月 1 日,某市国土资源局作出某国土资字 [2002] 113 号《关于收回国有土地使用权的决定》,收回了某贸易有限公司对 21 号地块 2911.5 平方米的国有土地使用权。某贸易有限公司对某府办函 [2002] 96 号文和某国土资字 [2002] 113 号文不服,遂提起行政诉讼。

问题:

1. 某市人民政府办公室的某府办函 [2002] 96 号文是什么类型的行政行为?

2. 某市国土资源局作出的某国土资字 [2002] 113 号《关于收回国有土地使用权的决定》是否合法?

第五章　行政立法

学习目标

【知识目标】

1. 掌握行政立法的概念和分类。
2. 明确行政立法的效力。
3. 理解行政立法的权限。
4. 了解行政立法的程序。

【技能目标】

运用行政立法的理论分析和处理行政管理过程中的法律适用问题。

第一节　行政立法概述

本节引例

2012 年 7 月 25 日安徽省人民政府第 102 次常务会议通过并公布的《安徽省出租汽车客运管理办法》，内容涉及出租汽车客运行业的管理体制、市场准入、管理与服务以及监督检查等方面，规定了行政许可、行政处罚等行政措施，属于行政法律规范，是省内出租汽车客运管理的主要法律依据之一。

理论知识

一、行政立法的必要性

行政立法作为一种立法实践究竟起源于何时，尚无定论。在奉行传统"分权制衡"理念的西方国家，行政立法数量大，深入社会生活领域广。行政立法的产生和发展有其深刻的内在原因，对此，国内外学者见仁见智，莫衷一是，归纳起来，主要包括以下几个方面：

（一）提高立法工作效率的需要

随着政府职能的持续扩张以及国家对社会干预度的强化，立法任务空前繁重，因而，立法机关在不违背"法律保留"原则的前提下，通过授权立法可以使立法资源得到优化配置。

（二）专业性与技术性的考虑

行政管理方面的立法事项往往具有极强的专业性与技术性，以金融、投资、外汇管理、安全生产、生态与环境保护、能源等领域为例，通过行政立法，可以将专业性事项的原则性法律规定演化为具体的可操作规则，使纲领性的政策意见落实为实现宏观治理目标的路径依赖。

（三）改革创新的需要

通过行政立法，行政机关得以在行政管理过程中先行先试，"摸着石头过河"。通过试验性的行政立法，把握舆情民意，探索尽可能让社会各个利益群体都能最大程度接受的施政方案。在研究分析执法效果的基础上，或者总结经验、推广示范，甚至进一步在中央层面的立法当中得到吸收借鉴；或者发现瑕疵缺陷并及时纠偏矫正。

（四）灵活性与可行性的考量

与法律、地方性法规相比，行政立法从规划、起草、审议、表决到颁布实施，具有相对的灵活性和可行性。立法机关的立法程序繁琐，法律效力位阶较高，不易也不宜经常修改，以免损害法的安定性。行政立法则相对简便易行，可以及时制定、修改、补充，能够敏锐把握社会变迁动向并适时作出积极回应。[1] 从可行性的层面分析，我国如果仅以人民代表大会及其常务委员会作为立法主体，不能适应社会现实的需要，尤其是改革开放形势发展的需要。各级人民代表大会每年召开一次大会、人大常委会每2个月召开一次常委会，难以满足社会对立法工作的现实需求。[2]

二、行政立法的概念

（一）行政立法的含义

对于行政立法的含义，学术界历来存在两种代表性的见解。有的学者主张从制定的法律规范的内容属性来界定，认为凡是涉及行政法律规范的立法行为，不论制定主体的性质如何，一概作为行政立法对待。行政立法是国家立法机关和行政机关制定和发布的一切有关行政管理方面的法律、法规和规章的行为。这一观点是从实质内容进行定义，范围较为宽泛，可以将其称为"广义"的行政立法。还有学者认为，行政立法既应当从制定机关的类型，又应当从所制定

---

〔1〕　曾祥华："行政立法的正当性初探"，载《江苏社会科学》2005年第2期。
〔2〕　江子浩、马贝艺："我国行政立法存在的问题、成因和对策"，载《政府法制研究》2005年第
3期。

法律规范的性质来界定，即只有行政机关制定行政法律规范的活动才是行政立法，从而与"广义"的行政立法行为区分。本书认同第二种观点，倾向于从制定主体角度结合法律规范内容两个方面确定行政立法的内涵并展开研究。行政立法是指法定的行政机关根据法定的权限和程序，制定载有行政法律规范的行政法规、行政规章的行政行为。这是就其动态意义而言的。从静态意义来看，所谓行政立法，是指特定的行政机关根据法定的权限和程序，制定和发布的有关行政管理的规范性法律文件，包括行政法规、国务院部门规章及地方政府规章。

（二）行政立法的特征

1. 行政立法是国家行政机关的行政行为。行政立法的主体只能是特定的国家行政机关，而不包括国家权力机关、国家司法机关或其他组织。根据《宪法》第 89 条、《立法法》第 71 条、第 73 条以及有关法律规定，只有以下特定的行政机关才可以作为行政立法的主体：国务院及国务院各部、委员会、中国人民银行、审计署和具有行政管理职能的直属机构；省、自治区、直辖市和较大的市人民政府。

2. 行政立法是依法进行的。首先，行政立法的主体是法定的。其次，行政立法的立法权限是法定的。在我国，立法权由国家权力机关行使是一般原则，行政立法在"一元化、多层次"的立法体制中则是一种例外和补充。为了防范行政立法的内容违背宪法、法律的基本原则，行政立法的实施必须具有明确、具体的法律依据和授权依据，必须遵循法律优先及法律保留原则。具体而言，职权立法的立法权来源于宪法和有关组织法的规定，这种立法权的权限范围在立法法中已经作了规定。就授权立法而言，单行法律和行政法规对行政机关的立法授权，以及通过授权决议对行政机关的立法授权一般都有比较明确的权限范围和授权目的。相应的行政立法必须遵循授权范围和授权目的的要求，不得突破。最后，行政立法的程序也是法定的。为了实现"过程公正"，保障立法科学与立法质量，行政立法程序仿照法律的立法程序也有类似的制度设计。

3. 行政立法是一种立法活动。行政立法的最终结果，表现为能够反复多次适用于不特定公民、法人和其他组织的普遍性行为规则，即行政法规、部门规章、地方政府规章。行政立法的立法属性体现在以下几个方面：首先，行政立法是有权的行政机关以国家名义制定规则的行为，行政机关制定的行政法规和行政规章，是社会成员普遍遵守的行为准则。其次，行政法规、行政规章具备规范性、普遍性、强制性等基本特征，属于法的范畴。最后，按照《立法法》、《行政法规制定程序条例》、《行政规章制定程序条例》的规定，行政法规和行政规章的颁布实施必须经历规划、立项、起草、征求意见、审议、通过、签署和公布等规范化的程序才能够生效实施。

作为法的形式渊源，行政法规和规章具有普遍适用的法律效力，具有法定的制定程序和规范化的形式要求，是实施具体行政行为的依据，而不是指导具体行政行为实施的行政政策，更不同于影响特定行政相对人权利义务的具体行政行为。

第二节　行政立法分类

本节引例

在我国《行政程序法》千呼万唤尚不能出台的背景下，湖南省于 2008 年颁布并实施了全国第一部系统化规范行政程序问题的省级地方政府规章——《湖南省行政程序规定》，该规定长达 10 章 178 条 2 万余字的篇幅，对各类行政行为进行了系统而详尽的规范，内容涉及行政主体、行政决策、行政执法程序等诸多方面。

理论知识

根据不同的参考标准，可以对行政立法作相应的类型划分，从而有助于对行政立法实践作理论的反思，对其在法律体系中的功能作适当的定位。

一、职权立法和授权立法

根据行政立法权来源的差异，行政立法可以区分为职权立法和授权立法。

（一）职权立法

职权立法是指行政机关直接依据宪法和组织法规定的立法职能，制定行政法规和规章的活动。根据《宪法》第 89 条的规定，国务院根据宪法和法律，规定行政措施，制定行政法规，发布决定和命令；根据《立法法》第 71 条的规定，国务院各部、委员会、中国人民银行、审计署和具有行政管理职能的直属机构，可以根据法律和国务院的行政法规、决定、命令，在本部门的权限范围内，制定规章；根据《立法法》第 73 条的规定，省、自治区、直辖市和较大的市的人民政府，可以根据法律、行政法规和本省、自治区、直辖市的地方性法规，制定规章。行政机关通过职权立法所制定的行政法规和规章原则上不能变通法律和法规的规定。

（二）授权立法

授权立法是指由具备授权资格的立法主体依据授权法的规定，遵循严格的程序要求，将立法权授予另一个能够承担立法责任的机关，该机关根据授权要求进行的立法活动及其制定的规范性法律文件。学术界认为授权立法可分为两种：一般授权立法和特别授权立法。前者是指立法权来源于授权机关所制定的单行法律、法规中的授权性法律规范的授权立法。后者是指立法权来源于授权机关专门制定的法律性或法规性的决议或决定的授权立法。例如，《中华人民共和国道路交通安全法》第13条第2款的规定，"对机动车的安全技术检验实行社会化。具体办法由国务院规定"。这就属于一般授权立法的情形。又如，1994年全国人大常委会授权厦门市人大及其常委会和人民政府分别制定法规和规章，在厦门市经济特区实施。这就属于特别授权立法的情形。

二、执行型立法和创制型立法

根据行政立法的功能的不同，行政立法可以分为执行型立法和创制型立法。

执行型立法是指行政机关为了执行或者落实有关法律、法规或者上级行政机关发布的规定而进行的立法。通过执行型立法制定的行政法规和规章，一般称为"实施条例"、"实施细则"或"实施办法"，依附于所执行的法律、法规或者上级行政规定而存在。

创制型立法是指行政机关在法律和法规对有关事项存在立法空白或者为了变通现有法律和法规的规定而进行的立法。其中，为了填补法律和法规的空白而进行的立法，即在没有相应上位法规定的前提下，行政机关行使宪法和组织法赋予的立法权，称为自主性立法。为了变通行政法律规范的规定而进行的创制性立法，称为补充性立法。补充性立法应当以法律、法规的授权为根据，所制定的行政法规和规章并不因授权法律、法规的消灭而当然消灭，只要不与新的法律、法规相抵触就具有法律效力。

本节引例中，湖南省出台《湖南省行政程序规定》这部地方规章，首先从立法技术上为国家制定法律积累了经验；其次可以通过该规章的实施，为我国将来制定尽可能完善、科学的《中华人民共和国行政程序法》铺平道路；最后可以加强行政机关和政府官员的程序意识。这些作用，对我国的行政程序立法都有着开创意义。

三、中央行政立法和地方行政立法

以行政立法的创制机关及适用的行政区域为标准，可以将行政立法分为中央行政立法和地方行政立法。

中央行政立法是指国务院制定行政法规，以及国务院各部委、中国人民银行、审计署和具有行政管理职能的直属机构制定部门规章的活动。原则上，行政法规和部门规章，在全国范围内（除特别行政区及台湾地区外）具有普遍适用的法律效力。地方行政立法是指有权的地方人民政府制定和发布地方政府规章的活动。省、自治区、直辖市人民政府和较大的市人民政府制定、修改和废止地方政府规章的活动，属于地方行政立法。地方政府规章，只能在本行政区域内具有法律效力。

第三节　行政立法体制

本节引例

由于一直得不到有效保护，青海省珍稀的冬虫夏草资源被滥采乱挖，遭受到严重破坏。针对这一问题，青海省人民政府出台《青海省冬虫夏草采集管理暂行办法》，规定合理规划、利用资源，并宣布实施"虫草采集证"制度。

理论知识

一、行政立法主体

行政立法主体是指依法享有行政立法权，可以制定行政法规和行政规章的国家行政机关。依据我国宪法、立法法以及其他相关法律、法规的规定，行政立法主体包括：

（一）国务院

国务院即中央人民政府，是最高国家权力机关的执行机关，是最高国家行政机关，既有依职权立法的权力，又有依据最高国家权力机关和法律授权立法的权力，具备较为充分的行政立法权。

（二）国务院组成部门

国务院组成部门包括国务院各部委、中国人民银行和审计署。根据《立法法》第71条的规定，国务院组成部门，可以根据法律和国务院的行政法规、决定、命令，在本部门的权限范围内，制定规章。

（三）国务院直属机构

根据《国务院行政机构设置和编制管理条例》第6条的规定，国务院直属机构主管国务院的某项专门业务，具有独立的行政管理职能。直属机构与国务院组成部门的区别主要在于设立、撤销、合并的决定机关和程序不同。其中具有行政管理职能的直属机构，可以根据法律和国务院的行政法规、决定、命令，在本部门的权限范围内，制定规章。

（四）省、自治区、直辖市人民政府

依据《立法法》第73条的规定，省、自治区、直辖市人民政府，可以根据法律、行政法规和本省、自治区、直辖市的地方性法规，制定规章。

（五）较大的市的人民政府

根据《立法法》第 63 条第 4 款的规定，较大的市是指省、自治区人民政府所在地的市，经济特区所在地的市和经国务院批准的较大的市。较大的市人民政府，可以根据法律、行政法规和本省、自治区的地方性法规，制定规章。

延伸阅读

改革开放初期，许多地级市迫切需要立法权，为本市争取更多更大的政策空间。20 世纪八九十年代，地方需要建立本地特色的法律制度，也需要更大的政策突破。获得地方立法权就是一个有效的途径。升格为"较大的市"获得地方立法权，至少有以下几方面法律意义：①名正言顺，制定规则的层次由"文件"升格为"法"。②建章立制的权力增大了。比如，"文件"不能设定行政处罚、行政强制、行政许可，"法"就可以设定。③"文件"只能执行"法"，而"较大的市"获得地方立法权后，只要不抵触上位法就可以创设法律制度。

二、行政立法的权限

行政立法的权限，是指行政法规、行政规章制定过程必须遵循的条件和可以对哪些事项作出规定的制度。行政立法的权限反映了在宪法安排的国家机构体系中，立法权在权力机关与行政机关之间、中央政府和地方政府之间的分配关系；意味着宪法、立法法及有关法律对行政立法权的限制和约束。行政立法权限包括行政法规的立法权限和行政规章的立法权限两个方面的问题。

（一）行政法规的立法权限

行政法规的立法权限，是指行政法规制定过程必须遵循的条件和对规制事项范围、规制措施等问题作出约束、限制的法律制度。

1. 在制定条件方面，国务院制定行政法规应当以宪法和法律为根据。为了把握行政法规制定条件的特点，可以将其与地方人大及其常委会制定地方性法规的情形进行对比。《立法法》第 63 条规定，省、自治区、直辖市的人民代表大会及其常务委员会根据本行政区域的具体情况和实际需要，在不同宪法、法律、行政法规相抵触的前提下，可以制定地方性法规。较大的市的人民代表大会及其常务委员会根据本市的具体情况和实际需要，在不同宪法、法律、行政法规和本省、自治区的地方性法规相抵触的前提下，可以制定地方性法规，报省、自治区的人民代表大会常务委员会批准后施行。由此可见，地方性法规制定的前提条件是所谓的"不抵触上位规则"原则，而国务院制定行政法规则必须以上位规则为根据，即所谓"根据"原则。

2. 在规定事项方面，行政法规的规定事项主要体现为以下三个方面：

（1）执行法律规定事项，即为执行法律的条文规定，使其内容明确、具体、完整可供操作。例如，《中华人民共和国著作权法》第59条规定，计算机软件、信息网络传播权的保护办法由国务院另行规定。《计算机软件保护条例》第1条规定，为了保护计算机软件著作权人的权益，调整计算机软件在开发、传播和使用中发生的利益关系，鼓励计算机软件的开发与应用，促进软件产业和国民经济信息化的发展，根据《中华人民共和国著作权法》，制定本条例。

（2）实施宪法规定职权事项，即《宪法》第89条规定的国务院行政管理职权的事项。需要强调的是，首先，必须属于行政管理事项，行政法规不得规定其权限范围以外的事项。其次，必须遵循法律保留原则，不得将专属于全国人大及其常委会的立法事项纳入行政法规的规定事项。

（3）全国人民代表大会及其常务委员会授权事项。专属于全国人民代表大会及其常务委员会的立法事项尚未制定法律的，全国人民代表大会及其常务委员会有权作出决定，授权国务院可以根据实际需要，对其中的部分事项先制定行政法规，但是有关犯罪和刑罚、对公民政治权利的剥夺和限制人身自由的强制措施和处罚、司法制度等事项除外。授权决定应当明确授权的目的和范围。

基于授权决定，国务院制定行政法规必须严格按照授权目的和范围行使授予的权力，不得将该权力转授给其他机关。例如，不得将这一授权再转授给国务院部门制定规章。根据授权制定的行政法规应当报授权决定规定的机关备案。授权立法事项，经过实践检验，制定法律的条件成熟时，国务院应当及时提请全国人民代表大会及其常务委员会制定法律。授权事项制定法律后，相应授权即行终止。

（二）行政规章的立法权限

1. 部门规章的立法权限。根据《立法法》第71条的规定，部门规章规定的事项，应当属于执行法律或者国务院的行政法规、决定、命令的事项。换言之，部门规章的立法权限，原则上以法律或者国务院的行政法规、决定、命令中对具体事项的既有规定作为根据。也就是说，部门规章一般是执行性或者补充性的行政法律规范，而不是自主性的行政法律规范。在缺乏法律、国务院的行政法规、决定、命令的情形下，国务院部门不得以行政管理需要为由主动地制定和发布部门规章。就规定事项这一点而言，国务院部门规章的立法权限比地方政府规章要小一些。

对涉及两个以上国务院部门职权范围的事项，首先，提请国务院制定行政法规。一般适用于以下情形：需要制定的事项涉及两个以上国务院部门的职权，但是对它们的职权范围尚有待国务院作出明确划分的；规章中将规定的措施只能由国务院规定或者采取的；法律规定应当由国务院作出规定的；国务院认为应当由国务院制定行政法规的。其次，由国务院有关部门联合制定规章。一般适用于以下情形：需要规定的事项涉及两个以上部门职权，国务院已经对它们的职权划分作出了明确规定的；涉及两个以上国务院部门职权的事项，法律规定由国务院有关部门作出规定的；涉及国务院两个以上部门职权范围的事项，制定行政法规条件尚不成熟，需要制定规章的，国务院有关部门应当联合制定规章，国务院有关部门单独制定的规章无效。例如，根据教育法律法规和国务院的有关规定，教育部、公安部、司法部、建设部、交通部、文化部、卫生部、工商总局、质检总局、新闻出版总署联合制定了《中小学幼儿园安全管理办法》，于 2006 年 6 月 30 日发布，自 2006 年 9 月 1 日起施行。

2. 地方政府规章的立法权限。确定地方政府规章立法权限，要从两方面着手：①制定根据；②规定事项。制定根据包括法律、行政法规和省、自治区、直辖市地方性法规。规定事项有两项：其一，为执行法律、行政法规、地方性法规的规定需要制定规章的事项。这种基于执行需要制定的规章，既可以是根据法律法规明确要求制定的地方政府规章，也可以是地方政府自己认为有这种需要而制定的规章，但是它们应当都是执行性的规章。其二，属于本行政区域的具体行政管理事项。这是地方政府规章不同于国务院部门规章的方面，即地方政府与国务院部门相比拥有更大的立法权限。

本节引例中，《冬虫夏草管理暂行办法》创设了虫草采集证制度。从内容上看，虫草采集证制度是属于对有限自然资源的开发利用，需要赋予特定权利的事项的行政许可，对此类尚未制定法律、行政法规和地方性法规的，而行政管理确需立即实施行政许可的，根据《行政许可法》的规定，青海省人民政府的规章可以设定临时性的行政许可。临时性的行政许可实施满一年需要继续实施的，应当提请本级人民代表大会及其常务委员会制定地方性法规。

三、行政立法在法律体系中的效力位阶

在我国现行法律体系内，行政立法的效力位阶及法律适用规则可以概括为以下三个方面：

（一）宪法、法律、法规、规章的效力位阶

宪法具有最高的法律效力，一切法律、行政法规、地方性法规、自治条例和单行条例、规章都不得同宪法相抵触。法律的效力高于行政法规、地方性法规、规章。行政法规的效力高于地方性法规、规章。地方性法规的效力高于本级和下级地方政府规章。省、自治区的人民政府制定的规章的效力高于本行政区域内的较大的市的人民政府制定的规章。

（二）自治条例和单行条例、经济特区法规、规章的效力位阶

自治条例和单行条例依法对法律、行政法规、地方性法规作变通规定的，

在本自治地方适用自治条例和单行条例的规定。经济特区法规根据授权对法律、行政法规、地方性法规作变通规定的，在本经济特区适用经济特区法规的规定。部门规章之间、部门规章与地方政府规章之间具有同等效力，在各自的权限范围内施行。

（三）法律规范适用规则

在同一位阶或位阶不明确的法律规范发生冲突时，法律规范的适用遵循下述规则：

1. 同一机关制定的法律、行政法规、地方性法规、自治条例和单行条例、规章，特别规定与一般规定不一致的，适用特别规定；新的规定与旧的规定不一致的，适用新的规定。

2. 法律之间对同一事项的新的一般规定与旧的特别规定不一致，不能确定如何适用时，由全国人民代表大会常务委员会裁决；行政法规之间对同一事项的新的一般规定与旧的特别规定不一致，不能确定如何适用时，由国务院裁决。

3. 地方性法规、规章之间不一致时，其处理规则是：①同一机关制定的新的一般规则与旧的特别规定不一致时，由制定机关裁决；②地方性法规与部门规章之间对同一事项的规定不一致，不能确定如何适用时，由国务院提出意见，国务院认为应当适用地方性法规的，应当决定在该地方适用地方性法规的规定；认为应当适用部门规章的，应当提请全国人民代表大会常务委员会裁决；③部门规章之间，部门规章与地方政府规章之间对同一事项的规定不一致时，由国务院裁决。

4. 根据授权制定的法规与法律规定不一致，不能确定如何适用时，由全国人民代表大会常务委员会裁决。

第四节　行政立法的程序和监督

行政立法的程序，是指行政立法主体依据法定权限制定行政法规和行政规章应当遵循的步骤、方式和流程。行政立法程序的制度设计，旨在通过规范化的程序制度，保障行政立法的正当性，避免"恶法"的形成。如果说行政立法的程序是保障行政立法的正当性的"事前监督措施"；那么，在行政立法颁布实施后，对行政立法的监督则属于保障行政立法的正当性的"事后补救措施"。

一、行政立法的程序

（一）行政法规的制定程序

为保证行政法规的质量，行政法规的制定需要遵循规范化的立法体例和严格的程序要求。根据《行政法规制定程序条例》的规定，在立法体例上，行政法规的名称一般称"条例"，也可以称"规定"、"办法"等。国务院根据全国人民代表大会及其常务委员会的授权决定制定的行政法规，称"暂行条例"或者"暂行规定"。国务院各部门和地方人民政府制定的规章不得称"条例"。行政法规的制定程序的具体内容包括立项、起草、审查、决定、公布、解释六个环节。

1. 立项。立项是决定将特定事项纳入行政法规制定工作中的规划与安排，解决国务院是否应当就特定行政管理事务制定行政法规的问题，是行政法规制定程序的第一个环节。行政事务复杂多变，哪些事项需要制定行政法规，什么时间适宜制定行政法规，需要对其必要性、可行性和及时性作出正确判断，这就是立项要解决的问题。

国务院于每年年初编制本年度的立法工作计划。国务院有关部门认为需要制定行政法规的，应当于每年年初编制国务院年度立法工作计划前，向国务院报请立项。国务院有关部门报送的行政法规立项申请，应当说明立法项目所要解决的主要问题、依据的方针政策和拟确立的主要制度。

列入国务院年度立法工作计划的行政法规项目应当符合下列要求：①适应改革、发展、稳定的需要；②有关的改革实践经验基本成熟；③所要解决的问题属于国务院职权范围并需要国务院制定行政法规的事项。

2. 起草。行政法规由国务院组织起草。国务院年度立法工作计划确定行政法规由国务院的一个部门或者几个部门具体负责起草工作，也可以确定由国务院法制机构起草或者组织起草。起草行政法规，应当深入调查研究，总结实践经验，广泛听取有关机关、组织和公民的意见。听取意见可以采取召开座谈会、论证会、听证会等多种形式。

3. 审查。报送国务院的行政法规送审稿，由国务院法制机构负责审查。国务院法制机构主要从以下方面对行政法规送审稿进行审查：①是否符合宪法、法律的规定和国家的方针政策；②是否符合《行政法规制定程序条例》第11条的规定；③是否与有关行政法规协调、衔接；④是否正确处理有关机关、组织和公民对送审稿主要问题的意见；⑤其他需要审查的内容。

行政法规送审稿有下列情形之一的，国务院法制机构可以缓办或者退回起草部门：①制定行政法规的基本条件尚不成熟的；②有关部门对送审稿规定的主要制度存在较大争议，起草部门未与有关部门协商的。

4. 决定与公布。国务院制定的行政法规，要经过国务院全体会议或者常务会议审议通过。国务院常务会议审议通过行政法规，是制定行政法规的通常方式。国务院常务会议审议行政法规草案时，由国务院法制机构或者起草部门作说明。在审定过程中，如果对行政法规草案中的重大问题有意见分歧，则留待下次常务会议审议。如果对个别细节问题有意见，则原则通过草案，由国务院法制办会同有关部门按照常务会议的意见进行修改，再送总理审批决定。如果对行政法规草案没有不同意见，则审定通过。

行政法规审定通过的由总理签署国务院令公布。行政法规签署公布后，应当及时在国务院公报和在全国范围内发行的报纸上刊登。在国务院公报上刊登的行政法规文本为标准文本。行政法规应当自公布之日起 30 日后施行；但是，涉及国家安全、外汇汇率、货币政策的确定以及公布后不立即施行将有碍行政法规施行的，可以自公布之日起施行。

5. 备案。备案是指将已经发布的行政法规上报法定的机关，使其知悉，并在必要时备查的程序。备案本身只是立法程序的一个后续阶段，而不是立法本身。根据《立法法》的规定，行政法规在公布后的 30 日内由国务院办公厅报全国人民代表大会常务委员会备案。

6. 行政法规解释。行政法规条文本身需要进一步明确界限或者作出补充规定的，由国务院解释。行政法规的解释与行政法规具有同等效力。

（二）行政规章的制定程序

按照《立法法》、《规章制定程序条例》的规定，行政规章的制定也需要经历立项、起草、审查、决定、公布、解释等环节。与行政法规类似的环节不再重复说明，仅就行政规章制定过程中需要注意的问题作简要说明。

1. 部门规章应当由部门的部务会议或者委员会会议决定。公布部门规章的命令，应当载明该规章的制定机关、序号、规章名称、通过日期、施行日期、部门首长的署名以及公布日期。部门联合规章由联合制定的部门首长共同署名公布，使用主办机关的命令序号。部门规章签署公布后，及时在国务院公报或者部门公报和在全国范围内发行的报纸上刊登。在部门公报或者国务院公报上刊登的规章文本为标准文本。原则上，规章应当在公布之日起 30 日后施行，除非涉及国家安全、外汇汇率、货币政策的确定以及公布后不立即施行将有碍规章施行的，可以自公布之日起施行。

2. 地方政府规章应当经过政府常务会议或者全体会议决定，经由省长、自治区主席、市长签署命令予以公布。地方政府规章签署公布后，本级人民政府公报和本行政区域范围内发行的报纸应当及时刊登，地方人民政府公报刊登的规章文本为标准文本。

二、对行政立法的监督

由于行政立法对公民、法人和其他组织具有普遍适用的法律效力，所以行政立法一旦出现违法或者不当的问题，就会广泛而严重地损害公民、法人和其他组织的合法权益。因此，对行政立法的监督非常重要，只有在法律制度上建立完善的监督制约机制，才能充分有效地保障公民、法人和其他组织的合法权益。根据我国法律的规定，对行政立法的监督主要有以下几种途径：

（一）权力机关的监督

权力机关对行政立法的监督形式多样，主要表现为权力机关有权审查行政立法行为，撤销与宪法、法律相抵触的行政法规或规章。依据《立法法》和有关法律的规定，全国人民代表大会常务委员会有权撤销同宪法和法律相抵触的行政法规；地方人民代表大会常务委员会有权撤销本级人民政府制定的不适当的规章。

（二）行政机关的监督

根据《地方各级人民代表大会和地方各级人民政府组织法》的规定，地方各级人民政府对本级人民代表大会和上一级国家行政机关负责并报告工作。上级行政机关有权领导、监督下级行政机关，对下级行政机关的行政立法进行监督。上级行政机关对下级行政机关的行政立法不仅有撤销权，而且还有改变权。例如，国务院有权改变或者撤销不适当的部门规章和地方政府规章；省、自治区的人民政府有权改变或者撤销下一级人民政府制定的不适当的规章。

（三）司法机关的监督

在我国，人民法院在审理行政案件时参照规章，如果人民法院认为地方政府规章与部门规章不一致，以及部门规章之间不一致的，由最高人民法院送请国务院作出解释或裁决。参照规章既不是无条件的适用，也不是一律拒绝适用。人民法院可以对规章的合法性予以判断，认为合法的规章就予以适用，认为违法的就不予适用。人民法院在行政诉讼中虽然没有直接撤销行政规章、确认行政规章违法的权力，但是有权对违法的行政规章不予适用，体现了人民法院对行政立法的监督。

延伸阅读

全国首例公民告政府行政立法不作为案

案情介绍：

南京江宁区美亭化工厂厂长杨春庭于 2003 年 3 月接到通知，该化工厂即将拆迁，在随后的谈判磋商过程中，因补偿数额问题与拆迁单位产生严重分歧。原因在于双方所依据的法律根据不同，拆迁单位主张根据江宁县政府 1996 年发布的《江宁县城镇房屋拆迁管理办法》，应补偿 130 万，而杨春庭主张根据现行的《南京市房屋拆迁管理办法》应得到补偿是 400 多万。经调查，1996 年发布的《江宁县城镇房屋拆迁管理办法》是依据 1996 年 3 月《南京市房屋拆迁管理办法》制定的，然而该办法已于 2000 年 3 月废止。杨春庭提到的《南京市房屋拆迁管理办法》则是 2003 年根据国务院的行政法规制定的。杨春庭于 2003 年 4 月 23 日向南京市中级人民法院提出政府行政立法不作为之诉，状告南京市江宁区政府不及时修改房屋拆迁管理办法，致使自己损失惨重。南京市中院依据有关规定将此案移交江宁区法院审理，2003 年 5 月 26 日江宁区人民法院向原告发出受理通知书，并于 2003 年 6 月 12 日作出裁定，驳回起诉。理由是，1996 年《江宁县城镇房屋拆迁管理办法》属于抽象行政行为，被我国《行政诉讼法》排除在司法审查之外，同时向江宁区政府提出司法建议。

问题：本案中涉及的行政机关都有立法权吗？原告的损失能否通过行政诉讼得到救济？

法理分析：

1. 本案中，南京市人民政府有权制定地方政府规章，具有行政立法权。南京市人民政府根据国务院《城市房屋拆迁管理条例》、《江苏省城市房屋拆迁管理条例》，结合本市实际，可以制定《南京市房屋拆迁管理办法》。江宁县（后来的江宁区）人民政府无权制定地方政府规章，不具有行政立法权，《江宁县城镇房屋拆迁管理办法》作为行政机关制定、发布的具有普遍约束力的决定、命令，属于抽象行政行为的范畴。

2. 本案原告方以"地方政府行政立法不作为"作为案由的诉求不能得到法院的支持。江宁区人民法院做出的驳回起诉裁定符合我国《行政诉讼法》的规定。按照我国现行的行政诉讼制度设计，人民法院不受理公民、法人和其他组织对行政法规、规章或者行政机关制定、发布的具有普遍约束力的决定、命令提起的诉讼。也就是说，抽象行政行为，无论是作为的抽象行政行为还是不作为的抽象行政行为，都不在行政诉讼范围内。

3. 在现实中，行政立法不作为主要表现为，不顾社会经济发展的实际需求，地方政府规章长期保持不变，这是"惰政"的典型表现。

思考题

1. 简述职权立法和授权立法的区别。
2. 行政立法的主体有哪些？
3. 如何理解行政法规的立法权限？
4. 试分析，部门规章与地方政府规章之间发生冲突该如何解决？

第六章　行政处罚

【知识目标】

1. 掌握行政处罚的概念、种类。

2. 理解行政处罚的基本原则。

3. 明确行政处罚的主体。

4. 了解行政处罚的设定。

5. 清楚行政处罚的程序。

【技能目标】

熟练运用行政处罚法处理实际问题。

第一节　行政处罚概述

一、行政处罚的概念

行政处罚是指行政主体为了维护公共利益和社会秩序，保护公民、法人和其他组织的合法权益，依照法定的权限和程序对违反行政法律规范但尚未构成犯罪的行政相对人实施制裁的具体行政行为。这一定义包含以下内容：

1. 行政处罚的主体是依法享有处罚权的行政主体。行政处罚是一种对行政相对人产生不利影响的行政行为，因而，对于处罚权的行使必须有严格的限制。这一限制首先体现在处罚权的享有者上，只有法律、法规明确授予某一行政主体特定的处罚权时，这一主体才可行使该项权力。

2. 行政处罚的对象是实施了违法行为，但尚未构成犯罪的行政相对人。行政处罚是对违反行政管理秩序行为的制裁，受到行政处罚的行政相对人必须实施了行政违法行为，对于无违法行为的相对人不能实施处罚。而且这种违法行为是尚未构成犯罪的行为，如果构成犯罪，就不是行政处罚而是刑事制裁。

3. 行政处罚的目的既是惩罚违法者，并通过惩罚防止其再次违法，又是为了有效地实施行政管理，维护公共利益和社会秩序，保护公民、法人和其他组织的合法权益。

二、行政处罚与相关概念的辨析

(一) 行政处罚与行政处分

行政处分是行政机关对其内部违反法律、法规、规章以及行政机关的决定和命令，应当承担纪律责任的公务员实施的一种惩戒措施。行政处分与行政处罚都是行政机关实施的具有惩戒性的行为，但二者之间存在较大的差别：

1. 实施主体不同。行政处罚是由享有行政处罚权的行政主体作出的；行政处分是由公务员所在机关或上级机关、监察机关等作出的。

2. 适用的管理领域不同。行政处罚适用于行政机关对外部实施行政管理活动的领域；行政处分适用于行政机关系统内部的管理。

3. 实施对象不同。行政处罚的对象是违反行政法规范的外部管理相对人；行政处分的对象是行政系统内部违法失职的公务员。同时，行政处罚既适用于个人，也适用于组织；而行政处分则仅适用于作为个人的公务员。

4. 制裁的方式不同。行政处罚的方式有警告，罚款，没收违法所得、没收非法财物，责令停产停业，暂扣或者吊销许可证、暂扣或者吊销执照，行政拘留等；行政处分则有警告、记过、记大过、降级、撤职和开除六种方式。

5. 行为的性质不同。行政处罚行为属于外部行政行为，其存在的基础是行政管辖关系；行政处分行为属于内部行政行为，其存在的基础是行政隶属关系。

6. 救济途径不同。对行政处罚的救济途径是行政复议、行政诉讼及行政赔偿；行政处分的救济途径是向上级行政机关或行政监察机关申诉。

(二) 行政处罚与刑罚

刑罚是司法机关对违反刑事法律规范、严重危害社会的犯罪分子给予的法律制裁，是法律制裁中最严厉的一种。行政处罚与刑罚都属于国家机关对违法者实施的惩戒。其主要区别是：

1. 主体和依据不同。行政处罚由行政主体依据行政法律规范实施；而刑罚由司法机关依据刑事法律规范实施。

2. 行为的性质不同。行政处罚是行政主体运用行政职权作出的行为，其行为性质是行政行为；刑罚是由司法机关运用司法职权作出的，属司法行为。

3. 对象不同。行政处罚的对象是违反行政法律规范的公民、法人和其他组织；刑罚对象是违反刑事法律规范、严重危害社会的犯罪分子。

4. 种类不同。行政处罚的种类很多，既有《行政处罚法》的统一规定，又有各单行法律、法规的分散规定。而刑罚的种类则由《刑法》统一规定。刑罚所采取的制裁方式比行政处罚要严厉，这是由违法行为的性质所决定的。行政处罚多针对违法行为人的财产进行；而刑罚则主要针对违法行为人的人身自由。

第二节　行政处罚的基本原则

舒江荣不服交通警察大队行政处罚案[1]

2010 年 7 月 20 日上午，海盐县武原街道勤俭路与秦山路交叉口的交通技术监控记录显示，在黄灯亮时舒江荣驾驶小型轿车在未越过停车线的情况下越线继续行驶。次日，海盐县公安局交通警察大队以闯黄灯为由，对舒江荣作出罚款 150 元的处罚决定。2011 年 7 月 11 日，舒江荣到交警大队接受处罚，签字并交纳罚款。但舒江荣认为，法律并无明文规定，"黄灯亮时，未越过停车线的车辆禁止继续通行"，因此交警部门的处罚决定并无法律依据。试分析：海盐县公安局交通警察大队因舒江荣闯黄灯，对其作出罚款 150 元的处罚决定是否正确？

理论知识

行政处罚直接关系行政相对人的合法权益，因而必须遵循一定的原则。行政处罚的原则是指对行政处罚的设定和实施所必须遵循的法定的基本准则，它贯穿于行政处罚的全过程。《行政处罚法》在总则部分对行政处罚的原则作出明确规定。

一、处罚法定原则

依法行政是行政法最主要和最基本的原则，处罚法定是依法行政对行政处罚的基本要求。处罚法定原则要求行政处罚必须严格依据法律规定进行。《行政处罚法》第 3 条规定："公民、法人或者其他组织违反行政管理秩序的行为，应当给予行政处罚的，依照本法由法律、法规或者规章规定，并由行政机关依照本法规定的程序实施。没有法定依据或者不遵守法定程序的，行政处罚无效。"这里包括以下几层含义：

1. 行政处罚的设定权法定。只有法律、法规或者规章有设定权。

2. 实施行政处罚的主体及职权是法定的。行政处罚必须由具有法定处罚权的行政机关和法律、法规授权的组织或者是由行政机关依法委托的组织实施。

---

〔1〕　案例来源：载中国法院网，http：//www.chinacourt.org/article/detail/2012/04/id/477574.shtml，本案是全国首例"闯黄灯"行政诉讼案，有删改。

其他任何个人或组织均不得作出行政处罚行为。享有处罚权的机关或组织只能在法律、法规所规定的权限范围内实施处罚，不得超越权限，否则处罚行为无效。

3. 处罚依据法定。没有法律规范的明确规定，不能追究行政相对人的任何法律责任。实施处罚的主体在确定行政相对人是否构成违反行政法规范的行为，决定是否给予处罚，给予何种处罚时，必须要有法定的依据。

4. 行政处罚的种类法定。

5. 行政处罚的程序法定。作出处罚行为必须遵循法定程序，这既是防止行政主体在实施处罚过程中滥用权力，也是为保障行政相对人在处罚过程中所享有的权益。

本节引例中，处罚法定原则要求行政处罚必须严格依据法律规定进行。闯黄灯行为是否违法，涉及对《道路交通安全管理条例》（注：案发时有效的法律依据）的条文"黄灯亮时，已越过停止线的车辆可以继续通行"的理解。法院认为，出于安全驾驶目的，对该条文的理解应当基于"谨慎规范"之理念，即黄灯亮时，只有已经越过停止线的车辆可以继续通行，除此之外，车辆不得继续通行。该项规定实际上意味着，黄灯亮时驾驶人的通行权受到限制，限制的目的在于维护道路交通的安全。立法的价值取向在此非常明显，即为了保障公共安全，必须在合理范围内限制个人的通行权利。因此，在现有道路交通安全法体系下，闯黄灯系违法行为。鉴于此，嘉兴市中级人民法院作出终审行政判决，认定上诉人舒江荣闯黄灯属违法行为，依法应当受到行政处罚。

二、公正、公开原则

这是行政合法原则和合理原则在行政处罚领域的具体体现。《行政处罚法》第4条规定："行政处罚遵循公正、公开的原则。设定和实施行政处罚必须以事实为依据，与违法行为的事实、性质、情节以及社会危害程度相当。对违法行为给予行政处罚的规定必须公布；未经公布的，不得作为行政处罚的依据。"

（一）公正原则

公正原则是指行政处罚的设定与实施要公平正直，没有偏私。要保证处罚公正必须做到：①实体上公正。即行政处罚无论是设定还是实施都要处罚相当，行政处罚以事实为依据，以法律为准绳，法律面前人人平等。②程序上公正。即在实施行政处罚的过程中，处罚主体要给予被处罚人公正的待遇，充分尊重当事人程序上所拥有的独立人格与尊严。

（二）公开原则

公开原则是指行政机关对于有关行政处罚的法律规范、执法人员身份、主要事实根据等与行政处罚有关的情况，除可能危害公共利益或者损害其他公民或者组织的合法权益并有法律、法规特别规定的以外，都应向当事人公开。行政处罚公开要求：①处罚的依据要公开，未经公开的不得作为行政处罚的依据。②处罚的程序要公开，《行政处罚法》规定了一系列的保证处罚公开的制度，如表明身份制度、告知制度、听取意见制度、听证制度等。③行政处罚的结果要公开。主要包括使相对一方当事人及其他相关利害关系人得知违法主体、违法事实、行政处罚措施、权利救济方式等行政处罚的决定内容。

三、处罚与教育相结合原则

处罚与教育相结合原则是指行政主体在实施行政处罚时，要注意说服教育，纠正违法，实现制裁与教育双重功能。《行政处罚法》第5条规定："实施行政处罚，纠正违法行为，应当坚持处罚与教育相结合，教育公民、法人和其他组织自觉守法。"设定行政处罚，不仅是惩罚违法者，并通过惩罚防止其再次违法，而且是寓教育于惩罚之中，使违法者通过处罚受到教育，自觉遵守法律秩序，同时也教育他人维护法律，提高法治观念。当然，处罚与教育相结合，并不是要以教育代替处罚而放纵违法行为，毕竟教育与处罚具有不同的功能，对违法行为只教育不处罚将完全失去处罚应有的惩戒作用。因此，在实施处罚时，应将处罚与教育结合起来。

四、处罚救济原则

为了保障当事人的合法权益，法律规定了被行政处罚者的各项权利，包括行政处罚行使之中和行政处罚之后。根据《行政处罚法》第6条的规定，被行政处罚者的权利主要有：

（一）陈述权、申辩权

为了从行政执法程序上保障当事人的权益，法律规定公民、法人和其他组织在行政主体给予行政处罚时，有权就行政主体拟对自己的处罚和自己的行为进行陈述和申辩，证明自己没有违法事实的存在，行政主体要严格遵守法律的规定，保证当事人陈述权和申辩权的行使。不仅如此，行政主体在行使行政处罚之前要明确告知当事人违法的事实、将给予处罚的理由和依据，使当事人有条件和可能为自己的行为进行陈述和申辩。

（二）申请行政复议或者提起行政诉讼的权利

这是当事人在受到行政处罚之后所依法享有的一项权利。行政复议是行政机关内部自上而下的一种法制监督，具有强制性和权威性。对于提出复议的案件，复议机关要对该具体行政行为是否合法和适当进行审查，对于具体行政行为明显不当的，可以予以变更。法律给予当事人以选择权，当事人可以选择司法监督程序，即不服行政机关的处罚，直接向人民法院提起行政诉讼，或者经行政复议后，对复议决定不服的，再向人民法院提起诉讼。

（三）请求行政赔偿的权利

当事人行使这项权利是基于行政机关违法给予行政处罚致其合法权益受到损害的事实的存在。能否给予当事人赔偿，要通过法定程序，由上级行政机关或人民法院在查明事实的基础上作出裁定。

以上这些权利对于实施处罚的行政主体是一种义务，行政处罚的主体在实施处罚的过程中，不仅要为行政相对人提供陈述、申辩的机会，而且还必须告知行政相对人享有申请复议、提起行政诉讼的权利，以确保行政相对人通过这些救济途径切实保护自己的合法权益。

第三节 行政处罚的种类与设定

一、行政处罚的种类

（一）学理上的分类

在理论上，根据不同的标准，行政处罚可以分为不同的种类。根据行政处罚的性质不同，行政处罚可分为限制或剥夺权利的行政处罚、科以义务的行政处罚、影响声誉的行政处罚；根据行政管理的领域不同，行政处罚可以分为公安行政处罚、工商行政处罚、税务行政处罚等；根据行政处罚的内容不同，行政处罚可分为人身罚、行为罚、财产罚和声誉罚，这是行政法学上通常采取的分类。[1]

1. 人身罚。其亦称自由罚，是指在一定期限内对违法行为人的人身自由进行限制或剥夺的行政处罚。人身权是宪法规定的公民各种权利得以存在的基础，因此《行政处罚法》第9条规定，限制人身自由的行政处罚，只能由法律设定。第16条规定，限制人身自由的行政处罚权只能由公安机关行使。其目的是为了防止人身罚的滥用而影响公民最基本的权利。人身罚的主要形式是行政拘留。

2. 财产罚。财产罚是指行政主体强迫违法行为人交纳一定数额金钱或物品，以使其财产上的权益受到损害的行政处罚。财产罚一般适用于以营利为目的或者给公共利益造成损害等种类的行政违法活动。财产罚具体包括罚款、没收违法所得、没收非法财产等。

3. 行为罚。行为罚是指限制或者剥夺违法行为人某种行为能力，使其不能从事某种活动的行政处罚，它是对违法者的行为能力加以剥夺或限制，也可称

---

〔1〕 罗豪才主编：《行政法学》，北京大学出版社1996年版，第210～216页；姜明安主编：《行政法与行政诉讼法》，北京大学出版社、高等教育出版社1999年版，第221～224页。

之为能力罚。具体表现为责令停产停业、暂扣或吊销许可证或者执照等行政处罚。

4. 声誉罚。其又称申诫罚或精神罚，是指行政主体对违法行为人予以谴责和告诫，使其荣誉、信誉或其他精神上的利益受到一定损害的行政处罚。声誉罚属于较轻微的行政处罚，一般适用于情节轻微或者实际危害程度不高的违法行为。警告是声誉罚的主要形式。

（二）《行政处罚法》的规定

根据《行政处罚法》第8条的规定，行政处罚的种类有：

1. 警告。即指行政主体对有违法行为的公民、法人和其他组织进行谴责和告诫，通过对违法行为人的声誉加以影响，以达到防止其继续或重新违法的处罚目的。警告一般适用于那些违反行政管理法规较轻微、对社会危害程度不大的行为。一般可当场做出，是最轻微的一种行政处罚。

2. 罚款。即指行政主体依法强制违反行政法律规范的行为人在一定期限内缴纳一定数量金钱的处罚形式。罚款是一种适用范围比较广泛、存在问题较多的行政处罚形式。为了避免罚款的随意性，《行政处罚法》对罚款进行了一些限定性的规定。如对已经制定了法律、行政法规规定的行政处罚的种类中没有罚款的，地方性法规和规章不能增加规定罚款的处罚。为了避免罚款执行人营私舞弊，法律规定作出罚款决定的机关与收缴罚款的机构分离，罚款必须全部上缴国库，任何行政机关或者个人不得以任何形式截留、私分。

3. 没收违法所得，没收非法财产。即指行政主体将行为人的违法所得或非法财物强制无偿收归国有的一项行政处罚措施。没收违法所得和非法财物是针对违法行为人的财产所进行的，而且必须是违法行为人的非法财产。没收的非法财产必须依法上缴国库或依法定的方式处理。

4. 责令停产停业。即指行政主体对违反行政法律规范的行为人，依法在一定期限内剥夺其从事某项生产或经营活动权利的行政处罚。责令停产停业不是直接限制或者剥夺违法者的财产权，而是责令违法者暂时停止其所从事的生产经营活动，如果受罚者在规定期限内纠正了违法行为，按期履行了法定义务，可恢复生产、经营，无须重新领取有关许可证和执照。由于责令停产停业的处罚将直接影响企业的生产与经营利益，为了保护行政相对人的合法权益，《行政处罚法》对责令停产停业规定了听证程序。

5. 暂扣或者吊销许可证，暂扣或者吊销执照。即指行政主体对违反行政法律规范的公民、法人和其他组织依法实行暂时扣留其许可证或执照，剥夺其从事某项生产或经营活动权利的行政处罚。这是一种比责令停产停业更为严厉的行为罚。其中暂扣许可证、执照的特点在于暂时中止行政相对人从事某种活动的权利和资格，待其改正违法行为后或者经过一定期限，返还证件，恢复其权利和资格。吊销许可证、执照的特点在于终止行政相对人从事某种活动的权利和资格。从保护行政相对人合法权益的角度考虑，《行政处罚法》对实施吊销许可证、执照的行政处罚规定了听证程序。

6. 行政拘留。即指公安机关对于违反行政法律规范的公民，在短期内限制其人身自由的一种处罚措施。根据《中华人民共和国治安管理处罚法》、《中华人民共和国出境入境管理法》等法律规定，行政拘留的期限一般为 15 日以下。《中华人民共和国治安管理处罚法》第 16 条规定："有两种以上违反治安管理行为的，分别决定，合并执行。行政拘留处罚合并执行的，最长不超过 20 日。"行政拘留是行政处罚中最严厉的处罚之一，也是治安管理处罚措施中最严厉的一种。由于其严厉性，《行政处罚法》对于此种处罚的限制规定也是最严格的，只有法律能够规定涉及公民人身自由的行政拘留罚，行政法规、地方性法规、规章等都不能设定此种处罚。行政拘留一般适用于严重违反治安管理规范的行为人，并且只有在使用警告、罚款处罚不足以惩戒违法者时才适用。

7. 法律、行政法规规定的其他行政处罚。这一规定是为了防止现有法律和行政法规规定的处罚的遗漏和今后立法中可能出现的新的处罚措施而设定。

二、行政处罚的设定

行政处罚的设定是指有关国家机关创设行政处罚的活动，其实质就是某种处罚由哪一个机关通过何种形式来规定。《行政处罚法》所规定的设定权包括创设权与规定权两个方面，创设权是指在没有上位阶法律规范对处罚加以规定的情况下自行规范处罚的权力；规定权是指在上位阶法律规范已对处罚作出规定的前提下作出进一步具体规定的权力。规定权受到已有法律规范的限制，不能超出已有规范所确定的处罚行为、种类和幅度等。《行政处罚法》对行政处罚的设定权在法律、法规和行政规章之间进行了分配，具体可以分为以下层次：

（一）法律的设定权

《行政处罚法》第 9 条规定："法律可以设定各种行政处罚。限制人身自由的行政处罚，只能由法律设定。"根据此规定，法律的设定权包括任何种类和形式的行政处罚，并且法律是我国设定人身自由罚的唯一规范性文件。

（二）行政法规的设定权

由国务院制定的行政法规在设定行政处罚上包括两个方面：①创设权。行政法规可以设定除限制人身自由以外的行政处罚。即行政法规不能设定限制人身自由的行政处罚，这是一项硬性的原则性规定。②规定权。法律对违法行为已经作出行政处罚规定，行政法规需要作出具体规定的，必须在法律规定的给予行政处罚的行为、种类和幅度的范围内规定。例如：法律对某些违法行为没有规定吊销许可证处罚，而仅规定罚款处罚的，行政法规不能另行增加处罚种类；法律已经规定了行政处罚幅度的，行政法规只能在其处罚幅度内规定具体的数额。

（三）地方性法规的设定权

地方性法规的设定权也包括两个方面：①创设权。地方性法规可以设定除限制人身自由、吊销企业营业执照以外的行政处罚。②规定权。法律、行政法规对违法行为已经作出行政处罚规定，地方性法规需要作出具体规定的，必须在法律、行政法规规定的给予行政处罚的行为、种类和幅度的范围内规定。

（四）国务院各部、委的规章的设定权

尚未制定法律、行政法规的，国务院部、委员会制定的规章对违反行政管理秩序的行为，可以设定警告或者一定数量罚款的行政处罚。罚款的限额由国务院规定。国务院部、委员会制定的规章可以在法律、行政法规规定的给予行政处罚的行为、种类和幅度的范围内作出具体规定。

（五）地方政府规章的设定权

尚未制定法律、法规的，省、自治区、直辖市人民政府和省、自治区人民政府所在地的市人民政府以及经国务院批准的较大的市人民政府制定的规章对违反行政管理秩序的行为，可以设定警告或者一定数量罚款的行政处罚。罚款的限额由省、自治区、直辖市人民代表大会常务委员会规定。省、自治区、直辖市人民政府和省、自治区人民政府所在地的市人民政府以及经国务院批准的较大的市人民政府制定的规章可以在法律、法规规定的给予行政处罚的方式、种类和幅度的范围内作出具体规定。

除上述法律、法规、规章以外的其他规范性文件都不得对行政处罚加以创设。

第四节　行政处罚的实施

本节引例

案例一

45岁的低保户老孙在大润发超市购物时，将选购的物品装入夹克里面缝的两个空袋，准备绕过收银台直接走出去。老孙的偷窃行为早已被超市监控，保安随后拦住老孙并将其扭送到超市的防损部。超市工作人员告诉老孙："你的这种行为如果报了警，就得拘留，至少得 5 天。如果不想报警，按照超市的规定，偷一赔十，你掏 1500 元咱们这事就算了。"老孙自知理亏，选择了 10 倍罚款，并在超市提供的一张调解单上签字画押。试分析：超市能对小偷进行罚款处罚吗？

案例二：王某诉利辛县建委行政处罚案[1]

王某、刘某于 2006 年 1 月共建商住楼，工程建至 7 层、建筑面积 3780 平方米，因未办理规划许可证，在清理整顿期间，王某等人进行了申报，交纳了土地出让金、870 平方米的城建规费和 1700 元罚款，但超面积建设，属违法建设。2007 年，利辛县建委对此进行立案、调查和进行现场勘验，认定王某等人所建工程建筑面积为 3780 平方米。2008 年 3 月 12 日，利辛县建委以超面积建设向王某等人送达《行政处罚事先告知书》，同年 4 月 15 日，利辛县建委经过审批，以王某超面积建设 2910 平方米，属违法建设为由，扣除王某已交纳的 1700 元罚款，作出 [2008] 第 18 号《建设行政处罚决定书》，对王某处以 111 700 元的罚款，并责令停止施工、补办手续。王某等人不服，诉至法院。试分析：利辛县建委作出的建设行政处罚决定书内容是否违法？

理论知识

行政处罚的实施是指有权机关依法对违反行政法律规范的行为人给予相应行政处罚的活动。这涉及行政处罚的实施机关、行政处罚的管辖、行政处罚的适用等具体问题。

一、行政处罚的实施机关

行政处罚的实施机关，是指依法具体实施行政处罚活动的机关与组织。根据《行政处罚法》的规定，行政处罚的实施机关共有三类：

（一）行政机关

行政机关是主要的行政处罚实施主体。行政处罚权作为行政管理的重要手段，在一般情况下，只有行政机关才能实施行政处罚，但并不是任何行政机关都可以行使行政处罚权，只有法律、法规和规章的明确授权，即依法取得特定的行政处罚权的行政机关才能行使。除了由单一的行政机关实施处罚外，《行政处罚法》还规定了有关综合执法机关实施处罚的问题，即在一定条件下，一个行政机关可以行使其他行政机关的行政处罚权。根据《行政处罚法》第 16 条的

---

[1]　案例来源：载中国法院网，http://www.chinacourt.org/article/detail/2009/id/381704.shtml，有删改。

规定，一个行政机关可以行使其他行政机关的行政处罚权的条件是：①要由国务院或者经国务院授权的省、自治区、直辖市人民政府决定；②限制人身自由的行政处罚只能由公安机关行使。

本节引例案例一中，老孙进超市购物便与超市之间建立民事法律关系，因老孙偷窃超市物品，造成超市财产损失，依据民事法律规范的规定，超市有权自力救济，可以通过所谓的"罚款"来弥补自己的损失，但不得超出必要的限度，本案中"10倍罚款"显失公平。不过，此"罚款"是私力救济性质的，不同于公力救济性质的彼"罚款"——行政处罚类的罚款。本案中，如果老孙偷盗物品数额较大触犯治安处罚法，应当交由公安机关处理。罚款也只能由公安机关来行使。

（二）法律、法规授权的组织

《行政处罚法》第17条规定："法律、法规授权的具有管理公共事务职能的组织可以在法定授权范围内实施行政处罚。"根据此规定，非行政机关的组织成为行政处罚的实施机关。必须要符合下列条件：①该组织必须经过法律、法规授权，规章不能授权；②该组织具有管理公共事务的职能；③该组织必须在法定职权范围内实施行政处罚。法律、法规授权的组织以自己的名义实施行政处罚，并独立承担相应的法律责任。

（三）行政机关委托的组织

基于公共管理的需要，行政机关可以依法将自己拥有的行政处罚权委托给非行政组织行使，但是为了防止乱处罚的情况出现，必须要对行政处罚的委托加以限制。根据《行政处罚法》第18条、第19条的规定，行政机关委托的组织实施行政处罚，必须具备的条件是：

1. 行政机关只能将行政处罚权委托给符合以下条件的组织：①依法成立的管理公共事务的事业组织；②具有熟悉有关法律、法规、规章和业务的工作人员；③对违法行为需要进行技术检查或者技术鉴定的，应当有条件组织进行相应的技术检查或者技术鉴定。对不符合以上条件的组织或者个人，行政机关不能委托其实施行政处罚。

2. 行政机关只能依法在其法定权限内进行委托。行政机关进行委托必须有法律、法规或规章的明文规定。

3. 受委托实施行政处罚的组织在委托范围内，以委托的行政机关名义实施行政处罚，委托行政机关对受委托的组织实施行政处罚的行为应当负责监督，并对该行为的后果承担法律责任。

4. 受委托的组织不得再委托其他任何组织或者个人实施行政处罚。

二、行政处罚的管辖

行政处罚的管辖，是指行政处罚的实施机关之间对某个行政违法行为在处罚上的权限分工。根据《行政处罚法》的规定，行政处罚的管辖包括级别管辖、地域管辖、指定管辖和移送管辖。

（一）级别管辖

级别管辖是指不同级别行政机关之间在实施行政处罚上的权限分工。根据《行政处罚法》的规定，行政处罚由县级以上地方人民政府具有行政处罚权的行政机关管辖，但是法律、行政法规另有规定的除外。

（二）地域管辖

地域管辖，也称区域管辖或属地管辖，是指不同地区的行政主体之间在实施行政处罚上的权限分工。根据《行政处罚法》的规定，行政处罚由违法行为发生地的行政机关管辖。如果法律、行政法规有特别规定的，按特别规定管辖。

（三）指定管辖

指定管辖是指上级行政机关以决定的方式指定下一级行政机关对某一行政处罚行使管辖权。指定管辖实际上是赋予行政机关在处罚管辖上一定的自由裁量权，以适应各种错综复杂的处罚情况。在实践中可能出现两个以上的行政机关在实施某一处罚上发生互相推诿或者互相争夺管辖权，经各方协商达不成一致的情况，对此，《行政处罚法》规定，应当报请他们共同的上一级行政机关，由上一级行政机关指定一个行政机关管辖。

（四）移送管辖

移送管辖是指无管辖权的行政机关将案件移送到有管辖权的司法机关处理。违法行为如果构成犯罪，根据刑事优先原则，应首先追究行为人的刑事责任，行政机关必须将案件移送司法机关，依法追究刑事责任，不能以罚代刑。

三、行政处罚的适用

行政处罚的适用是指处罚实施主体对违法案件具体运用行政处罚法规范决定是否给予行政处罚、如何处罚的活动。

（一）适用原则

根据《行政处罚法》的规定，行政处罚的适用应遵循下列原则：

1. 处罚与责令改正相结合的原则。行政处罚是一种手段，是为了预防破坏社会秩序和公共利益行为的再次发生。行政机关实施行政处罚时，应当责令当事人改正或者限期改正违法行为。

2. 一事不再罚原则。对违法当事人的同一个违法行为，不得以同一事实和同一理由给予两次以上罚款的行政处罚。同一事实和同一理由是一事不再罚原则的共同要件，二者缺一不可。《行政处罚法》确立这一原则的目的是限制和杜绝乱罚款、滥罚款现象，做到公正处罚，使违法行为与行政处罚相适应，保护当事人的合法权益。

本节引例案例二中，王某等人于 2006 年 8 月已交纳了该工程的 870 平方米城建规费，利辛县建委也收取原告 1700 元的罚款，应认定对王某等人未办理建设工程规划许可的 870 平方米的违法建设行为作出了处罚。《行政处罚法》第 24 条规定："对当事人的同一个违法行为，不得给予两次以上的行政处罚。"利辛县建委后来作出的［2008］第 18 号《建设行政处罚决定书》的内容是"扣除原告已交纳的 1700 元罚款，作出罚款 111 700 元，并责令停止施工、补办手续的处罚"，这属于对 870 平方米违法建设行为的重复处罚，违反一事不再罚原则。因违反一事不再罚原则，利辛县建委的处罚决定被判决撤销。

3. 行政处罚与刑罚合并适用原则。适用这一原则的前提是违法行为构成了犯罪，即同一违法行为不仅违反行政法律规范，而且同时触犯了刑事法律规范的规定而构成了犯罪。根据《行政处罚法》的规定，行政机关受理某一案件时，如果无法判断违法行为是否构成犯罪，可以先行适用行政处罚。当发现违法行为构成犯罪时，应及时追究当事人的刑事责任，将案件移送到司法机关。当人民法院判处拘役或者有期徒刑时，行政机关已经给予当事人行政拘留的，应当依法折抵相应刑期；人民法院判处罚金时，行政机关已经给予当事人罚款的，应当折抵相应罚金。

（二）行政处罚的适用条件

行政处罚的适用条件是指受罚行为应具备的条件，是实施行政处罚时必须加以确认的。

1. 前提条件。行政处罚适用的前提是行为人已经实施了违法行为，违法事实客观存在，不能将行为人的主观想象或者计划设想当作违法行为。

2. 主体条件。行政处罚必须由享有行政处罚权的适格主体实施。

3. 对象条件。行政处罚的对象是违反行政法律规范且依法应当受到处罚的公民、法人和其他组织。

4. 时效条件。行政处罚的实施主体对行为人实施处罚，必须是行为人的违法行为没有超过追责时效。违法行为已经超过追责时效期限的，不再追究行政法律责任。《行政处罚法》第 29 条规定，违法行为在 2 年内未被发现的，不再给予行政处罚。法律另有规定的除外。

第五节　行政处罚的程序

本节引例

2010 年 3 月 18 日，肥西城关老中街旧城改造项目发生一起重伤事故，造成 1 人死亡。肥西县安监局依法展开调查，依据《生产安全事故报告和调查处理条例》第 37 条第 1 款的规定，对济南金源公司作出罚款 10 万元的行政处罚。在处罚决定作出之前，肥西安监局应济南金源公司的要求，于 2010 年 7 月 20 日召开了听证会。2010 年 8 月 16 日，肥西安监局作出行政处罚决定。试分析：该行政处罚是否一定要经过听证程序？

理论知识

行政处罚程序是指处罚主体在实施处罚过程中所要遵循的步骤、方式、顺序和时限。《行政处罚法》规定的行政处罚的程序包括行政处罚决定程序和行政处罚执行程序。

一、行政处罚决定程序

行政处罚的决定程序是整个行政处罚程序的关键环节，是正确实施行政处罚的保证。行政处罚的决定程序分为简易程序和一般程序，听证只是一般程序中的特殊程序，不是独立程序。

（一）简易程序

简易程序是指有权实施行政处罚的主体当场作出行政处罚决定的程序，又称当场处罚程序。

1. 适用简易程序的条件。《行政处罚法》第 33 条规定："违法事实确凿并有法定依据，对公民处以 50 元以下、对法人或者其他组织处以 1000 元以下罚款或者警告的行政处罚的，可以当场作出行政处罚决定。"适用简易程序必须符合以下三个条件：①违法事实确凿。即当场能够有充分的证据确认违法事实，无须进一步调查取证。②有法定依据。对于该违法行为，法律、法规或者规章明确规定了有关处罚的内容，实施处罚的人员当场可以指出具体的法律、法规或者规章的依据，如果没有法定的依据，即使违法事实确凿，也不能当场处罚。③符合《行政处罚法》所规定的处罚种类和幅度。即只有对个人处以 50 元以下、对组织处以 1000 元以下罚款或者警告的处罚可以当场进行，其他处罚不能适用简易程序。

2. 简易程序的步骤。按照法律规定，简易程序的步骤可以分为以下几个方面：①表明身份。实施处罚的人员应当向当事人出示自己执行公务的身份证件，以证明自己有权对当事人作出处罚。②说明理由和告知权利。实施处罚的人员要当场指出违法行为的事实，说明要给予行政处罚的理由及有关依据，并告知当事人有进行陈述和申辩的权利，同时还要听取当事人的陈述与申辩。③制作处罚决定书。处罚决定书应由有关机关统一制作预定格式，并编有号码，由当场作出处罚的人员进行填写。行政处罚决定书应当载明当事人违法行为、行政处罚的依据、处罚的决定、处罚时间、处罚地点，以及由作出处罚决定的机关、作出处罚的人员签名或盖章。④交付处罚决定书。行政处罚决定书填写完后，应当场交付当事人。⑤备案。执法人员当场作出的行政处罚决定，必须报所属行政机关备案，以便所属机关进行监督检查。

如果当事人对当场作出的行政处罚决定不服，其有权依法申请行政复议或者提起行政诉讼。

（二）一般程序

一般程序又称普通程序，是指除法律特别规定应当适用简易程序的以外，行政处罚通常适用的程序。一般程序规定的步骤是：

1. 立案。行政处罚实施主体通过各种渠道发现行政相对人的违法行为，对所发现的违法行为，认为需要给予处罚的，应将其登记并确立为应受调查处理的案件。立案是行政处罚的启动程序。一般应填写立案报告表，在经本机关主管负责人审查批准后，即完成了法律上的立案程序。同时应落实办案人员。

2. 调查取证。立案后，行政机关应当对案件进行全面细致的调查取证。行政处罚实施机关在调查取证时应做到：①必须对案件进行全面、客观、公正的调查，收集有关证据；必要时，依照法律、法规的规定，可以进行检查。②在调查或者进行检查时，执法人员不得少于2人，并应当向当事人或者有关人员出示证件。③执法人员与当事人有直接利害关系的，应当回避。

3. 说明理由、当事人陈述与申辩。经过调查取证阶段后，行政处罚实施主体在作出行政处罚决定之前，应当告知当事人作出行政处罚决定的事实、理由及依据，并告知当事人依法享有的权利。当事人有权进行陈述和申辩。行政机关必须充分听取当事人的意见，对当事人提出的事实、理由和证据，应当进行复核；当事人提出的事实、理由或者证据成立的，处罚实施主体应当采纳。不得因当事人申辩而加重处罚。

根据《行政处罚法》第41条的规定，行政机关及其执法人员在作出行政处罚决定之前，没有向当事人告知给予行政处罚的事实、理由和依据，或者拒绝听取当事人的陈述、申辩的，行政处罚决定不能成立；当事人放弃陈述或者申辩权利的除外。

4. 审查决定。调查终结，行政机关负责人应当对调查结果进行审查，根据不同情况，分别作出如下决定：①确有应受行政处罚的违法行为的，根据情节轻重及具体情况，作出行政处罚决定；②违法行为轻微，依法可以不予行政处罚的，不予行政处罚；③违法事实不能成立的，不得给予行政处罚；④违法行为已构成犯罪的，移送司法机关。对情节复杂或者重大违法行为给予较重的行政处罚的，行政机关的负责人应当集体讨论决定。

5. 制作行政处罚决定书。行政处罚的实施主体应当制作行政处罚决定书，决定书载明下列事项：当事人的姓名或者名称、地址；违反法律、法规或者规章的事实和证据；行政处罚的种类和依据；行政处罚的履行方式和期限；不服行政处罚决定，申请行政复议或者提起行政诉讼的途径和期限；作出行政处罚决定的行政机关名称和作出决定的日期。

行政处罚决定书必须盖有作出行政处罚决定的行政机关的印章。

6. 送达行政处罚决定书。根据《行政处罚法》的规定，行政处罚决定书应当在宣告后当场交付当事人；当事人不在场的，行政机关应当在 7 日内依照《中华人民共和国民事诉讼法》的有关规定，将行政处罚决定书送达当事人。民事诉讼法规定的送达的方式主要有：直接送达、留置送达、委托送达、邮寄送达、转交送达、公告送达。

（三）听证程序

听证是指行政机关在作出行政处罚决定之前举行的，有调查人员和行政相对人参加的，听取相对人陈述和申辩，并允许就有关问题相互进行质问、辩论和反驳，旨在查明事实的活动。在听证程序中，相对人有权充分表达自己的意见和主张，提出有利于自己的证据；有权为自己辩解，反驳不利证据；有权与执法人员进行对质和辩论。

1. 听证程序的适用条件。听证程序是一般程序中的特殊程序，只适用于需要听证的案件。《行政处罚法》第 42 条规定，行政机关作出责令停产停业、吊销许可证或者执照、较大数额罚款等处罚决定之前，应当告知当事人有要求举行听证的权利；当事人要求听证的，行政机关应当组织听证。这一规定确定了适用听证程序的两个条件：①实质条件：听证程序只适用于行政机关作出责令停产停业、吊销许可证或者执照、较大数额罚款等行政处罚案件。②形式条件：行政相对人提出申请。听证是相对人的权利，只有相对人要求听证的，行政机关才能进行听证。组织听证是行政机关的法定义务。当事人要求听证的，行政机关应当组织听证。

2. 听证程序包括以下步骤。

（1）准备阶段。①告知听证权。如果属于听证适用范围，应当通过正式方式告知当事人有权要求听证。当事人要求听证的，应当在行政机关告知后3日内提出。②通知听证，行政机关应当在举行听证的7日前，书面通知当事人举行听证的时间、地点，以便当事人为听证作充分的准备。③决定是否公开举行听证会。除涉及国家秘密、商业秘密或者个人隐私外，一律公开举行，接受社会的监督。④指定听证主持人。听证由行政机关指定该行政机关内熟悉相关业务的、非本案调查人员的工作人员主持。相对人对主持人有异议，有权申请该主持人回避。行政机关认为相对人的异议成立的，应当另行指定听证程序的主持人。

（2）举行阶段。听证会由本案调查人员以外的其他人员主持，由调查人员提出相对人的违法事实、证据和行政处罚建议，再由相对人进行质证与申辩，在调查人员与相对人辩论后，相对人可以作最后的陈述。听证会的全部过程要制作听证笔录，笔录应交相对人审核，无误后由相对人签字盖章。听证笔录是处罚决定的依据。

行政相对人不承担行政机关组织听证的费用。

听证程序完毕以后，行政机关依照《行政处罚法》第38条关于一般程序的规定作出行政处罚决定。

本节引例中，肥西县安监局依法对负有主要事故责任的济南金源公司作出了罚款10万元的行政处罚，属于较大数额罚款，根据《行政处罚法》第42条的规定，作出较大数额罚款的行政处罚决定之前，肥西县安监局应当告知当事人有要求举行听证的权利；当事人要求听证的，肥西县安监局应当组织听证。

二、行政处罚的执行程序

行政处罚执行程序，是指为了确保行政处罚决定所确定的当事人的义务得以履行的程序，是有关国家机关对违法者执行行政处罚决定的程序，是行政处罚决定的实现阶段。行政处罚决定一旦作出，就具有法律效力，处罚决定中所确定的义务必须得到履行。没有行政处罚的执行，行政处罚的决定就没有意义。

（一）行政处罚执行的原则

1. 自觉履行原则。《行政处罚法》第44条规定："行政处罚决定依法作出后，当事人应当在行政处罚决定的期限内，予以履行。"即行政处罚决定一经依法作出，即发生法律效力，当事人应当自觉履行行政处罚决定。一般情况下，当事人应当在规定的履行期限内及时履行行政处罚决定，这是行政管理的效率原则所要求的。当事人如果按期履行罚款决定确有困难的，可以向作出罚款决定的行政机关申请延期或者分期履行，经行政机关同意后，当事人可以延期或者分期履行。当事人在法定期限内既不履行行政处罚决定，也未提出延期或分期履行的申请或者提出的申请未被批准的，行政机关可以依法采取执行措施。

2. 罚缴分离原则。为了更好地保护相对人的合法权益，《行政处罚法》规定，作出罚款决定的机关应当与收缴罚款的机构分离，除依法当场收缴的罚款外，作出行政处罚决定的行政机关及其执法人员不得自行收缴罚款。当事人应当自收到行政处罚决定书之日起15日内，到指定的银行缴纳罚款。银行应当收受罚款，并将罚款直接上缴国库。

3. 不因行政复议和行政诉讼而停止执行原则。当事人对行政处罚决定不服申请行政复议或者提起行政诉讼的，行政处罚不停止执行，法律另有规定的除外。

（二）罚款的收缴

1. 专门机构收缴罚款。遵循作出罚款决定的机关应当与收缴罚款的机构分离的原则，行政处罚的罚款一般由专门机构收缴。关于专门机构收缴罚款的具体程序，《行政处罚法》没有作出明确规定，根据该法第45条第3项的规定及实践的情况，专门机构收缴罚款一般应遵循如下程序：①通知送达。行政机关应当在行政处罚决定书中注明缴纳罚款银行，当事人应当自收到行政处罚决定书之日起15日内，到指定的银行缴纳罚款。②催交。专门机关根据行政处罚决定书限定的当事人自动缴纳罚款时间，在期限届满之前，可以向当事人发出催交通知书，以提醒和督促当事人按期主动履行缴纳罚款义务。③收缴罚款。当事人向专门机关缴纳罚款的，专门机关应当向缴纳人开具统一的罚款收据。④上缴国库。银行收到罚款后，应当将罚款直接上缴国库。

2. 当场收缴罚款。根据《行政处罚法》第47条、第48条的规定，执法人员当场作出行政处罚决定后，遇有下列情形之一，执法人员可以当场收缴罚款：①罚款数额是20元以下的。②不当场收缴罚款事后将难以执行的。③在边远、水上、交通不便地区，行政机关及其执法人员作出罚款决定后，当事人向指定的银行缴纳罚款确有困难，经当事人提出，行政机关及其执法人员可以当场收缴罚款。行政机关及其执法人员当场收缴罚款的，必须向当事人出具省、自治区、直辖市财政部门统一制发的罚款收据；不出具财政部门统一制发的罚款收据的，当事人有权拒绝缴纳罚款。执法人员当场收缴的罚款，应当自收缴罚款之日起2日内，交至行政机关；在水上当场收缴的罚款，应当自抵岸之日起2日内交至行政机关；行政机关应当在2日内将罚款缴付指定的银行。

3. 执行的保障措施。根据《行政处罚法》的规定，当事人逾期不履行行政处罚决定的，作出行政处罚决定的行政机关可以采取下列措施：①当事人逾期不缴纳罚款，又未提出延期或分期缴纳的申请，或者虽然提出了申请但未获批准的，行政机关可以对当事人每日加处原罚款数额的3%的罚款；②当事人逾期不履行罚款决定，而又无任何正当理由的，行政机关可以依法将查封、扣押的财物拍卖，将拍卖款抵缴罚款，或者依法将冻结的存款划拨抵缴罚款；③行政机关可以申请人民法院依法强制执行。

延伸阅读

2005年5月23日，安徽来京务工人员杜保良查询得知自己于2004年7月20日至2005年5月23日在北京市西城区真武庙头条西口同一地点被电子眼记录105次违章，被交管部门扣罚210分、缴纳罚款10 500元。杜保良以交管部门设立的禁行标志属无效标志、没有履行法定的书面告知义务，执法行为违反法定程序等为由向法院提起行政诉讼，诉讼请求为：撤销错误的行政处罚决定；返还已缴纳的10 500元罚款；依据《国家赔偿法》的相关规定，交管部门应承担错误处罚后果，赔偿因此造成的损失3000余元。在诉讼过程中，杜宝良申请撤诉，北京西城法院审查后裁定准予原告杜保良撤回起诉。北京市交管局表示，杜保良交通违章事实存在，证据确凿，但鉴于西单交通队在执法过程中有程序上的瑕疵，交管部门根据《中华人民共和国人民警察法》及《公安机关内部执法监督工作规定》，以内部执法监督的方式，对西单队的执法行为予以纠正。虽然杜保良已经撤诉，但交管局本着执法为民的要求，主动从自身查找差距，纠正在执法工作中确实存在的一些不够完善的问题。

交通管理部门进行交通执法，并对道路交通违法行为进行处罚，属于行政处罚的范畴。其执法目的和处罚程序不仅要遵守道路交通法律法规的相关规定，还必须符合《行政处罚法》的原则要求，保证执法目的和处罚程序均具有正当性。北京公安机关交通管理部门在对杜宝良实施行政处罚的执法过程中，的确存在着许多瑕疵。杜宝良105次违法均属同一违法情节、发生在同一地点且持续时间较长，而交警部门利用"电子眼"对违法行为拍摄后就自动生成了处罚结果，却没有及时提醒或警告违法司机，使同一违法行为长期、持续且反复发生。虽然违法者最终受到严厉处罚，却严重违背了行政处罚的目的和行政处罚的诸多原则。

处罚法定的原则包括处罚的程序法定。其内容包括：实施行政处罚，不仅要求实体合法，而且还必须程序合法。没有法定依据或者不遵守法定程序的，行政处罚无效。我国的行政处罚决定程序包括简易程序和一般程序。适用简易程序必须符合一定的条件：违法事实确凿；有法定依据；较小数额的罚款（对公民处以50元以下、对法人或者其他组织处以1000元以下罚款）或警告。可见"杜宝良案"应适用一般程序。在一般程序中，行政机关在决定实施行政处罚前需要向当事人说明理由并告知权利、听取当事人陈述和申辩、送达行政处罚决定书。《行政处罚法》第31条规定，行政机关在作出行政处罚决定之前，应当告知当事人作出行政处罚决定的事实、理由及依据，并告知当事人依法享有的权利。在作出行政处罚决定之前，未依法告知给予行政处罚的事实、理由和依据，或者拒绝听取当事人的陈述、申辩，行政处罚决定不能成立。《北京市实施〈中华人民共和国道路交通安全法〉办法》第107条第2款也规定："公安机关交通管理部门及其交通警察发现机动车有未处理的违法行为记录的，应当书面告知机动车所有人或者驾驶人，机动车所有人或者驾驶人应当按照告知的时间、地点接受处理。"308天，105次违章，违章者却毫不知情，这本身就是交管部门在行政处罚中没有执行法定程序的体现。西单交通队对杜宝良的105次处罚中有81次处罚没有出具书面处罚决定书，同样没有履行法定"书面告知"义务，违反法定程序。《行政处罚法》第40条规定，行政处罚决定书应当在宣告后当场交付当事人；当事人不在场的，行政机关应当在7日内依照《民事诉讼法》的有关规定，将行政处罚决定书送达当事人。在"杜宝良事件"中，交管部门105次处罚中没有一次将行政处罚决定书送达当事人，这是对行政处罚法定程序的明显违反。

行政处罚法的立法及部分司法解释

1.《中华人民共和国行政处罚法》，1996年3月17日第八届全国人民代表大会第四次会议通过（主席令第63号），2009年8月27日第十一届全国人民代表大会常务委员会第十次会议修正。

2.《国务院关于贯彻实施〈中华人民共和国行政处罚法〉的通知》（国发〔1996〕13号）。

3.《国务院关于进一步推进相对集中行政处罚权工作的决定》（国发〔2002〕17号）。

4.《最高人民法院关于海关行政处罚案件诉讼管辖问题的解释》，2002年1月28日最高人民法院审判委员会第1209次会议通过，法释（2002）4号。

5.《价格行政处罚法程序规定》，2001年09月20日颁布，国家发展计划委员会令（第13号）。

6.《林业行政处罚听证规则》，2002年11月2公布，国家林业局令（第4号）。

7.《药品监督行政处罚程序规定》，2003年4月28日发布，国家食品药品监督管理局令（第1号）。

8.《中华人民共和国治安管理处罚法》，2005 年 8 月 28 日十届全国人大常委会第十七次会议通过（主席令 38 号），2009 年 10 月 26 第十一届全国人民代表大会常务委员会第二十九次会议修正。

9.《安全生产违法行为行政处罚办法》，2007 年 11 月 30 日公布，国家安全生产监督管理总局令（第 15 号）。

10.《著作权行政处罚实施办法》，2009 年 5 月 7 日发布，国家版权局令（第 6 号）。

11.《卫生部关于修改〈药品监督行政处罚程序规定〉的决定》2012 年 10 月 17 日公布，卫生部令（第 88 号）。

思考题

1. 行政处罚与行政处分有何区别？
2. 试述行政处罚的原则。
3. 简述行政处罚的听证程序及其意义。
4. 试述行政处罚的适用。
5. 相对集中行政处罚权的法律意义是什么？

实务训练

2006 年 3 月 9 日下午，李某等四人在某大酒店一房间内利用自动麻将桌进行赌博，被某县公安局当场抓获。3 月 14 日，李某等四人分别被处以行政拘留 5 日、罚款 500 元。李某等人不服，于 5 月 8 日向市公安局申请复议。市公安局以违反法定程序，先执行罚款后作出裁决为由，撤销县公安局的处罚决定，并责令被告在法定期限内重新作出具体行政行为。6 月 1 日，县公安局在退还了李某等人 3000 元罚款后，告知李某等人处罚的理由和依据，并听取了李某等人的陈述和申辩，于当日作出行政拘留 5 日、罚款 500 元的处罚决定。该处罚已执行完毕。李某等人仍不服，又向市公安局申请复议，市公安局经审查，作出维持某县公安局行政处罚决定的复议决定。李某等人不服复议决定，向人民法院提起行政诉讼。

问题：

1. 县公安局能否实施行政拘留、罚款等行政处罚？
2. 县公安局的行为是否违反"一事不再罚"原则？
3. 县公安局作出与原处罚决定内容完全相同的处罚，是否构成违法？

第七章 行政许可

学习目标

【知识目标】

1. 掌握行政许可的概念。
2. 明确行政许可的设定规则。
3. 了解行政许可的实施要求和实施程序。
4. 知悉行政许可监督。

【技能目标】

能运用行政许可法解决行政管理过程中出现的许可问题。

第一节 行政许可概述

本节引例

企业诉国土资源管理部门行政许可案[1]

2004 年 7 月 10 日，某国有企业新上一项目，计划用地 100 亩。项目获上级土管部门审核通过后，该企业向国土资源管理部门提出用地申请。4 个月后，企业的用地申请仍没有通过。原因是国土资源管理部门每次都会要求该企业提交新的用地申请材料。后来，该企业诉至法院。试分析：该国土资源管理部门的行为是否符合行政许可法的要求？

理论知识

一、行政许可的概念和特征

《中华人民共和国行政许可法》（以下简称《行政许可法》）第 2 条规定："本法所称行政许可，是指行政机关根据公民、法人和其他组织的申请，经依法

---

〔1〕 胡锦光、刘飞宇主编：《行政法与行政诉讼法》，中国人民大学出版社 2011 年版，第 57 页。

审查，准予其从事特定活动的行为。"根据此规定分析，行政许可具有以下特征：

1. 行政许可是依申请的行政行为。行政许可是以公民、法人和其他组织的申请为起始。没有申请，行政机关不能主动实施行政许可。但是，公民、法人和其他组织提交了申请，并不意味着必定得到行政机关的许可，行政许可是行政机关基于行政权而作出的单方行政行为，是否准许，行政机关必须依法作出。

2. 行政许可是一种授益性行政行为。行政许可是赋予行政相对人某种权利和资格的行政行为。

3. 行政许可是一种要式行政行为。行政许可必须具备特定的许可形式，如许可证、执照或者批准文书等。因此，行政许可必须按照法定程序和形式予以批准、认可和证明。

4. 行政许可是一种外部行政行为。《行政许可法》第 3 条第 2 款规定："有关行政机关对其他机关或者对其直接管理的事业单位的人事、财务、外事等事项的审批，不适用本法。"根据此规定，行政许可是行政机关针对行政相对方的一种管理行为，是行政机关依法管理社会事务的一种外部行政行为。行政机关对其内部事务的审批，如对公务员出差、请假、职务任免等，或者按照隶属关系由上级行政机关对下级行政机关有关事项的审批，则属于内部行政行为，不属于行政许可。

5. 行政许可是准予从事特定活动的行为。行政许可作为行政机关依法管理社会政治、经济、文化等各方面事务的一种事前控制手段，其基本特点是容许某人做某事。除了国家作为所有权人实施的许可外，行政许可的本质主要表现为对行政相对人是否符合法律、法规规定的权利资格和行使权利的条件进行审查核实，符合法定资格或者条件的，就准予从事某种特定活动。行政许可对行政机关来说不是一种可以随意处置的权利，而是一种责任。行政机关有责任为许可申请人实现其权利提供相关服务。对"特定活动"的范围，《行政许可法》第 12 条作了明确规定，对"特定活动"以外的事项，立法机关和行政机关不得随意设禁。

二、行政许可的原则

（一）许可法定原则

许可法定原则是指设定和实施行政许可，应当依照法定的权限、范围、条件和程序。该原则主要有两方面的要求：

1. 依法设定行政许可。具体体现为：①应当严格按照法定的权限设定；②应当严格按照法定的范围设定；③应当按照法定条件设定；④应当按照法定程序设定。设定主体违反法定程序许可的，将被有权机关依据法律、法规撤销。

2. 依法实施行政许可。具体体现为：①法定主体依法定权限实施。行政许可由具有行政许可权的主体在其法定职权范围内实施。在我国，哪些机关或组织可以作为行政许可的主体，各个主体的权限范围有多大，一般都有单行法律、法规规定。因此，实施行政许可应当严格依照这些法律、法规规定的权限范围，不得越权、不得滥用权力。②依法定条件实施。行政许可的本质是对公民、法人和其他组织是否符合法定权利资格或具备取得权利的条件进行审查核实。③依法定程序实施。从行政许可的申请、受理、审查、决定，到行政许可的期限、变更、延续，《行政许可法》都作出了较详细的规定，其他法律、法规、规章针对某一领域行政许可也规定有程序，所有这些程序性规定，都是实施行政许可必须遵循的法律规范。行政许可还应当依照法律、法规或规章规定的方式实施。

（二）公开、公平、公正原则

1. 设定行政许可遵循公开原则的基本要求：①设定行政许可的过程应当是开放的，从行政许可设定的必要性、可行性，到可能产生效果的评估，都要广泛听取意见；②凡是行政许可的规定都必须公布，未经公布的，不得作为实施行政许可的依据。

2. 实施行政许可遵循公开原则的基本要求：①行政许可实施的主体要公开；②行政许可实施的条件应该是规范的、明确的、公开的；③行政许可实施的程序，包括申请、受理、审查、听证等程序都应当是具体、明确和公开的；④行政许可的实施期限是公开的；⑤行政机关作出的行政许可的决定，除涉及国家秘密、商业秘密或者个人隐私的外，应当公开，公众有权查阅。

设定和实施行政许可都应当公平、公正。依据公平、公正原则要求，行政机关在履行职责、行使权力时，不仅在实体和程序上都要合法，而且还要合乎常理。设定和实施行政许可应平等地对待所有个人和组织，禁止搞身份上的不平等。具体表现为：①在设定行政许可时，不能对不同个人和组织规定不同的条件。②在实施行政许可时，不能对符合法定条件或者标准的个人和组织实行不同待遇，要真正做到人人平等。

（三）便民、高效率原则

《行政许可法》第6条规定，实施行政许可，应当遵循便民的原则，提高办事效率，提供优质服务。根据便民原则，行政机关实施行政许可，应当做到：

1. 尽量为公民、法人和其他组织申请行政许可提供方便。如可以为申请人提供符合法定要求的申请书格式文本；除依法应当由申请人到办公场所提出申请的行政许可外，应当允许并鼓励申请人员通过信函、传真、电子数据交换等方式提出申请。

2. 应当将行政许可的事项、依据、条件、数量、程序、期限及需要提交的全部材料的目录等在办公场所公示，应当创造条件在网站上公布行政许可事项。

3. 行政许可需要行政机关内设的多个机构办理的，该行政机关应当确定一个机构统一受理行政许可申请，统一送达行政许可决定。行政许可依法由地方人民政府两个以上部门分别实施的，本级人民政府可以确定一个部门受理行政许可申请并转告有关部门分别提出意见后统一办理，或者组织有关部门联合办理、集中办理。

4. 对符合法定形式、材料齐全的申请，应当尽量当场受理，不得拖延。

5. 应当严格在法定期限内作出行政许可决定或者办完有关事项。

本节引例中，国土资源管理部门，多次要求该企业提交新的用地申请材料，而不是一次告知申请人需要补正的全部内容，该行为直接违反了《行政许可法》第32条规定。行政机关实施行政许可，应当遵循便民的原则，提高办事效率，提供优质服务。

（四）权益保障原则

《行政许可法》第7条规定："公民、法人和其他组织对行政机关实施行政许可，享有陈述权、申辩权；有权依法申请行政复议或者提起行政诉讼；其合法权益因行政机关违法实施行政许可受到损害的，有权依法要求赔偿。"根据该规定，实施行政许可应当做到：

1. 在实施行政许可的各个环节，公民、法人和其他组织都享有陈述权、申辩权。

2. 对依法需要听证的事项，行政许可的实施主体必须依法告知申请人和其他利害关系人享有听证的权利，并依法举行听证。听证必须允许申请人和其他利害关系人申辩和质证。

3. 公民、法人和其他组织对行政许可不服，有权申请行政复议或者提起行政诉讼，行政机关应当积极参加行政复议或者行政诉讼。

4. 因行政许可实施主体违法实施行政许可而造成公民、法人和其他组织损害的，其应当依法承担赔偿责任。

（五）信赖保护原则

信赖保护原则的基础是公众对自己国家及国家权力的信任，如果这种信任没有得到很好的保护，甚至受到损害，公众个人权利、公共利益乃至整个经济和社会发展都将处于不稳定、不连续的状态之中。

信赖保护原则的基本内涵是：原则上，公民、法人和其他组织依法取得的行政许可受法律保护，行政机关不得擅自改变已经生效的行政许可，除非行政许可所依据的法律、法规、规章修改或者废止，或者准予行政许可所依据的客观情况发生重大变化，为了公共利益的需要，确需依法变更或者撤回已经生效的行政许可。但是，由此给公民、法人和其他组织造成财产损失的，行政机关应当依法给予补偿。

（六）监督检查原则

监督检查原则是指有权机关应当依法加强对行政机关实施行政许可的监督检查和对公民、法人和其他组织从事行政许可事项的活动实施有效监督。根据《行政许可法》的规定，行政许可的监督包括以下两个方面：

1. 行政机关内部的监督，主要表现为一种层级监督权。行政许可作为一项重要的行政权，县级以上人民政府应当建立健全对行政机关实施行政许可的监督制度，加强对行政机关实施行政许可的监督检查。

2. 行政机关对相对人的监督。即实施行政许可的机关对公民、法人和其他组织从事行政许可事项的活动进行有效监督，是行政许可权的重要组成部分。行政许可法确定了"谁许可、谁监督"的原则，设专章规定了行政机关对公民、法人和其他组织从事行政许可事项的活动进行监督的制度。因监督不力导致危险发生的，实施行政许可的机关应当负法律责任。

三、行政许可的种类

（一）学理上分类

1. 行为许可和资格许可。以行政许可的目的和形式为标准，行政许可可以分为行为许可和资格许可。行为许可是指符合条件的申请人从事某项活动的许可，如经营某种商品许可。资格许可是指行政机关对申请人的申请，经过一定的考核程序，发给证明文书，使其享有某种资格或者承认其具有某种能力的许可。

2. 一般许可和特别许可。以行政许可的范围为标准，行政许可可以分为一般许可和特别许可。一般许可是指只要符合法律、法规规定的一般条件，就可以向主管部门提出申请，对申请人并无特殊限制的许可。特别许可是指法律、法规对申请人或者申请事项予以特别限制的许可。

3. 权利性许可和附义务的许可。以行政许可是否附加义务为标准，行政许可可以分为权利性的许可和附义务的许可。权利性的许可是指被许可人不承担一定要作为的义务，可以自由放弃被许可的权利。附义务的许可是指被许可人获得许可的同时，要承担作为的义务，被许可人必须在一定时期内从事该项活动的许可。

4. 排他性许可和非排他性许可。以行政许可享有的程度为标准，行政许可可以分为排他性许可和非排他性许可。排他性许可是指某一被许可人获得该项许可后，其他个人或者组织都不能再申请获得该许可。非排他性许可是指任何个人或者组织只要具备法定条件，都能申请并获得许可。

5. 独立证书许可和附文件许可。以行政许可能否单独使用为标准，行政许可可以分为独立证书许可和附文件许可。独立证书许可是指单独的行政许可证便足以表明持证人被许可的活动范围、方式、时间等，无须其他文件加以补充说明的行政许可。附文件许可是指特殊条件的限制，必须附加文件予以说明被许可的活动范围、方式、时间等，否则无法使用的行政许可。[1]

（二）《行政许可法》的分类

1. 普通许可。这是指行政机关准予符合法定条件的公民、法人和其他组织从事特定活动的行为，是实践中运用最广泛的行政许可。

2. 特许。这是行政机关代表国家依法向行政相对人出让、转让某种特定权利，是赋权的行政许可，主要适用于自然资源的开发利用、有限公共资源的配置、直接关系公共利益的垄断性企业的市场准入等。

3. 认可。这是指由行政机关对申请人是否具备特定技能的认定，主要适用于为公众提供服务、直接关系公共利益并且要求具有特殊信用、特殊条件或者特殊技能的资格、资质。

4. 核准。这是指由行政机关对某些事项是否达到特定技术标准、技术规范的判断、审核、认定。

5. 登记。这是指行政机关确立企业或者其他组织特定主体资格、特定身份，使其获得合法从事涉及公众关系的经济、社会活动的能力的许可。

第二节　行政许可的设定

《行政许可法》根据行政许可的原则，确立了一系列重要制度，从行政许可的设定和实施两个环节对行政许可进行了全面规范。

一、行政许可的设定范围

所谓行政许可的设定范围，就是根据设定行政许可应当遵循的价值取向，确定在立法上什么事项可以设定行政许可，什么事项不能设定行政许可。

（一）可以设定行政许可的事项范围

根据《行政许可法》第 12 条的规定，可以设定行政许可的事项主要包括：

1. 直接涉及国家安全、公共安全、经济宏观调控、生态环境保护以及直接关系人身健康、生命财产安全等特定活动，需要按照法定条件予以批准的事项。

---

[1]　方世荣、石佑启主编：《行政法与行政诉讼法》，北京大学出版社 2005 年版，第 214 页。

2. 有限自然资源开发利用、公共资源配置以及直接关系公共利益的特定行业的市场准入等，需要赋予特定权利的事项。

3. 提供公众服务并且直接关系公共利益的职业、行业，需要确定具有特殊信誉、特殊条件或者特殊技能等资格、资质的事项。

4. 直接关系公共安全、人身健康、生命财产安全的重要设备、设施、产品、物品，需要按照技术标准、技术规范，通过检验、检测、检疫等方式进行审定的事项。

5. 企业或者其他组织的设立等，需要确定主体资格的事项。如工商企业登记、社团登记等。

6. 法律、行政法规规定可以设定行政许可的其他事项。也就是说，法律、行政法规可以对上述五类事项以外的其他事项设定行政许可。

（二）可以不设定行政许可的事项范围

由于《行政许可法》第 12 条规定的可以设定行政许可的事项范围比较宽泛，也比较原则，从这些事项的性质、特点来看都是属于可以设定行政许可的，但是就具体的领域来看，有的可以不设定行政许可，而可以通过采取其他方式解决，所以《行政许可法》第 13 条规定，本法第 12 条所列事项，通过下列方式能够予以规范的，可以不设行政许可：

1. 公民、法人和其他组织能够自主决定的事项。从法理上讲，凡是法律不禁止的，就是公民、法人和其他组织的权利。只要是作为社会成员的公民、法人和其他组织能够自主决定的事情，都应该留给他们自己去做主，不仅政府不要去干预，自治组织也不要去干预。这应当成为现代政治文明的一个标准。

2. 市场竞争机制能够有效调节的事项。市场是一切商品的交换场所，是商品交换关系或者供求关系的总和。在社会主义市场经济体制下，应当充分发挥市场在资源配置中的基础性作用，凡是市场竞争机制能够解决的问题，政府就不要用行政许可的方式去管理。

3. 行业组织或者中介机构能够自行管理的事项。行业组织或者中介机构是联系市场主体和政府的桥梁，它具有自律性、服务性、公正性、能充分反映市场主体利益和要求等特点。因此，自律管理往往成本比较低、效率比较高。随着社会主义市场经济体制的完善，现行的许多资质资格的许可、产品质量的许可等，将退出行政许可的范围，由行业组织或者中介机构的自律管理来替代。

4. 行政机关采用事后监督等其他行政管理方式能够解决的事项。行政管理方式多种多样，除行政许可这种事前监督方式外，还有备案、制定标准、处罚等方式。相比而言，行政许可作为一种事前监督管理的方式，其主观性强，运作的成本高、风险也大。事后监督方式比行政许可方式的成本要低。因此，凡是能够采用事后监督方式解决的事项，尽量不设定行政许可。

二、行政许可的设定权

行政许可的设定权，是指哪一级国家机关有权设定行政许可、以何种形式设定行政许可、设定行政许可有哪些限制以及设定行政许可需要遵循哪些规则。它属于立法行为的范畴。《行政许可法》对此从三个方面作了规定：

（一）行政许可的设定主体

行政许可的设定主体，就是有权设定行政许可的国家机关。根据《行政许可法》的规定，全国人大及其常委会；国务院；省、自治区、直辖市人大及其常委会；省、自治区、直辖市人民政府，依照《行政许可法》规定的权限可以设定行政许可。其他国家机关，包括国务院部门，一律无权设定行政许可。

（二）行政许可的设定形式

行政许可的设定形式，就是什么样的规范性文件才能设定行政许可。根据《行政许可法》的规定，法律；行政法规；国务院的决定；地方性法规；省、自治区、直辖市人民政府规章，在法定权限范围内可以设定行政许可；其他规范性文件，包括国务院部门规章，一律不得设定行政许可。

（三）行政许可设定权限

《行政许可法》对设定行政许可的权限作出以下的规定：

1. 法律的行政许可设定权。凡《行政许可法》规定可以设定行政许可的事项，法律都可以设定行政许可。

2. 行政法规的行政许可设定权。对可以设定行政许可的事项，尚未制定法律的，行政法规可以设定行政许可。但是，法律已经设定行政许可的，行政法规不得超越法律的规定，而只能作具体化的规定。

3. 国务院决定的行政许可设定权。国务院决定是指国务院制定的管理经济、文化、社会事务的行政法规以外的规范性文件。国务院发布决定的权力来源于《宪法》第89条的规定。《行政许可法》第14条第2款规定："在必要时，国务院可以采用发布决定的方式设定行政许可。实施后，除临时性行政许可事项外，国务院应当及时提请全国人民代表大会及其常委会制定法律，或者自行制定行政法规。"

4. 地方性法规、省级政府规章的行政许可设定权。尚未制定法律、行政法规的，地方性法规可以设定行政许可；尚未制定法律、行政法规和地方性法规的，因行政管理的需要，确需立即实施行政许可的，省、自治区、直辖市人民政府规章可以设定临时性的行政许可。临时性的行政许可实施满一年需要继续实施的，应当提请本级人民代表大会及其常务委员会制定地方性法规。

为了维护市场经济秩序，促进全国统一市场的形成，维护市场的公平竞争，

针对有些地方利用行政许可实施地方封锁、地方保护的现象，《行政许可法》第
15 条第 2 款还规定："地方性法规和省、自治区、直辖市人民政府规章，不得设
定应当由国家统一确定的公民、法人或者其他组织的资格、资质的行政许可；
不得设定企业或者其他组织的设立登记及其前置性行政许可。其设定的行政许
可，不得限制其他地区的个人或者企业到本地区从事生产经营和提供服务，不
得限制其他地区的商品进入本地区市场。"

三、设定行政许可应当遵循的规则

1. 设定行政许可，应当明确规定行政许可的实施机关、条件、程序、期限。
按照依法行政和规范行政许可实施行为的要求，设定行政许可的法律规范都应
当具体、明确，以便于遵守和执行，真正解决实际问题。

2. 设定行政许可应当听取意见、说明理由。为保证设定行政许可的合理性，
防止有关行政许可立法的部门保护主义、地方保护主义倾向，提高行政许可的
制度质量，确保行政许可法律制度真正做到便民、为民，除了要从立法权、立
法事项上规范行政许可的设定行为，对设定行政许可的程序也应当提出要求。
《行政许可法》第 19 条规定："起草法律草案、法规草案和省、自治区、直辖市
人民政府规章草案，拟设定行政许可的，起草单位应当采取听证会、论证会等
形式听取意见，并向制定机关说明设定该行政许可的必要性、对经济和社会可
能产生的影响以及听取和采纳意见的情况。"

3. 设定行政许可评价制度。行政许可的设定机关应当定期对其设定的行政
许可进行评价，对于随着形势的发展不再需要实施行政许可的，应当对设定该
行政许可的规定及时予以修改或者废止。设定行政许可的必要性、范围大小、
实施手段应当随着经济社会环境的变化而变更。行政许可事项存在的合理性，
不是一个静止的事物，对其认识、评价也应与时俱进，随着经济社会环境的变
迁不断有所调整。

第三节　行政许可的实施

本节引例

国土局未经预审颁发土地证被依法撤销[1]

日照某电子科技有限公司于 2006 年 4 月 30 日与日照市高科技工业园管理委

---

[1]　案例来源：载中国法院网，http：//www. chinacourt. org/article/detai/2011/08/id/451142. shtml，
有删改。

员会签订协议，由后者将其管理的工业园内 61 860 平方米土地划给了电子公司使用。随后，市国土局于 2007 年 1 月 5 日向电子科技公司颁发国有土地使用权证，将相关土地使用权出让给电子公司，地类（用途）为工业，终止日期为 2056 年 12 月 19 日。国土局在为电子科技公司审批颁发该土地使用证的过程中，未按相关规定对电子科技公司的建设项目用地进行预审。2010 年 6 月 12 日，山东某能源有限公司对上述国有土地使用权证提出异议。该公司以市国土局向电子公司出让的土地使用权项下的土地系能源公司项目的二期用地，且国土局向电子科技公司颁发土地使用证的行政行为违法为由，向日照市中级人民法院提起行政诉讼。试分析：国土局向电子科技公司颁发国有土地使用权证的行为在程序上是否构成违法？

理论知识

行政许可的实施，是指国家行政机关和有关组织依法为公民、法人和其他组织具体办理行政许可的行为。这是重要的行政执法行为。《行政许可法》对实施行政许可的主体、程序以及费用等作了明确规定。

一、行政许可的实施主体

行政许可的实施主体是针对行政许可的设定主体而言的，其包括以下三种情况：①享有行政许可权的行政机关；②法律、法规授权的组织；③依照法律、法规或者规章的规定，接受其他行政机关的委托而实施行政许可的行政机关。

（一）法定的行政机关

行政许可作为一项重要的行政权力，原则上只能由行政机关实施。因此，《行政许可法》规定，行政许可由具有行政许可权的行政机关在其法定职权范围内实施。这既是对行政机关实施行政许可的基本要求，也是对行政许可实施主体的一般规定。

（二）被授权的具有管理公共事务职能的组织

《行政许可法》第 23 条规定，法律、法规授权的组织成为行政许可实施主体必须具备以下条件：

1. 从授权的方式上来看，授权必须以法律、法规的方式进行，这里的法规包括行政法规和地方性法规。这就意味着授权必须是公开的、规范的，以法律、行政法规或者地方性法规以外的方式授权其他组织行使行政许可权是无效的。

2. 被授权实施行政许可的主体应当是具有管理公共事务职能的组织。

3. 被授权的组织在授权范围内以自己的名义实施行政许可。

《行政许可法》第 28 条规定："对直接关系公共安全、人身健康、生命财产安全的设备、设施、产品、物品的检验、检测、检疫，除法律、行政法规规定由行政机关实施的外，应当逐步由符合法定条件的专业技术组织实施。专业技术组织及其有关人员对所实施的检验、检测、检疫结论承担法律责任。"

（三）被委托组织

行政许可权作为一种公权力，其具有不可随意转让性和处置性，确因实际工作需要而将部分行政许可实施权委托其他行政机关行使也要遵循严格的规则。《行政许可法》第24条规定，委托实施行政许可必须具备以下条件：

1. 委托主体只能在其法定职权范围内委托实施行政许可。

2. 委托实施行政许可的依据必须是法律、法规和规章，非依法律、法规、规章的规定，行政机关无权委托其他行政机关实施行政许可。

3. 委托行政机关必须对受委托行政机关实施行政许可的行为负责监督，并对该行为的后果承担法律责任。

4. 受委托行政机关必须在委托范围内，以委托行政机关名义实施行政许可，并且不得再委托其他组织或者个人实施行政许可。

5. 委托行政机关应当将受委托行政机关和受委托实施行政许可的内容予以公告。

（四）相对集中实施行政许可权

为了方便群众，提高行政效率，根据行政管理体制改革的精神，《行政许可法》对行政许可的实施体制还作了以下三个方面的规定：

1. 相对集中行政许可权。经国务院批准，省、自治区、直辖市人民政府根据精简、统一、效能的原则，可以决定一个行政机关行使有关行政机关的行政许可权。相对集中行政许可权的优点在于：①原来由多个部门行使的许可权统一由一个部门行使，有助于从源头上彻底消除多头许可的弊端。②由一个部门统一实施行政许可，可以避免多部门分别许可可能产生的各种矛盾，提高许可效率，降低许可成本。③促进行政许可事项本身的整合、归并，加快市场准入。

2. "一个窗口"对外。行政许可需要行政机关内设的多个机构办理的，该行政机关应当确定一个机构统一受理行政许可申请，统一送达行政许可决定。

3. 统一办理、联合办理或者集中办理。行政许可依法由地方人民政府两个以上部门分别实施的，有三种可供选择的方案：①本级人民政府可以确定一个部门受理行政许可申请，并转告有关部门分别提出意见后统一办理。②本级人民政府可以组织有关部门联合办理。③本级人民政府可以组织有关部门集中办理。

二、行政许可的实施程序

行政许可的实施程序指行政许可的实施机关从受理行政许可申请到作出各种行政许可决定的步骤、方式和时限的总称。行政许可的实施程序是规范行政许可行为、防止滥用权力、保证正确行使权力的重要环节。《行政许可法》设专章对行政许可的实施程序予以规范。针对不同行政许可事项的不同特点，《行政许可法》既规定了实施行政许可时从申请、受理到作出行政许可决定的一般程序，又针对若干种行政许可规定了特别的程序。

（一）一般程序

1. 申请与受理。申请与受理是行政许可实施程序的启动阶段。申请人表达其拟从事需要取得行政许可事项的活动，可以有多种方式。申请人可以委托代理人提出行政许可申请，但是，依法应当由申请人到行政机关办公场所提出行政许可申请的除外。行政许可申请还可以通过信函、电报、电传、传真、电子数据交换和电子邮件等方式提出。从便民的原则出发，如果申请行政许可需要采用格式文本的，行政机关应当向申请人提供申请书格式文本。行政机关制定的申请书格式文本，其内容应当简单明了，通俗易懂。还应当指导申请人填写申请书格式文本，行政机关可以示范如何填写有关申请书，也可以公开填写好的行政许可申请书示范文本。为了便于申请人提出行政许可申请，提高行政机关工作效率，同时，也为了解决因有关行政许可规定不够公开、透明而带来的行政机关实施许可"暗箱操作"的问题，《行政许可法》明确要求行政机关公示有关实施行政许可的规定，并向申请人提供准确、可靠的答复。申请人申请行政许可，应当如实向行政机关提交有关材料和反映真实情况，并对其申请材料实质内容的真实性负责。

上下级行政机关对同一事项实施行政许可的，申请人只需要将申请材料递交给下级行政机关，由下级行政机关在法定期限内将初步审查意见和全部申请材料直接报送上级行政机关。多层级行政机关实施行政许可的，上级行政机关不得重复要求申请人报送有关材料。如果上级行政机关要求申请人报送的材料与下级行政机关审查的材料并不重复的，上级行政机关可以要求申请人提供，但前提是，该材料应当是与申请行政许可事项有关的并且是依法必须由申请人提供的。

行政机关收到行政相对人的行政许可申请后，要确定是否予以受理，应当根据下列情况分别作出处理：①申请事项依法不需要取得行政许可的，应当即时告知申请人不受理，并出具加盖本行政机关专用印章和注明日期的书面凭证。②申请事项依法不属于本行政机关职权范围的，应当即时作出不予受理的决定，并出具加盖本行政机关专用印章和注明日期的书面凭证。③申请材料存在可以当场更正的错误的，如文字错误、计算错误等，应当允许申请人当场更正。④申请材料不齐全或者不符合法定形式的，应当当场或者在 5 日内一次告知申请人需要补正的全部内容，逾期不告知的，自收到申请材料之日起即为受理。

⑤申请事项属于本行政机关职权范围，申请材料齐全、符合法定形式，或者申请人按照本行政机关的要求提交全部补正申请材料的，应当受理行政许可申请。并出具加盖本行政机关专用印章和注明日期的书面凭证。

2. 审查与决定。行政机关受理行政许可申请后，应当对申请人提交的申请材料进行审查。审查的方式主要有：①书面审查。行政机关审查行政许可申请材料最主要的方式是书面审查，即只审查申请人申请材料反映的内容。②实地核查。根据法定条件和程序，需要对申请材料的实质内容进行核实的，行政机关应当指派 2 名以上工作人员进行核查。核实申请材料反映的内容是否与实际一致。③听取申请人、利害关系人的意见。行政机关在对行政许可申请进行审查后，发现行政许可事项直接关系申请人以外的第三人重大利益以及重大公共利益的，如有关规划许可、建筑许可等，可能关系相邻权人的采光权的，行政机关在作出准予行政许可的决定前，应当告知利害关系人并听取其意见。在有数量限制的行政许可中，多人同时提出行政许可申请的，行政机关拟对其中一部分申请人作出准予行政许可的决定前，应当告知其他申请人，并听取其意见。

行政机关对行政许可申请进行审查后，除当场作出行政许可决定的外，应当在法定期限内按照规定程序作出行政许可决定。申请人的申请符合法定条件、标准的，行政机关应当依法作出准予行政许可的书面决定。行政机关依法作出不予行政许可的书面决定的，应当说明理由，并告知申请人享有依法申请行政复议或者提起行政诉讼的权利。

行政机关作出准予行政许可的决定，需要颁发行政许可证件的，应当向申请人颁发加盖本行政机关印章的行政许可证件。

行政机关作出的准予行政许可决定，应当予以公开，公众有权查阅。

法律、行政法规设定的行政许可，其适用范围没有地域限制的，申请人取得的行政许可在全国范围内有效。

（二）行政许可的听证程序

在行政许可实施程序中设立听证程序，有助于提高行政许可决定的公正性、公开性和可接受性。

1. 适用听证程序的行政许可事项。①行政机关应当主动举行听证的事项。根据《行政许可法》第 46 条的规定，行政机关应当主动举行听证的事项限于两类：一是法律、法规、规章规定实施行政许可应当听证的事项；二是行政机关认为需要听证的事项。法律、法规、规章没有规定实施行政许可应当听证的，行政机关就没有主动听证的义务。行政机关主动听证的事项，一般是涉及公共利益的重大事项，目的是为了便于行政机关掌握有关信息，维护社会公共利益。因此，参加听证的人员不仅应当包括申请人，还应当包括与行政许可事项有关的其他社会公众。为便于社会公众参加听证，行政机关对听证事项应当予以公告。②行政机关应申请举行听证的行政许可事项。《行政许可法》第47条规定，行政许可直接涉及申请人与他人之间重大利益关系的，行政机关在作出行政许可决定前，应当告知申请人、利害关系人享有要求听证的权利；申请人、利害关系人在被告知听证权利之日起5日内提出听证申请的，行政机关应当在20日内组织听证。

2. 听证的程序。听证按照下列程序进行：①行政机关应当于举行听证的7日前将举行听证的时间、地点通知申请人、利害关系人，必要时予以公告；②除涉及国家秘密、商业秘密或者个人隐私外，听证应当公开举行，听证过程对社会公众开放，允许公众和新闻界参加旁听；③由行政机关指定审查该行政许可申请的工作人员以外的人员为听证主持人，申请人、利害关系人认为主持人与该行政许可事项有直接利害关系的，有权申请回避；④举行听证时，审查该行政许可申请的工作人员应当提供审查意见的证据、理由，申请人、利害关系人可以提出证据，并进行申辩和质证；⑤制作笔录。听证笔录应当交听证参加人确认无误后签字或者盖章。

《行政许可法》第48条第2款规定，行政机关应当根据听证笔录，作出行政许可决定。也就是说，对应当听证的行政许可，行政机关作出准予行政许可、拒绝行政许可的决定，都必须以听证中所展示并经过对质得以认证的、确有证明力的证据作为事实依据，而这些事实依据又都必须是听证记录中有所记载的。

（三）行政许可实施程序的特别规定

"特别规定"是关于行政许可实施程序的"特别法"，是对行政许可实施一般程序的补充。行政机关实施行政许可时，如果有特别程序的，适用特别程序；没有特别程序的，适用一般程序。《行政许可法》第四章第六节对此作出了专门规定。行政许可实施程序的特别规定主要有：

1. 国务院实施行政许可的程序。由于国务院实施的行政许可通常都涉及重大、复杂的事项，不可能按照行政许可法的一般程序进行，对国务院实施行政许可的程序，法律、行政法规往往有特殊规定。《行政许可法》第52条规定："国务院实施行政许可的程序，适用有关法律、行政法规的规定。"此规定充分考虑了国务院实施行政许可的特殊性。应当注意的是，《行政许可法》第52条只是对国务院实施行政许可的程序作了特别规定。国务院设定行政许可的程序，仍然适用行政许可法的规定。

2. 特许程序。实施涉及有限自然资源开发利用、公共资源配置以及直接关系公共利益的特定行业的市场准入等需要赋予特定权利的事项的许可，应遵循特别程序。原则上，行政机关应当通过招标、拍卖等公平竞争的方式作出决定。

但是，法律、行政法规另有规定的，依照其规定。行政机关通过招标、拍卖等方式作出行政许可决定的具体程序，依照有关法律、行政法规的规定。行政机关按照招标、拍卖程序确定中标人、买受人后，应当作出准予行政许可的决定，并依法向中标人、买受人颁发行政许可证件。对于特许事项，行政机关如果不采用招标、拍卖方式，或者违反招标、拍卖程序，损害申请人合法权益的，申请人可以依法申请行政复议或者提起行政诉讼。

本节引例中，根据《中华人民共和国土地管理法》、《中华人民共和国土地管理法实施条例》、2004 年发布的国土资源部令第 27 号《建设项目用地预审管理办法》等文件的规定，国土资源部门在为相关企业办理农用地转为建设用地时，应当进行相应审批，而对建设项目涉及的土地利用事项进行预审是必经程序，不经预审不得办理供地手续。本案中的国土局在为电子公司供地并办理涉案土地使用权证时，没有按照相关规定进行预审，构成程序违法。

3. 认可程序。实施涉及提供公众服务并且直接关系公共利益的职业、行业，需要确定具备特殊信誉、特殊条件或者特殊技能等资格、资质等事项的行政许可，应遵循特别程序。赋予公民特定资格、依法应当举行国家考试的，行政机关应当根据考试成绩和其他法定条件作出行政许可决定；赋予法人或者其他组织特定的资格、资质的，行政机关应当根据申请人的专业人员构成、技术条件、经营业绩和管理水平等的考核结果作出行政许可决定。但是，法律、行政法规另有规定的，依照其规定。

4. 核准程序。实施直接关系公共安全、人身健康、生命财产安全的重要设备、设施、产品、物品，需要按照技术标准、技术规范，通过检验、检测、检疫等方式进行审定的行政许可，应当遵循特别程序。对此类许可，应当按照技术标准、技术规范依法进行检验、检测、检疫，行政机关应当根据检验、检测、检疫的结果作出行政许可决定。

5. 登记程序。实施对企业或者其他组织的设立等需要确定主体资格的事项，主要是企业注册和社团登记的许可，应当遵循特别程序。对此类许可，在通常情况下，行政机关只对申请人提供的材料进行形式审查，只要申请材料齐全、符合法定形式，行政机关就应当场予以登记，行政机关对是否予以行政许可没有自由裁量权。相对于其他行政许可，这类行政许可是行政管理色彩最弱的一类，行政机关对于行政许可承担的责任也最轻。

（四）实施行政许可期限

1. 行政机关作出行政许可决定的一般期限。除可以当场作出行政许可决定的外，行政机关应当自受理行政许可申请之日起 20 日内作出行政许可决定。20 日内不能作出决定的，经本行政机关负责人批准，可以延长 10 日，并应当将延长期限的理由告知申请人。但是，法律、法规另有规定的，依照其规定；行政许可采取统一办理或者联合办理、集中办理的，办理的时间不得超过45日；45日内不能办结的，经本级人民政府负责人批准，可以延长15日，并应当将延长期限的理由告知申请人。

2. 多层级行政机关实施行政许可时下级行政机关审查期限。依法应当先经下级行政机关审查后报上级行政机关决定的行政许可，下级行政机关应当自其受理行政许可申请之日起20日内审查完毕。但是，法律、法规另有规定的，依照其规定。

3. 颁发、送达行政许可证件的期限。行政机关作出准予行政许可的决定，应当自作出决定之日起10日内向申请人颁发、送达行政许可证件，或者加贴标签，加盖检验、检测、检疫印章。

行政机关作出行政许可决定，依法需要听证、招标、拍卖、检验、检测、检疫、鉴定和专家评审的，所需时间不计算在规定的期限内。

（五）行政许可的费用

《行政许可法》规定，行政机关实施行政许可和对行政许可事项进行监督检查，不得收取任何费用，除非法律、行政法规另有规定。

第四节　行政许可的监督检查与法律责任

本节引例

富润家园业主诉北京市规划委行政许可案

2003年8月，富润家园业主们得知，原规划作为小区配套工程的幼儿园竟被开发商"合法"出卖，即将成为一座洗浴中心。为此，富润家园的149名业主集体起诉北京市规划委。北京市规划委认为，此规划许可是应富润公司变更规划申请而作出的，考虑到原规划许可证中核准的幼儿园作为公共服务配套设施不能满足建设指标的最小规模要求，在征求教育主管部门同意后，准许变更规划。试分析：北京市规划委作出准许变更的许可是否合法？

理论知识

一、行政许可的监督检查

（一）行政许可的监督检查的概念

行政许可制度的真正实施有赖于对行政许可实施机关和被许可人从事许可

事项的有效监督。行政许可监督检查，泛指有权行政机关对依法实施的行政许可的事项进行了解、检查、监督及纠正的活动。[1] 行使监督检查权的机关，既可以是颁发行政许可证的行政主体，也可以是非颁发许可证但依法享有监督权的行政主体。行政许可的监督检查是行政许可权的自然延伸。

（二）行政许可监督检查的种类

根据《行政许可法》第60条和第61条的规定，行政许可的监督检查主要包括有权机关对行政许可机关的许可行为的监督检查和对被许可人实施行政许可行为的监督检查。

1. 有权机关对行政许可机关的许可行为监督检查，属于行政机关内部的层级监督。国务院及其部门、县级以上地方各级人民政府及其部门都要建立监督制度，加强对下级行政机关及其工作人员行使行政许可权的情况进行监督检查；要完善许可权的运行程序，强化监督，制定监督规范，形成跟踪、有效的监督机制，从制度上严格防止行政许可权的滥用和在行政许可方面的腐败。

2. 对被许可人实施行政许可行为的监督检查，主要是指行政机关依照法定职权，对被许可人从事行政许可事项的活动是否遵守法律、法规、规章以及行政命令等情况的了解、检查、监督以及纠正的活动。对被许可人实施行政许可行为的监督检查主体主要是行政许可机关。

（三）行政许可监督检查的具体方式

1. 书面审查。行政机关对被许可人的监督，原则上应当采取书面监督的方式，即通过核查反映被许可人从事行政许可事项活动情况的有关材料，履行监督责任。这样既可以保证监督的效果，又可以防止监督扰民、增加企业负担。行政机关应当将监督检查情况和处理结果的记录签字归档，供公众查阅。这对增强行政机关工作人员的责任心、促进被许可人诚实守信具有重要作用。同时，行政机关应当创造条件，实现与被许可人、其他有关行政机关的计算机档案系统互联，核查被许可人从事行政许可事项活动情况。

2. 抽样检查、检验、检测和实地检查、定期检验。行政机关可以对被许可人生产经营的产品依法进行抽样检查、检验、检测，对其生产经营场所依法进行实地检查。检查时，行政机关可以依法查阅或者要求被许可人报送有关材料；被许可人应当如实提供有关情况和材料。

3. 社会公众监督。在实践中，行政机关受到人力、物力、财力等条件的制约，不可能采取"人盯人"的方式对所有的被许可事项实施普遍监督，也不可能随时监督。而与被许可人打交道的其他公民、法人和其他组织则能随时发现

---

[1] 王文革主编：《行政法与行政诉讼法案例教程》，法律出版社2005年版，第119页。

被许可事项违法活动的信息。只有通过发动全社会的力量，调动广大人民群众的积极性，才能对被许可事项实施更有效的监督，及时发现违法行为并作出相应的处理。同时，大多数许可都涉及不特定多数人的利益，个人和组织从维护自身合法权益出发，也有监督的内在动力。因此，个人和组织发现违法从事行政许可事项的活动，有权向行政机关举报，行政机关应当及时核实、处理。

（四）行政许可的撤销与注销

1. 行政许可的撤销。根据《行政许可法》第 69 条的规定，作出行政许可决定的行政机关或者其上级行政机关，根据利害关系人的请求或者依据职权，在查明有下列情况之一的，可以撤销行政许可：①行政机关工作人员滥用职权、玩忽职守作出准予行政许可决定的；②超越法定职权作出准予行政许可决定的；③违反法定程序作出准予行政许可决定的；④对不具备申请资格或者不符合法定条件的申请人准予行政许可的；⑤依法可以撤销行政许可的其他情形。

出现上述情形之一而被撤销的行政许可，导致被许可人的合法权益受到损害的，行政机关应当依法给予赔偿，赔偿以被许可人因此受到的实际损害为限。

被许可人以欺骗、贿赂等不正当手段取得行政许可的，应当予以撤销。被许可人基于行政许可取得的利益不受保护。因撤销而致被许可人利益损害的，行政机关不予赔偿。

在某种情况下，虽然发生行政机关可以撤销许可的情形或者行政机关应当撤销许可的情形，但是，撤销该许可可能对公共利益造成重大损害的，行政机关应不予撤销。

本节引例中，北京市规委未能在法定期限内提供符合审批程序的相关立案、审核的证据，应当视为违反法定程序，根据《行政许可法》第 69 条的规定，理应予以撤销。2004 年 7 月 10 日，海淀区人民法院一审宣判撤销被告北京市规划委员会向第三人北京富润房地产开发有限公司核发的建设工程规划许可证。

2. 行政许可的注销。基于特定事实的出现，行政机关有权依据法定程序收回行政许可证件或者公告行政许可失去效力，注销行政许可。已经作出的行政许可决定自注销决定生效之日起失去效力，公民、法人和其他组织继续从事该项活动的行为构成违法。根据《行政许可法》第 70 条的规定，有下列情形之一的，行政机关应当依法办理有关行政许可的注销手续：①行政许可有效期届满未延续的；②赋予公民特定资格的行政许可，该公民死亡或者丧失行为能力的；③法人或者其他组织依法终止的；④行政许可依法被撤销、撤回，或者行政许可证依法被吊销的；⑤因不可抗力导致行政许可事项无法实施的；⑥法律、法规规定的应当注销行政许可的其他情形。

二、行政许可的法律责任

（一）行政机关及其工作人员的法律责任

1. 违法设定行政许可的法律责任。行政机关违法设定行政许可的，有关机关应当责令设定该行政许可的机关改正，或者依法予以撤销。

2. 违法实施行政许可的法律责任。对于行政机关违反法定程序实施行政许可；办理行政许可、实施监督检查，索取、收受他人财物或者谋取其他利益；违反法定条件实施行政许可，该许可的不许可，对不该许可的乱许可；违反规定乱收费等违法行为，由其上级行政机关或者监察机关责令改正，对直接负责的主管人员和其他直接责任人员依法给予行政处分；构成犯罪的，依法追究刑事责任。同时，行政机关违法实施行政许可，给当事人的合法权益造成损失的，还应当依法承担赔偿责任。

3. 实施许可后不履行监督职责的法律责任。行政机关不依法履行监督职责或者监督不力，造成严重后果的，由其上级行政机关或者监察机关责令改正，对直接负责的主管人员和其他直接责任人员依法给予行政处分；构成犯罪的，依法追究刑事责任。

（二）行政相对人的法律责任

1. 行政许可申请人隐瞒有关情况或者提供虚假材料申请行政许可的，行政机关不予受理或者不予行政许可，并给予警告；行政许可申请属于直接关系公共安全、人身健康、生命财产安全事项的，申请人在一年内不得再次申请该行政许可。

2. 被许可人以欺骗、贿赂等不正当手段取得行政许可的，行政机关应当依法给予行政处罚；取得的行政许可属于直接关系公共安全、人身健康、生命财产安全事项的，申请人在3年内不得再次申请该行政许可；构成犯罪的，依法追究刑事责任。

被许可人有下列行为之一的，行政机关应当依法给予行政处罚；构成犯罪的，依法追究刑事责任：①涂改、倒卖、出租、出借行政许可证件，或者以其他形式非法转让行政许可的；②超越行政许可范围进行活动的；③向负责监督检查的行政机关隐瞒有关情况、提供虚假材料或者拒绝提供反映其活动情况的真实材料的；④法律、法规、规章规定的其他违法行为。

3. 公民、法人和其他组织未经行政许可，擅自从事依法应当取得行政许可的活动的，行政机关应当依法采取措施予以制止，并依法给予行政处罚；构成犯罪的，依法追究刑事责任。

延伸阅读

国务院明确行政审批和许可改革时间表

《行政许可法》规定，在原则上，公民、法人或者其他组织能够自主决定的、市场竞争机制能够有效调节的、行业组织或者中介机构能够自律管理的以及行政机关采用事后监督等其他行政管理方式能够解决的事务，都可以不设行政许可。但在具体实践中，受限于管理本位的历史传统，各级政府依然设立了大量的行政许可和审批项目，不仅极大降低了公共服务的效率，也带来了大量权力寻租空间。2014年3月17日，新任国务院总理李克强在"总理记者会"上提出，"必须从改革行政审批制度入手来转变政府职能。现在国务院各部门行政事项还有1700多项，本届政府下决心要再削减1/3以上"。3月28日公布的《国务院办公厅关于实施〈国务院机构改革和职能转变方案〉任务分工的通知》中提出，2013年4月底前，国务院法制办会同中央编办提出并执行严格控制新设行政许可的具体措施；严格控制新设行政审批项目，防止边减边增，今后一般不新设许可；因特殊需要确需新设的，必须严格遵守行政许可法的规定，加强合法性、必要性和合理性审查论证。2013年6月底前，发展改革委还应会同工信部、交通部、水利部、农业部、商务部以及国土部、环保部等有关部门，发布新修订的政府核准投资项目目录，修改出台投资项目审批、核准、备案管理办法，列明取消审批的投资项目、下放地方审批的投资项目和国务院投资主管部门保留审批的涉及其他地区、需要全国统筹安排或需要总量控制的项目以及需要实行国家安全审查的外资项目。

同时，加强对投资活动的土地使用、能源消耗、污染排放等管理，发挥法律法规和发展规划、产业政策的约束和引导作用。对确需审批、核准、备案的项目，要简化程序、限时办结。2013年12月底前，中央编办应出台规范非许可审批项目设定和实施的具体办法。另外，中央编办还应会同国家发展和改革委员会、财政部、人力资源和社会保障部、监察部、法制办等有关部门，按照行政许可法的规定，于2013年和2014年6月前，分别取消和下放一批生产经营活动和产品物品许可事项，并取消一批对各类机构及其活动的认定等非许可审批事项和资质资格许可事项，相应加强监督管理。本次《通知》的出台，意味着包括试点成果在内的更多政府放权，或于近年落实全国。

思考题

1. 如何理解信赖保护原则?
2. 如何理解行政许可的设定事项?
3. 国务院部委规章是否有行政许可设定权?
4. 行政机关成为行政许可实施主体需要具备哪些条件?

实务训练

2004 年 8 月,市民张某凭一份"某公司拥有资金 100 万元"的虚假验资证明,向该市工商局申请设立装修公司,并获得营业执照。2005 年 1 月,市工商局接到群众举报,进行核实后,以其虚报注册资本为由,撤销了该公司的工商登记,并吊销了其营业执照。

问题:

1. 在本案中,工商登记行为是否属于行政许可范畴?
2. 张某应当承担什么责任?
3. 市工商局发现申请材料不真实,撤销了该公司的工商登记,并吊销了其营业执照的做法是否正确?

第八章　行政强制

【知识目标】

1. 理解行政强制的概念。
2. 了解行政强制的设定。
3. 掌握行政强制措施实施程序和行政强制执行程序。

【技能目标】

能熟练运用行政强制法解决实际问题。

第一节　行政强制概述

本节引例

三环家具城案

北京外文出版纸张公司（以下简称"纸张公司"）受中国外文出版发行事业局（以下简称"外文局"）的委托（其系外文局所属国有企业），将该局管理使用的西三环89号院出租给北京市国东经济发展公司（以下简称"国东公司"），并由国东公司出资建设临时商业用房，约定"双方不得中途终止协议，国家征地除外"。国东公司依法以外文局名义办理了相关手续，根据规划管理局的确认，该临时建筑的期限为1995年3月8日至1998年3月8日。1995年12月，规划管理局收取了国东公司交纳的三年临时建设工程费。1996年起，纸张公司两次欲与国东公司中途终止合同，国东公司两次诉至法院。但法院确认租赁合同有效，要求双方继续履行合同，并要求双方按照房地产管理法规的规定，到房地产登记机关补办登记备案手续。之后，双方合作关系进一步破裂，尽管国东公司多次申请规划管理局补办临时建设延期手续，外文局也没有向规划管理局申请延长临建使用期，致使其所使用的临时建筑成为违法建设。

规划管理局于1998年4月以临时建筑已超期，属于违法建设为由，通知外文局和三环家具城迅速拆除该临时建筑，恢复原状。1999 年 5 月 25 日，规划管理局执法人员向外文局的工作人员调查核实了三环家具城的批准期限情况，于同年 6 月 2 日向外文局发出了限期拆除通知。外文局于 6 月 18 日将该拆除通知的内容通知了国东公司。同一天，规划管理局向海淀区人民法院申请强制执行。在强制执行期间，因国东公司以规划管理局为被告提起行政诉讼并提交执行异议书，法院决定终止执行。1999 年 9 月 28 日，海淀区人民法院判决维持被告规划管理局的限期拆除通知，驳回原告国东公司的诉讼请求。原告不服一审判决，向北京市第一中级人民法院提起上诉。上诉法院于 1999 年 11 月 19 日判决驳回上诉，维持原判。[1]

理论知识

一、行政强制的概念和特征

（一）行政强制的概念

行政强制，是指为了确保行政的实效性，维护和实现公共利益，对在行政过程中出现的违反义务或者义务不履行等情况，由行政主体自己或者由行政主体申请人民法院，对相关公民、法人和其他组织的财产以及人身自由等采取措施的行为。[2]

（二）行政强制的特征

1. 行政强制的主体是行政主体和人民法院。作为行政行为的一种，行政强制的主体具有特殊性，除了行政主体[3]，还有人民法院。在大多数情况下，行政强制的主体是行政主体，也有一些特殊的行政强制（某些行政强制执行）由人民法院来承担。

2. 行政强制的前提是行政过程中有违反义务或者义务不履行的情况。行政强制是对违法行为的制止，在证据可能被损毁、危害可能发生或者危险可能扩大的情况下，采取临时性的措施予以限制或控制；在法定义务不履行的情况下，为保证义务得以履行，实施强制执行行为。

3. 行政强制的目的在于确保行政的有效实施，维护和实现公共利益。保障行政活动的展开及公共利益的实现是行政强制之宗旨。

4. 行政强制的对象是行政相对人的财产和人身自由。

---

〔1〕　杨建顺：《行政强制法 18 讲》，中国法制出版社 2011 年版，第 228～229 页。

〔2〕　参见姜明安主编：《行政法与行政诉讼法》，北京大学出版社、高等教育出版社 2011 年版，第 287～288 页。

〔3〕　依据《行政强制法》第 2 条、第 70 条的规定，行政强制的主体包括行政机关和法律、行政法规授权的具有管理公共事务职能的组织。在本章除特别说明外，行政主体与行政机关不作区分。

5. 行政强制是侵益性行政行为。行政强制是对公民、法人和其他组织的财产以及人身和人身自由等实施的强制，因而是一种侵益性行为。依据"依法行政"原则的要求，一般要求有明确而具体的法律授权。

二、行政强制的种类

行政强制包括行政强制措施和行政强制执行。

行政强制措施是指行政主体在行政管理过程中，为制止违法行为、防止证据损毁、避免危险扩大等情形，依法对公民的人身自由实施暂时性限制，或者对公民、法人和其他组织的财物实施暂时性的控制的行为。行政强制执行是指行政主体或者行政主体向人民法院申请，对不履行行政决定的公民、法人和其他组织，依法强制履行义务的行为。两者的区别是：

1. 前提不同。行政强制措施不以行政相对人存在法定义务为前提；而行政强制执行的前提是行政相对人不履行行政行为所确定的义务（行政决定），构成义务的不履行。

2. 目的不同。行政强制措施的目的在于制止危害行为、预防危害行为的发生，危害事态的发展，防止证据损毁等情形；而行政强制执行的目的是通过国家强制迫使义务人履行其应当履行的义务，或者达到与义务人履行义务相同的状态。

3. 实施的主体不同。采取行政强制措施的主体仅是行政主体；而行政强制执行包括由行政主体自行强制执行以及由行政主体申请人民法院强制执行两种情形。

4. 实施的程序不同。行政强制措施在紧急情况下可以即时进行，一般情况下的行政强制措施也遵循不同于行政强制执行的程序展开；而行政强制执行通常要经过催告（包括督促、告诫）、当事人陈述、行政机关复核、作出行政强制执行决定、送达行政强制执行决定以及实施行政强制执行等程序化的步骤。

延伸阅读

依据《行政强制法》第3条的规定，行政强制还可以分为：适用特别法规范的行政强制和不适用特别法规范的行政强制，所谓适用特别法规范的行政强制，包括两种情形：①发生或者即将发生自然灾害、事故灾害、公共卫生事件或者社会安全事件等突发事件，行政机关采取应急措施或者临时措施，依照有关法律、行政法规的规定执行。②行政机关采取金融业审慎监管措施、进出境货物强制性技术监控措施，依照有关法律、行政法规的规定执行。

三、行政强制基本原则

（一）行政强制法定的原则

这一原则要求：①行政强制设定法定，即依据法定的权限、范围、条件和程序设定。②行政强制的实施法定，即行政强制的实施必须严格依照法律规范的规定进行。

（二）行政强制适当的原则

这一原则要求，行政强制的设定和实施必须符合理性，应对手段和目的进行衡量。在确保达到行政管理目的的基础上，尽量做到选择非强制手段，选择较轻的强制手段。所选择的行政强制手段与所要达到行政管理目的的需求程度相当。

（三）说服教育与强制相结合原则

这一原则要求，行政机关应教育行政相对人自觉守法，自觉履行法定义务，为行政目的的实现提供便利。能够以教育的方法达到目的的，不以强制的方法达到目的。

（四）行政强制不得滥用的原则

这一原则要求，行政强制的目的和价值取向必须正当，行政主体及其工作人员不得利用行政强制权为本单位或者个人谋取利益，在行使行政强制权时违反法律规定的，应当承担相应的法律责任。

（五）保护当事人合法权益的原则

这一原则内容主要有：①行政主体在作出强制执行决定前，应当事先催告当事人履行义务。②公民、法人和其他组织对行政机关实施行政强制，享有陈述权、申辩权；有权依法申请行政复议或者提起行政诉讼；有权请求国家赔偿。

本节引例中，三环家具城案基本事实是国东公司与纸张公司签订合同，由国东公司租赁外文局管理使用的西三环89号院并出资建设临时商业用房。之后因临时商业用房超过批准期限，而被规划管理局责令外文局和国东公司拆除该临时建筑，而国东公司拒绝拆除临时建筑，由此发生争议而诉诸法院。依据《中华人民共和国城乡规划法》第44条、第66条的规定，临时建筑必须经批准，且应当在使用期内自行拆除。临时建筑超过批准期限不拆除的，规划管理局可以责令限期拆除。在本案中，临时建筑超过批准期限，国东公司没有自行拆除，也没有遵从规划管理局责令其拆除的决定，又由于法律没有授权规划管理局强制执行权，因此规划管理局申请人民法院强制执行符合法律规定。

第二节　行政强制措施

储某诉上海市公安局某交通警察支队行政强制措施案

2012 年 12 月 4 日，某公安分局某派出所社保队员在本区某路南约 11 米处巡逻中发现储某驾驶无牌电动三轮车，遂呼叫民警宋某到现场。经检查，发现储某驾驶的电动三轮车未悬挂机动车号牌，储某也不能向民警提供机动车号牌。民警遂将储某带到派出所，当场出具《强制措施凭证》，认定储某于 2012 年 12 月 4 日 13 时 35 分许，在辖区内某路南 11 米实施上道路行驶的机动车未悬挂机动车号牌的违法行为，依据《中华人民共和国道路交通安全法》第 95 条第 1 款的规定，采取扣留该机动车的行政强制措施。储某不服诉至法院，法院驳回其诉讼请求。

一、行政强制措施的概念

行政强制措施，是指行政主体在行政管理过程中，为制止违法行为、防止证据损毁、避免危害发生、控制危险扩大等情形，依法对公民的人身自由实施暂时性限制，或者对公民、法人和其他组织的财物实施暂时性控制的行为。

本节引例中，储某驾驶的电动三轮车未悬挂机动车号牌，且不能向公安机关提供机动车号牌。《中华人民共和国道路交通安全法》第 95 条第 1 款规定："上道路行驶的机动车未悬挂机动车号牌，未放置检验合格标志、保险标志，或者未随车携带行驶证、驾驶证的，公安机关交通管理部门应当扣留机动车，通知当事人提供相应的牌证、标志或者补办相应手续，并可以依照本法第 90 条的规定予以处罚。当事人提供相应的牌证、标志或者补办相应手续的，应当及时退还机动车。"储某行为违反了法定义务，侵害了道路安全秩序，因此公安机关有权依法实施行政强制措施，扣留储某的机动车。

二、行政强制措施的种类和设定

（一）行政强制措施的种类

以行政强制措施的作用对象为标准，可以将行政强制措施分为对公民人身自由的行政强制措施和对公民、法人和其他组织的财产的行政强制措施。

依据《行政强制法》，可以将行政强制措施分为五种类型：限制公民人身自由；查封场所、设施或者财物；扣押财物；冻结存款、汇款；其他行政强制措施。《行政强制法》将未能列举的"其他行政强制措施"规定由法律、行政法规和地方性法规加以设定。例如，依据《中华人民共和国传染病防治法》第39条第2款，医疗机构发现甲类传染病时，对拒绝隔离治疗或者隔离期未满擅自脱离隔离治疗的，可以由公安机关协助医疗机构采取强制隔离治疗措施。强制隔离治疗措施是对人身的强制。

（二）行政强制措施的设定

1. 可以设定行政强制措施的法律规范。法律可以设定行政强制措施；尚未制定法律，且属于国务院行政管理职权事项的，行政法规可以设定除限制公民人身自由，冻结存款、汇款及应当由法律规定的行政强制措施以外的其他行政强制措施。尚未制定法律、行政法规，且属于地方性事务的，地方性法规可以设定查封场所、设施或者财物和扣押财产的行政强制措施。

除法律、行政法规、地方性法规以外的其他规范性文件不得设定行政强制措施。

2. 行政强制措施的对象、条件、种类设定的限制。法律对行政强制措施的对象、条件、种类作了规定的，行政法规、地方性法规不得作出扩大规定。法律中未设定行政强制措施的，行政法规、地方性法规不得设定行政强制措施。但是，法律规定的特定事项由行政法规规定具体管理措施的，行政法规可以设定除限制公民人身自由，冻结存款、汇款及应当由法律规定的行政强制措施以外的其他行政强制措施。

三、行政强制措施的实施程序

（一）一般规定

1. 行政强制措施的实施条件。具备以下条件的，行政主体可以实施行政强制措施：①发生在行政管理过程中；②目的是为制止违法行为、防止证据损毁、避免危害发生、控制危险扩大等；③存在或可能存在危害法律保护的社会关系和社会秩序的行为或事件；④有法律、法规规定的行政强制措施种类可供选择。

2. 行政强制措施的实施主体。根据《行政强制法》的规定，成为行政强制措施实施主体的行政机关，须是由法律、法规规定享有行政强制权的行政机关；行政机关在法定职权范围内实施行政强制措施，行政强制措施权不得委托。

依据《行政处罚法》的规定行使相对集中行政处罚权的行政机关，可以实施法律、法规规定的与行政处罚权有关的行政强制措施。

行政强制措施应当由行政机关内具备资格的行政执法人员实施，其他人员不得实施。

（二）行政强制措施的一般程序

行政强制措施的一般程序是指除法律有特别规定外，在通常情况下实施行政强制措施所必须遵循的方式、步骤、顺序等。一般程序包括：

1. 实施前的报告和批准。在实施行政强制措施前必须向行政机关负责人报告并获得批准，才可实施行政强制措施。

2. 表明身份。实施行政强制措施的执法人员必须通知当事人到场，并向当事人出示执法证或者工作证以表明自己的身份。

3. 告知。实施行政强制措施的执法人员应告知当事人采取强制措施的理由、依据以及当事人依法享有的权利、救济途径。

4. 听取陈述和申辩。当事人在行政强制措施实施过程中享有陈述权和申辩权。

5. 制作现场笔录并签章。执法人员在制作完现场笔录后，应当由当事人和执法人员共同签字或者盖章，当事人拒绝签字或者盖章的，执法人员应当在笔录中予以注明。如果当事人拒不到场或者无法到场的，执法人员应当邀请证人到场，由执法人员和证人在笔录上共同签字或者盖章。

行政机关实施行政强制措施必须由 2 名以上执法人员进行。

（三）行政强制措施的特别程序

《行政强制法》规定的行政强制措施的特别程序，可分为两种：一种是针对情况紧急，需当场采取措施所遵循的程序；另一种是对人身自由采取行政强制措施须遵守的程序。这两种特别程序侧重点有所不同，前者强调情况紧急，后者突出在程序上对当事人人身自由的特别保护。

1. 当场采取行政强制措施程序。在行政管理过程中，情况紧急，需要当场实施行政强制措施的，行政执法人员应当在 24 小时内向行政机关负责人报告，并补办批准手续。行政机关负责人认为不应当采取行政强制措施的，应当立即解除。例如，行政机关在检查中发现当事人携带违禁物品，可以依法当场采取行政强制措施。

2. 限制人身自由的行政强制措施程序。实施限制公民人身自由的行政强制措施，除应当履行一般程序外，还应遵守以下特别程序：①当场告知或者实施行政强制措施后，立即通知当事人家属实施行政强制措施的行政机关、地点和期限。②在紧急情况下当场实施行政强制措施的，在返回行政机关后，立即向行政机关负责人报告并补办批准手续。③法律规定的其他程序。实施限制人身自由的行政强制措施不得超过法定期限。实施行政强制措施的目的已经达到或者条件消失，应当立即解除。

（四）查封、扣押的实施程序

1. 查封、扣押的对象和范围。实施查封、扣押的有权行政主体须认真确定涉案的场所、设施或者财物，查封、扣押仅限于涉案的场所、设施或者财物，且不得查封、扣押公民个人及其家属的生活必需品，不得重复查封已被其他国家机关依法查封的当事人的场所、设施或者财物。

2. 查封、扣押决定书和清单的制作与交付。行政主体实施查封、扣押的，应当履行行政强制措施实施的一般程序，须制作并当场交付查封、扣押决定书和清单。查封、扣押决定书应当载明下列事项：当事人姓名或者名称、地址；查封、扣押的理由、依据和期限；查封、扣押场所、设施或者财物的名称、数量等；申请行政复议或者提起行政诉讼的途径和期限；行政机关的名称、印章和日期。查封、扣押清单一式两份，由当事人和行政主体分别保存。

3. 遵守法定时限，履行延期批准和告知义务。查封、扣押的期限不得超过法定期限（不得超过 30 日）；情况复杂的，经行政主体负责人批准，可以延长（不得超过 30 日）。但是，法律、行政法规另有规定的除外。延长查封、扣押的决定应当告知当事人，并说明理由。对物品需要进行检测、检验、检疫或者技术鉴定的，查封、扣押的期间不包括检测、检验、检疫或者技术鉴定的期间。检验、检测、检疫或者技术鉴定的费用由行政主体承担。

4. 履行妥善保管义务，承担损毁赔偿责任。对查封、扣押的场所、设施或者财物，行政主体应当妥善保管，不得使用或者损毁；造成损失的，应当承担赔偿责任。对查封的场所、设施或者财物，行政机关可以委托第三人保管，受委托的第三人负有妥善保管义务，造成损失的，由行政主体先行赔付后，有权向第三人追偿。因查封、扣押发生的保管费用由行政主体承担。

5. 依法作出处理决定。行政机关采取查封、扣押措施后，应当及时查清事实，在法定期间内依法作出处理决定。对违法事实清楚，依法应当没收的非法财物予以没收；法律、行政法规规定应当销毁的，依法销毁。对于当事人没有违法行为；查封、扣押的场所、设施或者财物与违法行为无关；行政机关对违法行为已经作出处理决定；不再需要查封、扣押；查封、扣押期限已经届满，以及其他不再需要采取查封、扣押措施的情形，行政机关应当及时作出解除查封、扣押决定。解除查封、扣押应当立即退还财物；已将鲜活物品或者其他不易保管的财物拍卖或者变卖的，退还拍卖或者变卖所得款项。变卖价格明显低于市场价格，给当事人造成损失的，应当给予补偿。

（五）冻结的实施程序

1. 冻结的主体和范围。冻结存款、汇款应当由法律规定的行政机关实施，不得委托给其他行政机关或者组织；其他任何行政机关或者组织不得冻结存款、汇款。冻结存款、汇款的数额应当与违法行为涉及的金额相当；已被其他国家机关依法冻结的，不得重复冻结。

2. 履行报告和批准程序。法律规定的行政机关实施冻结存款、汇款前须向行政机关负责人报告并经批准。

3. 表明身份，制作现场笔录。法律规定的行政机关实施冻结存款、汇款，须由 2 名以上行政执法人员实施，并出示执法身份证件，制作现场笔录。

4. 向金融机构交付冻结通知书。行政机关依照法律规定实施冻结存款、汇款的，应当向金融机构交付冻结通知书。金融机构接到行政机关依法作出的冻结通知书后，应当立即予以冻结，不得拖延，不得在冻结前向当事人泄露信息。法律规定以外的行政机关或者组织要求冻结当事人存款、汇款的，金融机构应当拒绝。

5. 冻结决定书的交付。依照法律规定冻结存款、汇款的，作出决定的行政机关应当在 3 日内向当事人交付冻结决定书。冻结决定书应当载明下列事项：当事人的姓名或者名称、地址；冻结的理由、依据和期限；冻结的账号和数额；申请行政复议或者提起行政诉讼的途径和期限；行政机关的名称、印章和日期。

6. 在法定期限内作出处理决定。行政机关应当自冻结存款、汇款之日起 30 日内作出处理决定或者作出解除冻结决定；情况复杂的，经行政机关负责人批准，可以延长，不得超过 30 日，法律另有规定的除外。延长冻结的决定应当及时书面告知当事人，并说明理由。

7. 冻结的解除。有下列情形之一的，行政机关应当及时作出解除冻结的决定：①当事人没有违法行为；②冻结的存款、汇款与违法行为无关；③行政机关对违法行为已经作出处理决定，不再需要冻结；④冻结期限已经届满；⑤其他不再需要采取冻结措施的情形。行政机关作出解除冻结决定的，应当及时通知金融机构和当事人。金融机构接到通知后，应当立即解除冻结。行政机关逾期未作出处理决定或者解除冻结决定的，金融机构应当自冻结期满之日起解除冻结。

第三节　行政强制执行

本节引例

长沙市城市管理和行政执法局雨花区执法大队申请强制执行案

冷某于 2012 年 5 月 30 日 9 时 2 分将其所有的车牌号为湘 A×××××的机动车擅自停放在长沙市韶山中路老百姓大药房路段的人行道上，长沙市城市管理和行政执法局雨花区执法大队通过现场抄牌和拍照取证，认为冷某的行为违反了《中华人民共和国道路交通安全法》第56条关于禁止在人行道上停放机动车辆的规定，属于违法停放，遂立即作出长综查字雨花（2012）第1116939号《擅自占用人行道停放机动车行政处罚陈述通知书》，告知了将对其进行处罚的标准和数额，及依法享有的陈述、申辩的权利及期限。但冷某未在规定期限内行使陈述、申辩权。2012年6月8日，长沙市城市管理和行政执法局雨花区执法大队依据《中华人民共和国道路交通安全法》第93条第2款之规定，作出长综罚字雨花（2012）第1009152号《擅自占用人行道停放机动车行政处罚决定书》，决定对冷某处以100元罚款；限被执行人在收到决定书之日起15日内凭《长沙市非税收入缴纳通知单》将上述罚款缴至指定银行。逾期不缴纳的，每日按罚款数额的3%加处罚款。同时决定书告知了冷某如不服决定所享有申请复议和提起诉讼的权利及期限。2013年1月30日上午，长沙市城市管理和行政执法局雨花区执法大队依法向冷某送达了上述决定书。冷某未在法定期限内申请复议和提起诉讼。2013年5月28日，长沙市城市管理和行政执法局雨花区执法大队依据《中华人民共和国行政强制法》第35条、第36条的规定，向冷某作出长综催字雨花（2013）第02号《长沙市城市管理综合行政执法履行行政决定催告书》，限冷某自收到催告书之日起10日内将罚款100元及加处罚款100元缴至指定账户，并告知在收到催告书3日内有权进行陈述和申辩。逾期不陈述、申辩且仍未履行缴纳罚款义务的，将依法向法院申请强制执行。2013年5月30日，长沙市城市管理和行政执法局雨花区执法大队将催告书向冷某进行了送达。冷某未在规定的期限内进行陈述和申辩，亦未履行缴纳罚款的义务。2013年6月18日，长沙市城市管理和行政执法局雨花区执法大队向长沙市雨花区人民法院提出强制执行申请。

理论知识

一、行政强制执行的概念

行政强制执行，是指在行政管理过程中，作为义务主体的行政相对人不履行其义务的，行政机关或者行政机关申请人民法院裁定，依法强制其履行义务或者达到与履行义务相同状态的活动。

二、行政强制执行的设定和种类

（一）行政强制执行的设定

《行政强制法》第13条规定："行政强制执行由法律设定。法律没有规定行政机关强制执行的，作出行政决定的行政机关应当申请人民法院强制执行。"行政强制执行只能由全国人大和全国人大常委会制定的法律设定，而不能由法律以外的其他规范性文件设定，包括行政法规、地方性法规、部门规章、地方规章以及其他规范性文件在内，都不得设定行政强制执行。如果法律没有规定行政机关强制执行的，作出行政决定的行政机关应当申请人民法院强制执行。

（二）行政强制执行的分类

1. 根据执行机关的不同，行政强制执行分为行政机关强制执行和行政机关申请人民法院强制执行两类。

2. 根据行政强制执行方式的不同，行政强制执行分为：执行罚，即加处罚款或者滞纳金；强制划拨，即划拨存款、汇款；拍卖、查封和扣押，即对场所、设施或者财物的拍卖或者依法处理查封、扣押；义务的代履行（代执行），包括排除妨碍、恢复原状等；其他强制执行方式。

3. 根据行政强制执行对象的不同，行政强制执行可分为对物（财产）的强制执行、对行为的强制执行和对人身及人身自由的强制执行。对物（财产）的行政强制执行，包括强制划拨、强制抵缴、强制扣缴、强制收兑、强制拆除等；对行为的行政强制执行，包括专利实施的强制许可、强制登记、强制检定等；对人身及人身自由的行政强制执行，包括强制传唤、强制履行兵役、遣送出境、强制隔离治疗、强制戒除毒瘾等。

4. 根据强制手段对被强制义务人作用形态的不同，行政强制执行可分为间接强制和直接强制两种。[1] 间接强制是指行政强制执行机关不直接通过自己的强力措施促使行政相对方履行义务，而是通过间接的手段迫使义务人履行其应当履行的义务或者达到与履行义务相同状态的行政强制执行行为。间接强制分为代履行（或称代执行）和执行罚。直接强制是指行政强制执行机关在适用间接强制执行没有达到目的，或者遇到紧急情况不容延缓，无法采用间接强制手段时，只能采取直接的强力手段，对拒不履行其应履行义务的行政相对人直接实施强制力，以达到与义务主体履行义务相同状态的行政强制执行。

三、行政机关强制执行程序

（一）行政机关强制执行的一般规定

1. 行政强制执行的条件。实施行政强制执行需要具备两个条件：①前提条件。行政强制执行的前提条件是行政机关作出行政决定后，当事人在行政机关决定的期限内不履行义务。②主体条件。实施行政强制执行的主体是作出行政决定的、享有行政强制执行权的行政机关。

2. 行政强制执行的一般程序：①催告履行义务。行政机关作出行政强制执行决定前，应当事先催告当事人履行义务。催告应当以书面形式作出，并载明

---

〔1〕 杨建顺：《行政强制法18讲》，中国法制出版社2011年版，第95页。

履行义务的期限、履行义务的方式，涉及金钱给付的应当有明确的金额和给付方式、告知当事人依法享有的陈述权和申辩权。②听取当事人陈述和申辩。当事人收到催告书后有权进行陈述和申辩。行政机关应当充分听取当事人的意见，对当事人提出的事实、理由和证据，应当进行记录、复核。当事人提出的事实、理由或者证据成立的，行政机关应当采纳。③作出行政强制执行书。经催告，当事人逾期仍不履行行政决定，且无正当理由的，行政机关可以作出强制执行决定。强制执行决定书应当以书面形式作出，并载明下列事项：当事人的姓名或者名称、地址；强制执行的理由和依据；强制执行的方式和时间；申请行政复议或者提起行政诉讼的途径和期限；行政机关的名称、印章和日期。④行政强制执行书送达。行政强制执行书应当直接送达当事人。当事人拒绝或者无法直接送达当事人的，应当按照《中华人民共和国民事诉讼法》的有关规定送达。

3. 行政强制执行的中止和终结。有下列情形之一的，中止执行：当事人履行行政决定确有困难或者暂无履行能力的；第三人对执行标的主张权利，确有理由的；执行可能造成难以弥补的损失，且中止执行不损害公共利益的；行政机关认为需要中止执行的其他情形。中止执行的情形消失后，行政机关应当恢复执行。对没有明显社会危害，当事人确无能力履行，中止执行满3年未恢复执行的，行政机关不再执行。有下列情形之一的，终结执行：公民死亡，无遗产可供执行，又无义务承受人的；执行标的物灭失的；据以执行的行政决定被撤销的；行政机关认为需要终结执行的其他情形。

4. 行政强制执行的补救。行政机关在执行中或者执行完毕后，据以执行的行政决定被撤销、变更或者执行错误的，应当恢复原状或者退还财物；不能恢复原状或者退还财物的，依法予以赔偿。

5. 行政强制执行的和解。行政机关实施行政强制执行，可以在不损害公共利益和他人合法权益的情况下，与当事人达成执行协议。执行协议可以约定分阶段履行；当事人采取补救措施的，可以减免加处的罚款或者滞纳金。但是当事人不履行执行协议的，行政机关应当恢复强制执行。

6. 行政强制执行的时间、方式等方面的限制。①时间限制。行政机关不得在夜间或者法定节假日实施行政强制执行。但是情况紧急的除外。②方式限制。行政机关不得对居民生活采取停止供水、供电、供热、供燃气等方式迫使当事人履行相关行政决定。③强制拆迁限制。对违法建筑物、构建物、设施等需要强制拆除的，应当由行政机关予以公告，限期当事人自行拆除。当事人在法定期限内不申请行政复议或者提起行政诉讼，又不拆除的，行政机关可以依法强制拆除。

（二）金钱给付义务的强制执行程序

1. 加处罚款或者滞纳金。学理上将加处罚金或者滞纳金称为执行罚。所谓执行罚，是指行政主体对拒不履行不作为义务或者不可为他人代履行的作为义务的义务主体，科以新的金钱给付义务，以迫使其履行的强制执行。

行政主体依法作出金钱给付义务的行政决定，当事人逾期不履行的，行政主体可以依法按日加处罚款或者滞纳金。加处罚款或者滞纳金的标准应当告知当事人。加处罚款或者滞纳金不得超出金钱给付义务的数额。

行政机关实施加处罚款或者滞纳金超过30日，经催告当事人仍不履行的，具有行政强制执行权的行政机关可以强制执行。行政机关实施行政强制前，需要采取查封、扣押、冻结措施的，按照相应程序办理。没有行政强制执行权的行政机关应当申请人民法院强制执行。但是，当事人在法定期限内不申请行政复议或者提起行政诉讼，经催告仍不履行的，在实施行政管理过程中已经采取查封、扣押措施的行政机关，可以将查封、扣押的财物依法拍卖，抵缴罚款。

2. 划拨存款、汇款。划拨存款、汇款应当由法律规定的行政机关决定，并书面通知金融机构。金融机构接到行政机关依法作出的划拨存款、汇款的决定后，应当立即划拨。法律规定以外的行政机关或者组织要求划拨当事人存款、汇款的，金融机构应当拒绝。

3. 拍卖财物。拍卖财物，由行政机关委托拍卖机构依照法律的规定办理。划拨的存款、汇款以及拍卖和依法处理所得的款项应当上缴国库或者划入财政专户。任何行政机关或者个人不得以任何形式截留、私分或者变相私分。

（三）代履行

代履行是指义务人不履行行政机关依法作出的要求履行排除妨碍、恢复原状等义务的行政决定，行政机关或者其委托的没有利害关系的第三人代为履行行政法义务，而由义务人承担后果并支付履行费用的一种强制执行方式。

代履行应当遵循下列规定：①代履行前送达决定书，代履行决定书应当载明当事人姓名或者名称、地址，代履行的理由和依据、方式和时间、标的、费用预算以及代履行人。②代履行3日前，催告当事人履行，当事人履行的，停止代履行。③代履行时，作出决定的行政机关应当派员到场监督。④代履行完毕，行政机关到场监督人员、代履行人和当事人或者见证人应当在执行文书上签名或者盖章。代履行不得采用暴力、胁迫或者其他非法方式。

需要立即清除道路、河道、航道或者公共场所的遗洒物、障碍物或者污染物，当事人不能清除的，行政机关可以决定立即实施代履行；当事人不在场的，行政机关应当在事后立即通知当事人，并依法作出处理。

四、申请人民法院强制执行

申请人民法院强制执行是指当事人在法定期限内不申请行政复议或者提起行政诉讼，又不履行行政决定确定的义务，没有行政强制执行权的行政机关可申请人民法院强制执行。

（一）申请人民法院强制执行的要件

1. 申请人民法院强制执行的实体要件。当事人在法定期限内不申请行政复议或者提起行政诉讼，又不履行行政决定的，没有行政强制执行权的行政主体可以自期限届满之日起 3 个月内依法申请人民法院强制执行。

2. 申请人民法院强制执行的程序要件。行政机关申请人民法院强制执行前，应当催告当事人履行义务，催告书送达 10 日后当事人仍未履行义务的，行政主体可以向所在地有管辖权的人民法院申请强制执行；执行对象是不动产的，向不动产所在地有管辖权的人民法院申请强制执行。

（二）人民法院对强制执行申请的受理和审查

1. 申请和受理。行政机关向人民法院申请强制执行，应当提供下列材料：强制执行申请书；行政决定书及作出决定的事实、理由和依据；当事人的意见及行政机关催告情况；申请强制执行标的情况；以及法律、行政法规规定的其他材料。强制执行申请书应当由行政机关负责人签名，加盖行政机关的印章，并注明日期。

人民法院接到行政主体强制执行的申请，应当在 5 日内受理；行政机关对人民法院不予受理有异议的，可以在 15 日内向上一级人民法院申请复议，上一级人民法院应当自收到复议申请之日起 15 日内作出是否受理的裁定。

2. 审查。人民法院对行政机关强制执行的申请进行书面审查，对于符合申请材料要求且行政决定具备法定执行效力的，除法律规定的情形外，人民法院应当自受理之日起 7 日内作出执行裁定。

人民法院发现有下列情形之一的，在作出裁定前可以听取被执行人和行政机关的意见：①明显缺乏事实依据的。②明显缺乏法律、法规依据的。③其他明显违法并损害被执行人合法权益的。人民法院应当自受理之日起 30 日内作出是否执行的裁定。裁定不予执行的，应当说明理由，并在 5 日内将不予执行的裁定送达行政机关。

3. 对不予执行裁定的救济。行政机关对人民法院不予执行的裁定有异议的，可以依法向上一级人民法院申请复议，上级人民法院应当自收到复议申请之日起 15 日内作出是否受理的裁定。

（三）人民法院强制执行裁定的执行

《行政强制法》没有对强制执行裁定的执行制度作出明确规定，只是对执行费用等事项作出一般性的规定。行政机关申请人民法院强制执行，不缴纳申请费。强制执行的费用由被执行人承担。人民法院以划拨、拍卖方式强制执行的，可以在划拨、拍卖后将强制执行的费用扣除。依法拍卖财物，由人民法院委托拍卖机构依法办理。划拨的存款、汇款以及拍卖和依法处理所得的款项应当上缴国库或者划入财政专户，不得以任何形式截留、私分或者变相私分。

因情况紧急，为保障公共安全，行政机关可以申请人民法院立即执行。经人民法院院长批准，人民法院应当自作出执行裁定之日起5日内执行。

本节引例中，涉及长沙市城市管理和行政执法局雨花区执法大队的主体资格及申请行政强制执行的合法性问题。首先，根据《长沙市城市管理条例》第29条的规定，城市管理综合行政执法机关具有行使公安交通管理方面法律、法规、规章规定的部分行政处罚权的职权，长沙市城市管理和行政执法局雨花区执法大队具有行政主体资格。其次，长沙市城市管理和行政执法局雨花区执法大队作出的长综罚字雨花（2012）第1009152号《擅自占用人行道停放机动车行政处罚决定书》，认定事实清楚，程序合法，适用法律正确。冷某在收到决定书后，未依法进行复议或诉讼，经催告后仍未履行决定书所确定的义务。因此，长沙市城市管理和行政执法局雨花区执法大队向长沙市雨花区人民法院提出强制执行申请，要求冷某履行缴纳罚款100元及加处罚款100元的义务，符合法律规定。

长沙市雨花区人民法院依照《中华人民共和国行政强制法》第53条、第57条，《中华人民共和国行政诉讼法》第66条、《最高人民法院关于执行〈中华人民共和国行政诉讼法〉若干问题的解释》第93条之规定，裁定准予强制执行长沙市城市管理和行政执法局雨花区执法大队作出的长综罚字雨花（2012）第1009152号《擅自占用人行道停放机动车行政处罚决定书》，责令被执行人限期向申请执行人履行缴纳罚款100元及加处罚款100元的义务，否则法院予以强制执行。

延伸阅读

《最高人民法院关于办理申请人民法院强制执行国有土地上房屋征收补偿决定案件若干问题的规定》（法释〔2012〕4号）第9条规定："人民法院裁定准予执行的，一般由作出征收补偿决定的市、县级人民政府组织实施，也可以由人民法院执行。"

《最高人民法院关于违法的建筑物、构筑物、设施等强制拆除问题的批复》（法释〔2013〕5号）："北京市高级人民法院：根据行政强制法和城乡规划法有关规定精神，对涉及违反城乡规划法的违法建筑物、构筑物、设施等的强制拆除，法律已经授予行政机关强制执行权，人民法院不受理行政机关提出的非诉行政执行申请。"

《最高人民法院关于办理申请人民法院强制执行国有土地上房屋征收补偿决

定案件若干问题的规定》（法释〔2012〕4 号）第 6 条规定："征收补偿决定存在下列情形之一的，人民法院应当裁定不准予执行：①明显缺乏事实根据；②明显缺乏法律、法规依据；③明显不符合公平补偿原则，严重损害被执行人合法权益，或者使被执行人基本生活、生产经营条件没有保障；④明显违反行政目的，严重损害公共利益；⑤严重违反法定程序或者正当程序；⑥超越职权；⑦法律、法规、规章等规定的其他不宜强制执行的情形。人民法院裁定不准予执行的，应当说明理由，并在五日内将裁定送达申请机关。"

思考题

1. 行政强制的含义和特征是什么？
2. 行政强制的基本原则有哪些？
3. 如何设定行政强制措施？
4. 行政强制措施的分类有哪些？
5. 行政机关申请人民法院强制执行的要件有哪些？

实务训练

　　霍某于 2002 年 2 月 4 日中午到招行东方广场支行处存款。银行工作人员李某在收取存款时发现其中一张 1999 年版、冠字号码为 GB09803019、票面金额为 100 元的人民币为假币，当即告知了霍某，并将该币交由在其邻侧工作的另一工作人员苏某复核确认。经苏某复核确认后，李某分别在该币正面水印窗和背面中间位置处加盖了"假币"印章，并向霍某出具了"假币收缴凭证"，同时告知霍某如对收缴假币有异议，可在 3 个工作日内向中国人民银行或中国人民银行授权的中国工商银行、中国农业银行、中国银行、中国建设银行申请鉴定。霍某在该凭证"持有人签字"处签名。2002 年 2 月 6 日，霍某向招行东方广场支行提出鉴定申请；2002 年 2 月 8 日，建行东四支行对由招行东方广场支行委托鉴定的冠字号码为 GB09803019 的人民币进行鉴定，经鉴定为假币后，予以没收，并出具了内容包含"持币人为霍某、伪（变）造币字头号码为 GB09803019"等要素的中国建设银行"发现伪（变）造币没收证明单"。霍某不服，向法院提起诉讼。审理中，原告明确诉讼请求，请求撤销被告的收缴行为及鉴定行为。而被告因此的答辩意见则为，收缴行为本身对涉案的假钞并没有发生实质的效力，鉴定行为则没有具体的当事人，被告的收缴程序符合法律规定，请法院驳回原告的诉讼请求。[1]

---

〔1〕 引自北大法宝，【法宝引证码】CLI. C. 46820。

问题：

1. 招商银行北京分行东方广场支行是否有权对假币予以收缴？
2. 收缴假币行为属于何种行政行为？
3. 本案中的收缴行为是否合法？

第九章　其他行政行为

【知识目标】

1. 掌握行政征收、行政指导、行政合同的概念。
2. 了解行政征收、行政指导、行政合同的内容。

【技能目标】

能够识别行政管理实践中的行政征收、行政指导、行政合同等行为类型。

第一节　行政征收

李某诉昆明市官渡区地方税务局管理行政征收案

2006年12月7日，被告昆明市官渡区地方税务局委托云南中城地商投资有限公司代征"云南印象城"商铺税款。李某是"云南印象"第三层×号商铺的受让人，其委托云南中城商铺投资有限公司经营商铺，并按季度收取租金2283元。2007年7月10日起昆明市官渡区地方税务局向李某开征每次收取租金应缴营业税（税率5%）、个人所得税（税率3%）、城建税、教育附加税、地方教育费附加税、印花税，每次共计税款为197.48元。上述税款均由云南中城地商投资有限公司向李某代征，截至2008年12月，共代征7次。2009年2月24日，李某对昆明市官渡区地方税务局确认其为纳税人不服申请复议。2009年3月3日，昆明市地方税务局复议认为，申请人李某提起税务行政复议申请之日已超过法律规定的时限，即作出昆明地税复不受字（2009）第1号《不予受理决定书》，决定对李某的复议申请不予受理。李某不服，向昆明市官渡区人民法院提起行政诉讼，请求法院判令昆明市官渡区地方税务局征收行为违法，返还自2007年6月15日以来向原告征收的税款1579.84元。试分析：昆明市官渡区地方税务局征收行为是否违法？

理论知识

一、行政征收的概念和特征

（一）行政征收的概念

行政征收，是指行政主体为了国家和社会公共利益的需要，依法以强制方式无偿取得行政相对人财产所有权的行政行为。

（二）行政征收的特征

1. 行政征收目的具有公益性。行政征收的目的是为了实现国家职能和公共利益的需要，而不是为满足某个集团的私利或者商业利益。行政征收的财物是国家保障社会可持续发展的物质条件，必须用于社会公用事业。例如，收税是为了保障国家财政的需要，而国家财政是国家机器存在和运转的基本条件。

2. 行政征收主体特定。行政征收是行政主体针对行政相对人实施的一种行政行为。并非所有的行政主体都具有行政征收的权力，只有法律、法规明确规定的具有行政征收职能的行政机关或者其他组织才有权作出征收行为。由于行政征收对行政相对人的财产直接产生影响，因此，必须对行政主体资格作出严格的法律限定。

3. 行政征收的内容是金钱、实物等财产的所有权。行政征收是国家无偿取得行政相对人财产权的一种方式。行政征收的法律后果是行政相对人的一部分财产转归国家所有，因此行政征收的内容具有明显的财产性。

4. 行政征收具有强制性。行政征收主体实施行政征收行为，实质上是履行国家赋予的行政征收权，这种权力具有强制他人服从的效力。因此，实施行政征收行为，不需征得行政相对人的同意，甚至可以在违背行政相对人意志的情况下进行。征收的对象、数额及具体行政征收的程序，完全由行政主体依法确定，无须与行政相对人协商一致。行政相对人必须服从，否则应承担相应的法律后果。

5. 行政征收具有无偿性。在行政征收关系中，行政主体与行政相对人之间的权利义务关系具有不对等性。行政主体获得行政相对人一定数额的金钱或物品是无偿的，无须向被征收主体支付任何报酬。行政征收的财产由被征收主体向国家单向流动，以维持国家机器的运转。

6. 行政征收具有法定性。行政征收直接指向是行政相对人的经济利益，具有侵害性。现代行政，特别是侵益性行政行为必须遵循行政法治原则。行政主体必须依据法定的条件和程序进行行政征收，行政征收项目、行政征收金额、行政征收机关、行政征收相对人、行政征收程序都应有法律上的明确依据。

（三）行政征收与行政征用、行政征购及公益征收的区别

为进一步理解行政征收的概念和特征，有必要将行政征收与行政征用、行

政征购、行政没收相区分。

1. 行政征收与行政征用。行政征用，是指行政主体为了公共利益的需要，依照法定程序强制征用行政相对方财产或劳务的行政行为。行政征收与行政征用的区别主要在于：①从行为的标的看，行政征收的标的仅限于财产，而行政征用的标的除了财产外还包括劳务；②从法律后果看，行政征收的结果是财产所有权从行政相对方转归国家；而行政征用的后果则是行政主体暂时取得了被征用方财产的使用权，不发生财产所有权的转移；③从适用的情形看，行政征收对客观情势并无特别的要求；而行政征用则一般发生在紧急情况下，如《戒严法》、《传染病防治法》等法律规定，在紧急情况下可以对房屋、场地、交通工具等进行征用；④从能否取得补偿来看，行政征收是无偿的；而行政征用一般应是有偿的，行政主体应当给予被征用方以相应的经济补偿。

2. 行政征收与行政征购。行政征购，是指行政主体以合同的方式取得行政相对人财产所有权的行政行为。行政征收与行政征购的主要区别是：①行为的性质不同。行政征收是单方行政行为，而行政征购属于行政合同行为，尽管在行政征购中行政相对方的意思表示受到一定程度的限制，但从法律角度而言，它仍是行政主体与行政相对方的合意。②权利义务关系不同。行政征收中，行政主体与相对方的权利义务是不对等的，行政主体依法享有行政征收权，行政相对人依法负有缴纳义务；而在行政征购中，行政征购合同成立后，行政主体与行政相对方的权利义务是基本对等的，行政主体在取得行政相对人的财产的同时必须依合同的约定承担相应的给付义务。③能否取得补偿不同。行政征购实际上是一种特殊的买卖关系，是有偿的；而行政征收则是无偿的。

3. 行政征收与行政没收。行政征收与行政没收在表现形式上有相同之处，即行政主体实施的无偿取得行政相对方财产的所有权的行为。但两者也存在着差别，主要区别是：①两者发生的依据不同。行政征收以行政相对方负有行政法上的缴纳义务为前提条件，而行政没收只能以行政相对方违反行政法的有关规定为条件。②两者法律性质不同。行政征收属于一种独立类型的行政行为，而行政没收属于行政处罚的一种。③两者在行为的连续性上不同。对行政征收而言，只要据以征收的事实依据存在，行政征收行为就可以一直延续下去，其行为往往具有连续性；而对行政没收来讲，对某一违法行为只能给予一次性的行政没收处罚。

4. 行政征收与公益征收。公益征收，是指国家为了公共利益的需要，强制取得个人和集体的财产（包括所有权和使用权），并给予相应补偿的行为。行政征收与公益征收都表现为为了公共利益而实施的取得行政相对方财产权。主要区别是：①从行为的标的看，行政征收的标的是金钱、实物等财产的所有权；

公益征收的标的主要是土地的所有权和使用权。②从能否取得补偿来看，行政征收是无偿的；而公益征收是有偿的，行政主体应当给予被征收方以相应的经济补偿。

本节引例中，昆明市官渡区地方税务局是国家设立的税务机关，具有《中华人民共和国税收征收管理法》所确认的征税主体资格，有权依照法律、行政法规的规定进行确认纳税主体、征税对象、税目、税率、纳税期限等征税行为。为了有利于税收控管和方便纳税，昆明市官渡区地方税务局依照国家有关规定委托云南中城地商投资有限公司代征零星分散的税收，并针对李某的转租房屋的行为，以职权核定李某应纳税款，按次征收营业税、个人所得税、城市维护建设税、教育费附加、地方教育费附加、印花税等六税费行政征收行为，符合法律、行政法规、地方性法规及其他规范性文件的规定，行政征收行为合法。李某要求法院判令昆明市官渡区地方税务局征收税费的行为违法及返还税款的诉请不能成立。

二、行政征收的内容和分类

（一）行政征收的内容

从我国现行法律、法规的规定来看，行政征收的主要内容有：

1. 税。税即税收，是指为实现国家职能，行政机关按照法律规定的标准，对社会组织和个人强制性地无偿取得其财产并纳入财政收入的一种活动。按照征税对象的不同，可分为流转税、资源税、所得税、财产税和行为税五种。按照税收支配权的不同，可分为中央税、地方税和中央地方共享税。国家通过对各种税的征管，达到调节资源税分配和收入分配、各行业协调发展的目的。通过对中央税、地方税和中央地方共享税的合理分配，兼顾中央和地方的利益，有利于市场经济条件下宏观调控的实施。我国税收的主体是税务机关、财政机关和海关。税的征收是行政征收中最主要的内容，是国家财政收入的重要来源。

2. 费。费即行政收费，是指行政主体依法向特定的行政相对人提供了行政服务或行政管理，为满足特别的行政支出面向行政相对人收取一定费用的活动。行政收费的原则、种类、额度等问题，应由法律作出原则性的规定，由行政法规、规章作出具体规定。我国行政收费主要有：资源费，如矿产资源费、水资源费等；建设资金费，如公路养护费、港口建设费、国家能源交通重点建设基金等；管理费，如市场管理费、工商管理费；使用费，如车辆通行费、土地使用费等；环保费，如排污费、卫生费等。

公路养路费沿革和成品油价税费改革

公路养护费，又称公路养护的事业费，由公路管理部门向公路车辆拥有者征收，这是中国按照"以路养路"的原则实行的一项财政制度。1950 年，原政务院制定了"用路者养路"的政策，对汽车、拖拉机征收公路养路费，同年交通部颁发了《公路养路费征收暂行办法》；1987 年国务院发布的《中华人民共和国公路管理条例》第 18 条规定："拥有车辆的单位和个人，必须按照国家规定，向公路养护部门缴纳养路费"；1991 年交通部、财政部、原国家计委、原国家物价局联合发布了《公路养路费征收管理规定》；1997 年全国人大常委会审议通过的《中华人民共和国公路法》第 36 条规定："公路养路费用采取征收燃油附加费的办法。……燃油附加费征收办法施行前，仍实行现行的公路养路费征收办法。……"1999 年全国人大常委会对《中华人民共和国公路法》作了修改，将第 36 条第 1 款修改为："国家采用依法征税的办法筹集公路养护资金，具体实施办法和步骤由国务院规定。"根据《中华人民共和国公路法》的规定，国务院有关部门共同制定了《交通和车辆税费改革实施方案》，2000 年 10 月经国务院批准后发布。《交通和车辆税费改革实施方案》规定："在车辆购置税、燃油税出台前，各地区和有关部门要继续加强车辆购置附加费、养路费等国家规定的有关政府性基金和行政事业性收费的征管工作，确保各项收入的足额征缴。"

燃油税是指对在我国境内行驶的汽车购用的汽油、柴油所征收的税，实际就是成品油消费税。它是费改税的产物，是取代养路费而开征的，其实质是汽车燃油税。简而言之，就是将现有的养路费转换成燃油税，实行捆绑收费。燃油税通过将养路费捆绑进油价，将每辆汽车要交的养路费转换成税费，在道路等公共设施日益成为一种稀缺资源的大背景下，更多地体现了"多用多缴，少用少缴"的公平原则。而养路费一般是按吨位和运营收入两种计费方法收取，实际上形成了一种定额费。而对于用油大户尤其是汽车来说，道路使用率存在较大差距。因为无法测算每台车的道路使用率，国家发改委、财政部、交通运输部和税务总局 2008 年 12 月 5 日联合发布公告，就《成品油价税费改革方案（征求意见稿）》向社会公开征求意见。改革方案在不提高成品油价格的前提下，将汽油消费税单位税额由每升 0.2 元提高到 1 元，柴油由每升 0.1 元提高到 0.8 元，其他成品油单位税额相应提高。改革方案取消公路养路费、航道养护费、公路运输管理费、公路客货运附加费、水路运输管理费、水运客货运附加费，并逐步有序取消政府还贷二级公路收费。改革方案将汽、柴油零售基准价格允许上下浮动改为实行最高零售价格。调整税额形成的成品油消费税收入主要用于替代公路养路费等六项收费的支出，补助各地取消已审批的政府还贷二级公路收费，并对种粮农民、部分困难群体和公益性行业给予必要扶持。《成品油价税费改革方案》自2009年1月1日起实施。

（二）行政征收的分类

以行政征收发生的原因或条件为标准，行政征收可以分为四类：

1. 因法律、法规规定的义务而发生的行政征收。这类行政征收的目的是增加国家财政收入，保障国家对社会公益事业和重点建设项目的投入，是以国家强制力无偿地参与公民、法人和其他组织的收入分配，取得国家财政收入的一种方式。如各种税、建设资金的行政征收等。

2. 因行政相对人对国有资源、资产的使用而产生的行政征收。这类行政征收是行政主体代表国家以行政征收的方式，取得国有资源、资产的收益。行政相对人只要使用、利用了国有资源、资产，就必须向国家缴纳法定数额的财产。如矿产资源费、水资源费等。

3. 因行政主体进行行政管理提供服务所产生的征收。这类行政征收是行政主体在行使行政职权过程中，因提供服务或必要的管理而依法向行政相对人收取合理、适当的费用。如市场管理费、工商注册费等。

4. 因行政主体对行政相对人行政规制而产生的行政征收。这类行政征收是因为行政相对人实施的行为不符合公共利益或加重了公共负担，行政主体依法律规定而进行的征收。如排污费、社会抚养费等。

三、行政征收的方式与程序

（一）行政征收的方式

行政征收的方式包括行政征收的行为方式与计算方式。

根据我国的现行法律、法规的规定，行政征收的方式有：查账征收、查验征收、稽查征收、定额征收、定期定额征收，也可以依法委托其他组织和个人代征、代扣、代缴等。在实际征收中，行政主体应当根据法律、法规的规定并结合当时的具体情况运用适当的方式进行征收，但无论采取何种方式，都必须采取书面的形式。

行政征收的计算方式，是行政征收额的尺度，它是行政征收的核心要素，反映了行政征收的深度，其计算方式直接关系到国家的财政收入和应征人的负担，关系到社会的发展与安定，所以其计算方式不仅应合理、科学，而且应当规范化、法律化，避免主观随意性，一般来说，行政征收大多为法律、法规所明确规定。例如，税收中所运用的税率有比例税率、累进税率、定额税率三种。

（二）行政征收的程序

行政征收的程序是指行政征收行为应采取何种方式、步骤、顺序、时限进行。从我国现行的法律规定来看，行政征收程序有征税程序和征费程序。

1. 征税程序。因征收方式的不同，税款征收的程序也有所不同。依据《税收征收管理法》的规定，缴纳过程主要有如下几个阶段：①税务登记。企业，企业在外地设立的分支机构和从事生产、经营的场所，个体工商户和从事生产、经营的事业单位，自领取营业执照之日起 30 日内，应持有关证件，向税务机关申报办理税务登记。②纳税申报。纳税人应在法律、行政法规规定或税务机关依法确定的申报期限内办理纳税申报，并报送纳税申报表、财会报表以及税务机关根据实际需要要求纳税人申报的其他材料。扣缴义务人应在申报期限内报送代扣代缴、代收代缴税款报告表以及税务机关根据实际需要要求扣缴义务人报送的其他资料。③税款征收。纳税人、扣缴义务人根据法定期限或税务机关依法确定的期限缴纳或解缴税款。

2. 征费程序。我国法律对行政收费目前尚无统一的程序规定。行政收费基本的程序规则是：①通知收费。行政主体收取费用，应当首先告知行政相对方所缴费的内容和法律依据，并表明自己的身份。在当场收缴的情况下，必须出示相关证件或者明显的表示其身份的标志。②收取费用。即行政主体依法收取行政相对人的费用。③给付收据。这是行政主体行政收费活动完毕的必须环节，表明行政相对人已按规定缴纳费用。

第二节　行政指导

本节引例

赖某因交通管理行政处罚诉广州市公安局行政复议案

为了发动群众力量打击车辆违章，广州市公安局于 2003 年 7 月 15 日发布了《关于奖励市民拍摄交通违章的通告》（以下简称《通告》），让市民充当"义务监督员"，对违章车辆进行拍摄并以照片的形式向公安部门进行检举，检举者可获得一定奖励。2004 年 3 月 5 日，赖某收到广州市公安局交通警察支队（以下简称交警支队）机动大队开具的《公安交通管理行政处罚决定书》，该决定书以市民孔某提供的照片为证据，认定赖某的车辆违反交通标志、标线规定，决定对其处以 100 元罚款。赖某不服向广州市公安局提出行政复议申请，要求：

①审查并撤销广州市公安局发出的《关于奖励市民拍摄交通违章的通告》；②撤销《公安交通管理行政处罚决定书》，并退还按该决定书规定已交纳的罚款100元。行政复议期间，广州市公安局交警支队机动大队向赖某作了询问笔录，该笔录反映赖先生对交警部门认定的违章事实没有异议。广州市公安局对该案做出《行政复议决定书》，认为《通告》符合《道路交通管理条例》（注：案件发生时《道路交通安全法》尚未实施）及《中华人民共和国人民警察法》的规定。赖某驾驶车辆违反交通标线有赖某的陈述、违章照片等证据加以证实，足以认定。但是行政处罚适用的《广州市道路交通管理处罚规定》和国务院发布的《道路交通管理条例》有抵触，按照法律效力的高低，撤销了该《行政处罚决定书》，并退还100元罚款。赖某仍然不服，认为广州市公安局把群众提供的违章线索作为行政处罚依据不妥，证据收集必须由获得法定授权的行政机关来进行，并以广州市公安局"奖励拍摄违章"的做法不合法为由将其告上法庭。试分析：《关于奖励市民拍摄交通违章的通告》的性质。

理论知识

一、行政指导的概念和特征

（一）行政指导的概念

行政指导是行政主体在其职责范围内，为实现一定的行政目的，充分发挥引导和服务的职能，通过建议、劝告、引导等非强制性的方法，指导行政相对人为或不为一定行为的一种非强制性的行为。

（二）行政指导的特征

1. 行政指导的行政性。行政指导具有行政性是指：①行政指导是基于行政职能作出的，行政指导的实施主体是行政主体。只有具有行政主体资格的行政机关和法律、法规授权的组织才能实施行政指导行为。其他主体作出的指导行为不能称为行政指导，如医学专家对人们如何防治疾病方面的建议等。②行政指导的目的是通过一种非行政命令行为，来适应现代市场经济多变的社会、经济生活对行政管理的需要。③行政指导是以调整行政关系为其内容的一种行为。

2. 行政指导的非强制性。这是行政指导不同于传统行政的最主要的方面。行政指导是不直接产生法律后果的行为，与具有强制力的行政命令行为不同，它主要以指导、劝告、建议等柔性的、非强制性的方式进行，并辅以利益诱导机制，向行政相对人施加作用和影响，促使其为或者不为一定的行为，以达到一定的行政目的。行政指导所针对的行政相对人有遵从行政指导与否的自由。即使行政相对人不按照行政指导的要求去执行，进行行政指导的主体也不能依靠国家强制力保证行政指导内容的实现。

3. 行政指导的广泛性。行政指导一般适用于弹性较大的管理领域，其方法多种多样。适用于灵活性大、协调性强的经济管理部门、科技管理部门和某些社会管理部门等领域，容易取得效果。在这样的领域摈弃传统的行政命令式的管理模式，采用非强制手段，如指导、劝告、建议、告诫等多种方式，来实现一定的行政目的，既可避免行政相对人消极抵触情绪，又可避免在这些领域出现放任自流的状态，有利于维护行政管理秩序。

4. 行政指导的法定性。行政指导应符合法治原则的要求。行政主体作出行政指导必须适用法律优先的原则，必须尊重法律，只能在法律范围内活动，不能超越行政主体的职权范围，不能作出法律已明文禁止的行为。行政指导应是行政主体在法定权限范围内的自由裁量行为。

本节引例中，《通告》是广州市公安局制定的一个行政规范性文件，鼓励市民拍摄交通违章照片并提供给公安交通管理部门，公安部门以此作为线索，经核实并与其他证据印证后据此处罚违章的机动车驾驶员，经查证属实的照片提供者可以获得20元钱的奖励。《通告》是抽象型的行政指导行为，公安机关号召和鼓励市民拍摄交通违章照片来参与、协助交通安全管理，市民可以响应号召参与，也可以不参与，《通告》是不具有强制力的行政指导行为。

二、行政指导的种类与作用

（一）行政指导的种类

1. 法定性行政指导和职能性行政指导。以行政指导有无具体的法律依据为标准，可分为法定性行政指导和职能性行政指导。法定性行政指导，也可称为有具体法律依据的行政指导，是指有法律、法规、规章明文规定的行政指导。职能性行政指导，也可称为无具体法律依据的行政指导，是指没有法律明文规定的行政指导。行政主体可以在其职权范围内，基于行政组织法的一般授权，按照法律精神或原则，实施行政指导。

2. 普遍的行政指导和具体的行政指导。以行政指导的对象是否具体为标准，可分为普遍的行政指导和具体的行政指导。普遍的行政指导是指行政主体针对不特定的行业、地区的行政相对方所进行的行政指导。普遍的行政指导具有全局性、长期性的特点。具体的行政指导是指行政主体针对特定的行业、地区的行政相对方所进行的行政指导。具体的行政指导则带有局部性、具体性、临时性的特点。具体的行政指导是普遍的行政指导的具体化。

3. 激励性行政指导和抑制性行政指导。以行政指导所体现的行政主体对行政相对人的期望为标准，可分为激励性的行政指导和抑制性的行政指导。激励性的行政指导是行政主体通过具体的指导措施，鼓励行政相对人积极实施某种行为的行政指导。如对失业人员提供的再就业指导等。抑制性行政指导是指行政主体通过具体的指导措施，劝导行政相对人不为一定行为的行政指导。例如，劳动部门劝导用工单位不要恶意拖欠职工的工资。

另外，以行政指导所蕴含的行政意向的强弱为标准，将行政指导分为警示性行政指导和非警示性行政指导；以行政指导作用的领域为标准，将行政指导分为教育行政指导、卫生行政指导、公安行政指导、环境行政指导、金融行政指导等。

（二）行政指导的作用

1. 对法律的补充作用。由于立法程序和形式的局限，立法进程往往不能适应实际行政工作的需要，从而在现实行政领域出现了大量的行政"法律空白"地带。根据"无法律无行政"的原则，对于这样的空白地带，行政主体不能用强制性的行政手段进行控制，但又不能完全无视相应的行政需要。因此为弥补这样的法律真空，行政主体有必要及时灵活地采取这种不具有强制性的行政指导来调整有关事项，从而有效地实现行政目标。

2. 辅导和促进作用。行政主体在知识、信息、政策等方面具有优越性，因而良好的行政指导能有效地引导行政相对人进行有关行为的正确选择，从而有利于促进社会经济与科技的健康发展。特别是在市场经济体制下，具有新型的协作精神的行政指导更能发挥其导向和促进作用，合理引导、影响行政相对人的行为选择，保障社会主义市场经济顺利发展。

3. 协调和疏导作用。社会生活的多元主体之间的利益矛盾和冲突是难免的。为避免这种矛盾和冲突对正常社会经济秩序的干扰和破坏，需要通过各种途径和手段对之进行协调，而行政指导正是一种灵活有效的协调手段。由于行政指导的非强制性和自主抉择性，使其在缓解和平衡各种利益主体间的矛盾与冲突中具有特别有效的作用。尤其是对于社会经济组织之间的冲突，更需要通过行政指导进行协调和斡旋。此外，对于某些一时发生隔阂、阻碍的社会关系，也需要采取行政指导及时地予以疏导和调节。

4. 预防和抑制作用。在现实生活中，某些社会组织和个人往往存在一种为增进自身利益而不顾社会利益的倾向。对此需要通过某种外在影响力加以适当抑制。在损害社会利益的行为尚处于萌芽状态时，最适宜采取行政指导这种非强制性的积极行政方式进行调整。实践证明，行政指导对于可能发生的妨害社会经济秩序和社会公益的行为，可以起到防患于未然的作用；对于刚萌芽的妨害行为，则可以起到防微杜渐的抑制作用。

三、行政指导的实施和完善

（一）行政指导的实施

行政指导虽不具有法律上的强制力，对行政相对方的权益不会造成直接的影响。但其以行政职权为后盾，对行政相对方是一种无形的压力，如果运用不当，同样会对行政相对人的合法权益造成损害。因此，正确实施行政指导行为必须符合以下条件：

1. 行政指导必须在法定权限范围内进行。行政主体实施行政指导的内容必须是自己管理权限范围内的行政事务，不得超越其法定职责权限，否则即构成行政越权。是否还需要法律、法规的具体条文规定，则应当根据行政指导的条件、内容等情况决定。

2. 行政指导的内容必须合法适当。行政指导的内容不得违反法律、法规的规定。任何诱导、劝告行政相对方背离法律规定或者背离法律的基本精神的行为都构成行政违法。为此，要求行政主体及其工作人员应当具有行政法治观念和相应的业务水平，并且在民主、公开的基础上实施行政指导行为。

3. 行政指导必须遵循并符合法定程序。行政指导的程序原则上应由法律、法规规定，尤其是某些带有规制、抑制、矫正性质的行政指导，更需要有法律、法规明确其程序。这些程序应当包括采用书面形式，指导的内容和过程要公开，说明指导的理由和依据，听取行政相对人的陈述等。对于带有授益、助成、诱导、预防性质之类的行政指导，诸如指导公民教育、就业、生活等，可参照规制类的行政指导程序，或者适当放宽某些程序。目前我国行政立法为行政主体实施行政指导所提供的基本上是实体依据，对行政主体如何实施行政指导的程序依据基本上还是空白。为此，应当加强行政指导的程序方面的立法。

（二）行政指导的完善

我国现阶段的行政指导在实际执行中不可避免地存在一定问题，主要表现在：行政指导行为的规范化、制度化的程度低。表现为：①行政指导往往出现空洞化倾向。无论是法律上对之规定，还是行政主体基于行政的实际需要作出的行政指导，都没有明确、严格、具有可操作性的程序规定或制度保证。②行政指导强制化的倾向。在行政管理中，行政主体以传统行政观念对待行政指导，将指导的内容看作行政相对人的一种必须履行的义务。当行政相对人没有按照指导的要求去执行时，通过各种手段迫使行政相对人执行。这使行政指导变成了强制性的行政命令，行政指导也丧失了其应有的功能，而只是一种带有行政指导之名的强制性的行政手段。③法律上缺乏对行政指导的约束和纠错机制。行政指导作为一种行政活动方式，必然存在违法运用、不当运用或出现失误的可能，因而需要加以约束和设定补救方法。但目前我国法律在这方面的规定还几乎是空白，这使得行政指导的实施缺乏必要的制度保障。

针对行政指导在现实中出现的问题，必须采取相应的措施予以防范或纠正。主要有：①在立法中对行政指导的实施程序、具体形式等，根据具体情况作出相应的规定，使行政指导有章可循、有法可依。②要建立完善的行政指导信息的收集、整理与反馈制度，使行政主体的行政指导有足够的信息基础，尽量保证指导的科学性和合理性。③要建立适当的行政指导责任和救济制度，对行政主体的一些严重误导行为和强制行政相对人实施的所谓行政指导等，为行政相对人提供必要的救济途径。

第三节　行政合同

本节引例

徐某某诉重庆市涪陵区国土资源局与第三人重庆市涪陵区国家建设统一征地办公室房屋征收行政补偿安置合同纠纷一案

为实施土地征收，1998 年 11 月 26 日，涪陵统征办受涪陵国土局委托以自己的名义（甲方）与徐某某（乙方）签订《房屋拆迁安置协议》，约定征地拆迁房屋建筑面积 305.15 平方米，补偿总额 83 047.40 元。协议签订后，徐某某按约预留了购房款，并将涉案房屋交付拆迁，但涪陵国土局因故未能在协议约定的过渡期交付徐某某安置房屋。直到 2010 年 7 月 27 日，徐某某才通过抽签选房的方式获得安置房一套，建筑面积 129.92 平方米。之后，徐某某要求涪陵国土局另行交付其自愿申购的 80 平方米房屋遭拒绝。2010 年 10 月 25 日，徐某某提起本案诉讼，要求人民法院确认涉案《安置协议书》有效，判令涪陵国土局履行 202.4 平方米的安置还房义务，并赔偿延期交房 128 个月的损失共计 129 800 元。法院判令涪陵国土局 3 个月内交付徐某某一套 80 平方米的房屋，同时驳回徐某某请求涪陵国土局赔偿延期交房 128 个月共计 129 800 元损失的诉讼请求。

理论知识

一、行政合同的概念与特征

（一）行政合同的概念

行政合同是指行政主体为实现国家行政管理的某些目标，而依法与行政相对人签订的协议。行政合同既有行政的特点，又有合同的一般特点，行政特点和合同特点的结合，构成了行政合同的特征。

（二）行政合同的特征

1. 行政合同的双方当事人中，必有一方是行政主体。行政合同的行政性首先是由主体决定的，即在行政合同法律关系中必有一方主体是行政主体。行政合同实质上是行政主体通过与行政相对人协商的方式来行使其对国家和社会公共事务管理权的表现。

2. 签订行政合同的目的在于实施国家行政管理的目标，行政合同的内容涉及国家和社会的公共事务。因此，它受法律的特别保护，由不同于一般民法规则的特别规则调整。

3. 行政合同以双方当事人意思表示一致为成立的要件。虽然行政合同是行政主体行使其对国家和社会公共事务管理职权的一种方式，但其成立前提是合同双方意思表示一致。在这一点上行政合同区别于一般行政行为。

4. 行政合同贯彻行政优益权原则。由于行政合同的目的是为了国家和社会公共利益，因此国家通过法律赋予行政主体许多职能上的优益权。在行政合同的缔结、履行或解除中，双方当事人并不处于完全平等的法律地位，行政主体可以选定合同的一方当事人，对合同的履行有监督权、指挥权，还可以根据国家行政管理的需要，单方面地行使合同变更权和解除权，而相对一方当事人则没有这些权利，处于相对被动、劣势的地位。当然，行政合同中行政优益权的行使是有条件的，要受公平、合理、合法原则的支配。行政主体非因相对一方当事人的过错而解除合同，导致相对人财产上损失的，其应承担赔偿或补偿的责任。

5. 行政合同纠纷通过行政法上的救济途径解决。在我国，民事合同纠纷由民事审判庭审理，经济合同纠纷由经济审判庭处理，而行政合同纠纷的处理途径尚未明确。根据行政合同的前述特征，其显著的公法目的性和浓厚的行政优越性，决定了行政合同既不同于民事合同又不同于经济合同，其纠纷解决不宜通过民事经济争议处理途径，而应遵循行政争议的解决途径，即通过行政复议、行政审判等方式处理。

二、行政合同的作用

在我国，行政合同的观念与方式的导入，与行政管理体制改革和市场经济责任制思想的出现相联系，特别是从计划经济向市场经济转轨而引发政府职能和管理手段变化，国家所有权和经营权分离，行政机关管理国家和社会公共事务的方式也相应地发生了重大变化，出现了行政机关之间、行政机关与公民、法人和其他组织之间以双方意思表示一致而确立行政法律关系的非权力性的行政合同。行政合同是一种富有灵活性和现代色彩的管理形式，具有刚柔相济的优点，可以较好地发挥行政主体和行政相对人双方的主动性和创造性，有利于国家行政目的的实现。作为对行政命令、行政处罚、行政强制等传统管理手段的重要补充形式，行政合同的观念受到关注并在实际行政管理中广泛运用，在建立和发展社会主义市场经济中发挥着越来越重要的作用。

1. 行政合同有利于更好地实现国家行政目标，有利于避免行政主体互相扯皮、推诿，杜绝不负责任的官僚主义作风。行政合同是行政主体为实现国家行政目标而采用的一种行为方式，因而行政合同的一方当事人行政主体，在行政合同的订立或履行过程中，始终起着主导作用。在行政合同的履行过程中，行政主体可以根据具体情况的变化而单方面地修改、中止甚至解除合同，以保障公共利益即行政目标的实现，而行政合同相对一方当事人的契约自由权就要受到相应的限制。虽然行政合同中存在着行政主体和相对一方当事人之间地位上的不平等，但是，订立行政合同可以使行政主体和相对人的权利义务相对确定和明晰，合同内容对当事人双方均是一种限制和制约。因而，行政主体虽然享有行政优益权，但其行为必须受合同规定的制约。给相对人带来损害或损失的，行政主体应该给相对人以相应的赔偿或补偿。

2. 行政合同有利于行政相对人更好地发挥积极性和创造性。在文化、科研、教育、资源开发以及环保、给付行政等领域，用简单、强硬的行政命令手段，往往难以达到理想的行政目标。采取行政合同的方式，既便于实现行政目的，又保留了制裁对方违约行为的权利，避免相对人不负责任、不认真履行合同，而其优惠待遇等一系列利益机制，可以激励相对人充分发挥其主观能动性和最大的创造性。正确运用行政合同，可以保证行政权的正确运用和充分发挥行政相对人的积极性和创造性。

3. 行政合同可以使合同争议投诉有门，解决有据。通过签订行政合同，使行政主体和行政相对人的地位明确，各自的权利义务得以明晰，如果在履行行政合同中发生争议，当事人可以据此向人民法院提起诉讼，寻求法律保护或救济。

三、行政合同的分类

（一）行政合同的理论分类

根据不同的标准，行政合同可以进行不同形式的理论划分。

1. 承包合同、转让合同和委托合同。根据合同内容的不同，行政合同分为承包合同、转让合同和委托合同等。承包合同是指基于行政管理与被管理关系，明确规定双方权利义务，约定由相对人承揽某种行政事务的合同。通过合同形式明确双方权利义务，并不因此而改变双方管理与被管理关系的性质。转让合同是指合同当事人转让财产所有权或使用权的合同。转让合同的签订，将导致所有权或使用权的转移，双方较少管理与被管理关系的色彩。委托合同是指行政机关将属于其职务范围的某些事务委托另外的机关或个人、组织办理的合同。

2. 金钱给付合同和非金钱给付合同。根据合同是否具有金钱给付内容，行政合同可分为有金钱给付内容的合同和无金钱给付内容的合同。

3. 各种专业管理行政合同。根据行政机关的职务范围不同，行政合同可分为各种专业管理合同，如工业管理行政合同、交通管理行政合同、农业管理行政合同、文化管理行政合同等。

（二）行政合同的实践分类

目前，在我国行政实践中较为常见的行政合同类型主要有：

1. 科研合同。这是行政主体与科研机构之间，为完成一定的科研技术开发项目、确定双方权利义务关系而订立的合同。我国对于重大科技项目普遍实行合同制度，大多采取行政合同的方式实现科研项目的完成。

2. 国家订购合同。这是行政主体基于国家利益和社会公共利益的需要，与行政相对人签订的订购有关物资、产品的合同。例如，在我国农村广泛实行的棉订购合同即是国家订购合同，农民必须根据合同完成耕作任务和提供农产品，国家有义务收购并依照合同向农民提供平价的化肥、农药、柴油等。

3. 公益征收合同。公益征收合同，是指行政主体为社会公共利益，在依法给予补偿的前提下，通过与相对方签订征收其财产的行政合同。公益征收合同也是行政合同的一种，其广泛运用于交通、运输、城市建设、土地管理等领域。例如，《中华人民共和国土地管理法》对此类合同有规定：政府有关部门应与被征收财产的所有人或使用人，就补偿、安置等问题签订书面合同。

4. 公共工程建设投资合同。这是行政主体为了社会公共利益的需要，就某些公共工程项目的建设，与行政相对人协商共同投资参与，确定双方权利义务而签订的行政合同。这类合同旨在调动行政相对人积极参与社会公益事业，动员社会力量弥补国家财力的不足，将社会公益事业的发展由以前单纯的政府行为变为有相对人参与的社会行为。

5. 土地等国有资源的有偿出让、承包经营和开发利用合同。这是指行政主体以国有土地等资源管理者的身份，将土地等国有资源的使用权在一定时期内让与行政相对人使用，并让其承包经营，同时向国家支付土地使用出让金，与相对人订立的使用权和开发利用土地等国有资源的行政合同。

6. 企业承包合同。这是行政主体作为发包方，实行承包经营的企业作为承包方，双方经协商，依法确定各自的权利义务，签订的国有企业承包经营的行政合同。

7. 政府采购合同。这是政府为了实现其职能和公共利益，以法定方式和程序，使用公共资金，从市场上为政府部门及其他公共部门购买物、工程或服务的合同。

除以上几类行政合同外，在实践中还有行政委托合同、行政聘用合同、计划生育合同等。

四、行政合同的缔结、履行、变更和消灭

（一）行政合同的缔结

1. 缔结行政合同的规则。行政主体与行政相对人缔结行政合同，一般应遵循以下规则：

（1）必须有法律根据或明确的法律授权。行政主体订立行政合同的行为与平等民事主体之间签订民事合同享有很大的自由和自主权不同，行政主体只能在法律明确规定或授权下，才可订立行政合同。

（2）行政合同必须出于行政需要。这种行政需要既要有法律、法规的明确规定，又要基于法律、法规的原则精神和行政管理的实际情况。

（3）行政主体缔结行政合同，不能超越行政权限。行政主体缔结行政合同，不能超越自己管辖的事务范围和权限范围，否则就属于无效合同。

（4）内容合法。行政主体不得就国家法律、政策明令禁止的事项与行政相对人缔结行政合同。合同的内容不得与法律相抵触。

（5）坚持公开竞争原则。缔结行政合同必须公正、公开、平等竞争，这样可以制约行政恣意，保证行政主体合理、公正地运用其在行政合同中的主导权，有利于通过行政合同圆满实现行政目的。

（6）采用书面形式。行政合同一般采用书面形式。

2. 行政合同的缔结方式。缔结行政合同的主要方式有：

（1）招标。即指行政主体通过一定方式，公布一定的条件，向公众发出以订立行政合同为目的的意思表示。行政主体作为招标人在发出招标公告前或公告后，需要制定标底，标底不能公开。行政相对人按照行政主体公布的资格和条件进行投标。行政主体经过评议后，与提出最优条件的投标人签订合同。招标是缔结行政合同较常见的方式。

（2）拍卖。这是行政主体作为拍卖人向公众发出的以订立行政合同为目的的意思表示，行政主体在同意拍买人的条件后，合同即告成立的一种方式。拍卖与招标相比，区别在于：相互竞争的拍买人彼此知道其他拍买人的条件，可以随时改变自己要约的内容，行政主体与条件最优的拍买人订立合同。这种方式通常适用于国有资产的出让。

（3）邀请发价。这是指行政主体出于政治、经济、技术等方面的原因，在招标时不一定与要价最优的行政相对人缔结合同，而是邀请选择其认为最恰当的行政相对人签订合同。这种方式一般也采取公开的招标，但在投标的基础上，行政主体可以在参加投标的行政相对人中选择合同的相对方。

（4）直接磋商。这是指行政主体在某些特殊情况下，直接与其他组织或公

民进行协商，签订合同。这一般只能适用于需要保密的合同、情况紧急的合同、某些特殊的高度专门技术的合同以及研究实验合同和特别方式履行的合同等。

（二）行政合同的履行

依法成立的行政合同具有法律约束力，双方当事人必须全面、正确、及时地履行，以圆满地实现行政合同的目的。为了确保合同的履行，一般要求行政合同履行必须遵循以下规则：

1. 实际履行。缔结行政合同的目的在于实现行政管理目标，实现国家和社会的公共利益。因此，行政合同所确定的内容必须获得实现。无论缔结双方当事人之间存在何种矛盾或争议，只要公共利益需要，而当事人又有能力履行的，就必须实际地履行，不允许任意变更标的或用违约金和赔偿损失的方法代替合同的履行。

2. 自己履行。行政合同的性质决定了其非常重视当事人的个人因素，因此，合同缔结以后，只要没有取得行政主体的同意，当事人就不得自行更换，也不得委托给其他人代为履行。

3. 全面、适当、及时履行。行政合同的当事人应按照合同规定的内容，全面、适当、及时地履行，不得任意增加或减少合同规定的内容，严格按照合同条款的规定履行。在合同执行中，除法律规定的特别情况外，当事人不能对合同的标的、履行期限、履行方式、履行地点任意进行变更，也不能只履行部分条款或部分内容，不能采取不适当的方式造成合同履行困难，或增加履行的负担。

（三）行政合同的变更和消灭

1. 行政合同的变更。这是指已订立的行政合同在不改变其基本性质的前提下，行政主体基于特定的法律事实和行政优益权，对涉及合同主体、标的、内容等条款作相应的修改、补充或限制的活动。行政合同变更的主要情形是：行政主体为了国家和公共利益的需要，依法行使裁量特权，单方面变更合同；由于一定的法律事实的出现，如不可抗力等原因，从而需要变更行政合同。行政合同的变更部分不再履行，但原合同中的未变更部分应当履行。双方当事人应按照合同变更后确定权利义务关系履行合同。

2. 行政合同的消灭。具体包括：①行政合同解除。这是指合同当事人尚未履行或未全面履行合同时，当事人提前结束合同约定的权利、义务关系，不再履行合同。行政合同的解除方式主要有：其一，单方面解除合同。这是行政主体单方意思表示所产生的解除合同。其二，双方协商解除合同。这是经双方当事人协商，意思表示一致所产生的解除合同。这种方式通常是由行政相对人提出解除合同的意思表示，在征得行政主体同意后提前终止行政合同效力。②行政合同的终止。行政合同终止的情况主要有：合同履行完毕或合同期限届满；双方当事人同意解除合同；行政主体单方面解除合同；因不可抗力导致合同履行已不可能；因一方或双方过错，经有权机关决定或法院判决解除合同。

五、行政合同双方当事人的权利和义务

(一)行政主体的权利和义务

行政主体的权利主要有：①选择行政合同相对方的权利。订立行政合同时，行政主体可以根据实际情况和要求，选择适当的合同相对方。②对合同履行的监督权和指挥权。行政主体在行政合同中具有双重身份，既是合同的当事人，应受到合同的约束，同时又代表国家行使行政管理权，有权对合同的履行进行监督、控制和指挥。③有权单方面变更或解除行政合同。在合同履行中，行政主体根据国家法律或政策的修订或调整，以及公共利益的需要，有权单方面变更或解除行政合同。但是，这种权力的行使应当受到限制。具体要求是：这种权利只能在公共利益需要的限度内行使；不能变更或解除与公共利益无关的合同条款；因变更或解除合同而造成相对人损失的应予以补偿。④有权对不履行或不正确履行合同的相对人进行制裁。制裁权是行政机关保障合同履行的一种权力，如果相对人违反合同，行政机关可依法予以制裁。

行政主体的义务主要是：①依法履行合同的义务。行政主体作为合同的一方当事人应当依法履行合同规定的义务，不能因自己地位优越而不履行合同义务。②保证兑现其应给予合同相对方当事人的优惠或照顾的义务。③给予相对人物质损害赔偿或补偿的义务。在合同履行过程中，凡是因行政主体的原因引起合同的变更、解除，从而使相对人受到物质损害的，行政主体负有赔偿或补偿的义务。④按照合同规定，行政主体有给付行政相对人价款的义务。

(二)行政相对人的权利和义务

行政相对人权利主要有：①取得报酬权。行政相对人应当获得的报酬除了由法律、法规直接规定外，通常是在合同中加以规定的。行政合同中的报酬是为行政相对人付出的劳务、服务，以及提供的物质产品的价金。行政合同中规定的报酬条款，行政主体不能单方面变更。②损害赔偿请求权。行政合同中的损害赔偿请求权，是类似民事合同的一项权利。相对人因行政主体的过错而受到损害时，可以申请要求过错行政主体赔偿或请求人民法院判决其赔偿。③损失补偿请求权。行政合同签订后，行政主体出于社会公益的需要，单方面变更或终止合同的特权行为造成相对人的损失时，相对人可以提出要求行政主体予以补偿损失的权利。行政主体因特权行为造成行政相对人损失或增加行政相对人负担的，不论具体合同中有无规定，行政相对人都可以请求补偿。这种损失补偿请求权对于维护行政相对人合法权益非常必要，也是为设定行政主体特权

所必须为行政相对人设定的救济。否则,这种特权不能成立。④不可预见的困难情况的补偿权。行政合同在执行过程中,有时可能出现当事人订立合同时不能预见的困难情况,从而使合同的履行受到影响,会加重相对人的负担。对此,行政相对人有权请求行政主体共同承担损失,或请求行政主体予以补偿。

行政相对人的义务主要是:①按照合同规定的要求和期限,认真履行合同规定的义务;②接受行政机关的管理、监督和指挥的义务。

本节引例中,涪陵国土局作为行政主体,在涉案《安置协议书》签订、履行中处于主导地位,享有行政优益权,负有核实徐某某是否属于安置对象、预先制定协议主要内容、向徐某某发出邀约等职权,而作为相对方的徐某某是该行政合同的承诺方,仅享有部分合同当事人的权利,其权利的行使相对受到更多的限制。出于对国家机关公权力的信任,徐某某已经依照涉案《安置协议书》的约定履行了搬迁交房、预留购房款等义务,配合涪陵国土局征地拆迁工作的推进,涪陵国土局多年来并未对涉案《安置协议书》的内容作出变更,基于诚实信用和信赖利益保护原则,涪陵国土局亦应当履行该协议约定的义务。因此,涪陵国土局仅安置补偿徐某某129.92平方米的房屋,未按照安置协议履行职责,法院判决涪陵国土局限期交付徐某某一套80平方米的房屋,合法合理。另外,涪陵国土局延期交房并非徐某某造成,作为履行义务方的涪陵国土局应当承担责任。

延伸阅读

其他行政行为,还包括行政规划、行政确认、行政奖励、行政裁决、行政给付、行政调解等。行政规划,是指行政主体在实施公共事业及其他活动之前,首先综合地提示有关行政目标,事前制定出规划蓝图,以作为具体的行政目标,并进一步制定为实现该综合性目标所必须的各项政策性大纲的活动[1]。例如,《安徽省"十五"汽车工业发展规划》是关于安徽省汽车工业在"十五"期间的战略定位、方向和重点予以明确的行政规划。行政确认,是指行政主体依法对行政相对人的法律地位、法律关系或有关法律事实进行甄别,给予确认、认定、证明并予以宣告的具体行政行为。例如,婚姻登记是婚姻登记机关对已存在的婚姻事实及婚姻关系的确认,经确认,婚姻生效,才能得到法律的保护。婚姻登记是一种行政确认行为。行政奖励,是指行政主体为表彰先进、激励后进,充分调动和激发人们的积极性和创造性,依照法定条件和程序,对为国家、

---

〔1〕 姜明安主编:《行政法与行政诉讼法》,北京大学出版社、高等教育出版社2007年版,第296页。

人民和社会作出突出贡献或模范地遵纪守法的行政相对人，给予物质的或精神的奖励的具体行政行为。[1] 例如，国家科学技术进步奖是五项国家科学技术奖之一，是中国国家科学技术奖励委员会主办的在科学技术方面设立的国家级奖励。为奖励在科技进步活动中作出突出贡献的公民、组织，国务院设立了五项国家科学技术奖：国家最高科学技术奖、国家自然科学奖、国家技术发明奖、国家科学技术进步奖和中华人民共和国国际科学技术合作奖。行政裁决，是指行政主体依照法律授权，对当事人之间发生的、与行政管理活动密切相关的民事纠纷进行审查，并作出裁决的具体行政行为。行政裁决是行政主体广泛运用的一种裁决方式，例如，《专利法》、《商标法》、《土地管理法》等法律，授权行政机关可以对当事人之间发生的、与行政管理活动密切相关的侵权赔偿争议和权属争议予以裁决。行政给付，是指行政主体为保障人民生活达到一定水准而进行的给付活动，包括公共辅助、社会保险、公共卫生、公共医疗和社会福利。[2] 例如，公民在失业、低经济收入或者遭受天灾、人祸等特殊情况下，可以向行政主体申请帮助，行政主体依照有关法律、法规、规章或者政策的规定，赋予申请人一定的物质权益或者与物质有关的权益。

行政调解，是指由行政机关主持的，以法律、政策为依据，以自愿为原则，通过说服教育的方法，促使双方当事人友好协商，达成协议，从而解决争议的活动。行政调解属于诉讼外调解，所达成的协议均不具有法律上的强制执行的效力，但对当事人均应具有约束力。

思考题

1. 简述行政征收与行政征用、行政征购及公益征收的区别。
2. 试论述行政指导的种类与作用。
3. 试论述行政合同双方当事人的权利与义务。

实务训练

案例一：新郑市郭店镇宏达建材厂不服新郑市郭店镇人民政府行政收费案

在新郑市郭店镇宏达建材厂建厂经营期间，新郑市郭店镇人民政府下属部门郭店镇村镇建设土地管理所于 2006 年 11 月 9 日收取了该厂用地手续费 5 万

---

[1] 张正钊主编：《行政法与行政诉讼法》，中国人民大学出版社 2004 年版，第 153 页。
[2] [日]南博方：《日本行政法》，杨建顺、周作彩译，中国人民大学出版社 1988 年版，第 29 ~ 30 页。广义上的行政给付，包括供给行政、社会保障行政、财政资助行政。

元，2007 年 5 月 8 日又收取现金 1 万元，2007 年 5 月 31 日新郑市郭店镇人民政府下属部门镇协税护税办公室收取 2007 年砖窑场赋税 7 万元。2007 年 6 月 28 日，新郑市郭店镇人民政府通知该厂停止生产、拆除供电设备、拆除砖机、拆除窑体，并于 2007 年 7 月 10 日前将该土地恢复耕种。新郑市郭店镇宏达建材厂认为，新郑市郭店镇人民政府收取的上述各项费用没有法律依据，要求其退还，未果，遂诉至人民法院，请求依法判决新郑市郭店镇人民政府退还收取的 13 万元费用。法院受理了本案。

问题：新郑市郭店镇人民政府下属部门在向新郑市郭店镇宏达建材厂收取费用时是否必须有法律依据？

案例二：郭某、陈某与息县濮公山管理区行政合同纠纷案

2005 年 8 月 1 日，息县濮公山管理区所属的资源管理办公室（以下简称资源管理办公室）与郭某、陈某签订《河砂资源管理目标协议书》，资源管理办公室委托郭某、陈某对息县长陵乡辖区所有沙场实施管理，并负责征收资源补偿费，由郭某、陈某向被告一次性交清全年黄沙资源补偿费 2.6 万元，合同期限为 2006 年 6 月 30 日至 2007 年 6 月 30 日。郭某、陈某依该协议规定向被告所属的资源管理办公室缴纳 2.6 万元后，开始征收长陵乡辖区内沙场的黄沙资源补偿费。2006 年 9 月 27 日，息县濮公山管理区发布息濮管字〔2006〕24 号文件，终止长陵沙场黄沙资源补偿费代收代缴委托协议，责令资源管理办公室和执法大队负责收回各自所签订的协议。该协议被解除后，郭某、陈某多次到息县濮公山管理区协商，要求退还已缴纳的款额，但都以种种理由被拒绝。郭某、陈某向人民法院提起行政诉讼，请求法院判令息县濮公山管理区退还其缴纳的黄沙资源补偿费并按协议规定承担违约责任。

问题：息县濮管区资源管理办公室与郭某、陈某签订的《河砂资源管理目标协议书》是否为行政合同？是否有效？

第十章　行政复议

【知识目标】

1. 掌握行政复议的概念。
2. 理解行政复议的原则。
3. 掌握行政复议的范围、管辖和复议程序。
4. 明确行政复议参加人、行政复议机关。

【技能目标】

运用行政复议法原理分析和解决行政复议案件。

第一节　行政复议概述

本节引例

某村民小组申请区人民政府确认建设环保局的协议无效案

某区建设环保局与某公司于 2001 年 9 月签订建一栋综合大楼的协议书，2002 年建成后由于其他原因该综合大楼一直没有使用。2010 年 8 月某公司与刘某签订一综合大楼转让协议，将其与某区建设环保局建的综合楼中享有的所有权利与责任转让给刘某。某村民小组认为以上两份协议侵害了其合法权益，于 2010 年 8 月向某区人民政府申请行政复议，要求确认某公司与刘某于 2010 年 8 月签订的协议书以及某区建设环保局与某公司的协议书无效；同时要求某区建设环保局、某公司、刘某停止侵权、恢复原状、赔偿损失。试分析：行政机关与公司签订建楼协议是否属于行政复议的范畴？

理论知识

一、行政复议的概念

行政复议，是指公民、法人和其他组织认为行政主体的具体行政行为侵犯其合法权益，依法向行政复议机关提出复查该具体行政行为的申请，行政复议机关按照法定程序对该具体行政行为进行合法性和合理性审查，并作出裁决的活动。

（一）行政复议是行政机关的行政行为

行政复议的主体是享有行政复议权的国家行政机关。这包括两层含义：①行政复议机关只能是国家行政机关。其他国家机关，如立法机关、审判机关和检察机关，不能成为行政复议机关。②作为行政复议机关的国家行政机关必须享有行政复议权，没有行政复议权的国家行政机关不能成为行政复议机关。行政复议机关一般为作出具体行政行为的行政机关的上一级主管部门或本级人民政府。

（二）行政复议是依申请的行政行为

行政复议是一种依申请的行政行为，即行政复议是行政主体根据行政相对人的申请，在审查被申请的行政行为是否合法、适当的基础上，依法作出的一种行政行为；有权提起行政复议的只能是认为自己的合法权益受到具体行政行为侵犯的公民、法人和其他组织。应当指出，公民、法人和其他组织提出复议申请，并不要求具体行政行为事实上已侵犯其合法权益，而只要其认为合法权益受到侵犯就可以，事实上到底是否受到侵犯，只有在行政复议完结后才能确定。

（三）行政复议是化解行政纠纷的重要途径

行政复议解决的是行政争议，即行政主体与行政相对人就行政主体的具体行政行为是否合法以及是否适当而发生的争议。确立行政复议制度的目的之一就是防止行政机关以及其工作人员作出违法或者不适当的具体行政行为，行政复议机关通过这种监督机制依法对违法或者不适当的行政行为进行审查和纠正。

本节引例中，某区建设环保局与某公司签订协议书的行为不属于具体行政行为。虽然某区建设环保局是行政机关，但其与某公司是在 2001 年 9 月签订的建一栋综合大楼协议，该行为是一种共建房屋行为，签订该协议的行为亦不是行政职务行为，而是一种民事法律行为。之后某公司与刘某签订的转让协议亦是一种民事法律行为，不是具体行政行为。因此，行政机关与公司签订建楼协议不属于行政复议的范畴。

（四）行政复议是一种行政救济手段

行政复议是上级行政主体对下级行政主体进行监督的一种基本形式，是国家行政救济机制的重要制度。通过行政复议，既是对行政机关的行为进行复查，纠正违法或不当的行政行为，也是对作为行政相对方的公民、法人和其他组织的合法权益的保障。行政复议比一般行政程序更为正式、严格，较司法审判程序简便、灵活，它兼顾公正与效率，具有准司法性。

二、行政复议的基本原则

行政复议的基本原则，是指在行政复议立法目的的指导下和遵循行政复议的基本规律下设定的，对行政复议活动具有指导意义的基本行为准则。

（一）合法原则

合法原则是指履行行政复议职责的行政机关必须严格按照行政复议法的规定，对行政相对人申请复议的具体行政行为，依法定程序进行审查，根据审查的不同情况，依法作出不同的处理决定。具体而言，合法原则有下列几个方面的要求：①履行复议职责的主体合法；②审理复议案件的依据合法；③审理复议案件适用的程序合法；④复议行为的内容合法。

（二）公正原则

公正原则是指行政复议机关必须在程序公平的约束下，正当地行使复议权。行政复议机关公正地行使复议权，对于复议机关而言，是使相对人信服，确立其权威的源泉；对于申请人而言，是申请行政复议获得行政救济的主要目的。具体而言，公正原则要求复议机关在复议过程中应当平等地对待双方当事人，无偏私、公正地作出行政复议决定。

（三）公开原则

公开原则是指行政复议机关应当向行政相对人和社会公开行政复议活动。公开意味着公民有权了解政府的活动，除涉及国家秘密、商业秘密和个人隐私之外，政府的活动均应向社会公开。具体而言，公开原则包含以下几个方面的内容：①行政复议的依据公开；②行政复议活动过程公开；③行政复议决定公开。

（四）及时原则和便民原则

及时原则是指行政机关在查明事实、分清是非的基础上，应在法定期限内迅速地解决行政争议。及时原则既有利于提高行政效率，也是保护公民、法人和其他组织合法权益的需要。具体而言，及时原则要求：①受理复议申请应当及时。行政机关在收到行政相对人的复议申请后，应当在5日内对复议申请书进行审查，对于符合法定条件的应当及时作出受理决定并通知申请人；对于不符合法定受理条件的，应当及时作出不予受理决定并通知申请人；对于符合本法规定，但是不属于本机关受理的行政复议申请，应当告知申请人向有关行政复议机关提出。②复议活动应当及时进行。行政机关受理复议案件以后，应当及时进行调查、取证、收集相关材料，在法定期限内完成复议案件的审理，并及时作出复议决定，使行政争议尽早得到解决。《行政复议法》规定，行政复议机关应当自受理申请之日起60日内作出行政复议决定。但是法律规定的行政复议期限少于 60 日的除外。申请人对抽象行政行为提出审查申请的，行政机关应当在 30 日内依法处理，无权处理的，应当在 7 日内转送有关机关，有权处理的行政机关应当在 60 日内依法处理。③执行行政复议决定要及时。行政复议决定一经送达，即具有法律效力，行政复议机关要督促该行政复议当事人履行。对行政机关（被申请人）不履行行政复议决定的，复议机关应责成其履行；对行政相对人在法定期限内不起诉又不履行的，复议机关应依法强制执行或申请人民法院强制执行。

便民原则是指行政复议活动应尽可能做到方便行政相对人申请行政复议，简化复议程序，节省行政相对人的时间。

第二节　行政复议范围

本节引例

案例一：刘某不服某省教育厅行政许可复议案

刘某于 1998 年 4 月起报考了某省高等教育法律专业本科段的自学考试，至 2000 年 5 月，先后通过了 12 门课程，大学英语通过四级，符合免考外语的条件，即总计通过 13 门考试课程。根据该省有关规定，凡取得 8 门必考课和 5 门选考课课程合格成绩的，发给本科毕业证书，英语成绩合格的毕业生授予学士学位。在执行该规定期间，国家教育部于 1998 年 8 月印发了《关于印发〈高等教育自学考试法律专业（本科）考试计划〉的通知》，其中规定高等教育自学考试法律专业部分课程将从 1998 年下半年起实行修订计划后的全国统一考试，已开考该专业的地区应按本计划在 2000 年底前完成过渡工作。据此，该省教育厅发文通知，规定从 1999 年下半年起，该省逐步实施调整计划后的全国统一考试，凡在 2000 年前毕业的原法律专业（本科）第一轮考生仍可按原考试计划规定的课程门数毕业。2000 年以后毕业的法律专业本科段考生，将按新的考试计划执行。刘某据此向自考管理机构申请颁发毕业证及学位证，但遭到自考管理机构的拒绝。其理由是，该省自 1997 年 4 月起正式开设法律专业本科段的高等教育自学考试，1998 年教育部决定对全国范围内现行开考的高等教育自考法律专业进行调整和改革，省招考办因此制定了新的考试计划，将原计划规定的 13 门考试课程增加为 15 门，以文件的形式下发了通知。申请人已通过的 13 门课程有效，但因其不属于 1997 年开考时报考的考生，故应按新计划的规定考足 15 门课程并成绩合格方能办理毕业手续。刘某不服，遂以主管该自考管理机构的某省教育厅为被申请人向省人民政府申请行政复议。

案例二：某运输公司不服行政机关作出的证据登记保存的行政复议案

某市城乡客运管理执法人员在执法检查过程中发现某运输公司客车未按规定站点停靠上客，在简单询问驾驶员后，执法人员以证据登记保存文书扣留了车辆营运证和从业资格证。某运输公司不服该行为，向市政府申请行政复议。试分析：对行政机关作出的证据登记保存文书提出的行政复议申请，行政复议机关是否应受理？

理论知识

行政复议范围，是指行政相对人认为行政机关作出的行政行为侵犯其合法权益，依法可以向行政复议机关请求重新审查的范围。行政复议作为一种法律救济手段，其在解决行政争议功能上的局限性，导致行政复议机关不可能受理所有的行政争议。因此，通过立法规定行政复议范围是非常必要的。《行政复议法》规定了可以申请复议的行政行为和不可以申请行政复议的事项。

一、可申请行政复议的事项

（一）申请复议的具体行政行为

1. 行政处罚行为。根据《行政处罚法》的规定，行政处罚主要有警告、罚款、没收违法所得、没收非法财物、责令停产停业、暂扣或者吊销许可证、暂扣或者吊销执照、行政拘留以及法律、行政法规规定的其他形式的处罚。《行政复议法》仅列举七种行政处罚形式，但这不意味着具有排他性。从立法目的上看，公民、法人和其他组织对于法律、行政法规规定的其他种类的行政处罚不服的，同样可以提起行政复议。

2. 行政强制措施。行政强制措施包括限制人身自由和限制财产的行政强制措施两类。限制人身自由的行政强制措施的表现形式多样，如扣留、强制戒毒、强行隔离、强制治疗、对公共场合醉酒者的强制约束、对闹事者采取的带离现场的措施等。对财产的行政强制措施的主要形式是查封、扣押、冻结，还包括单行法律法规中规定的强制扣除、强制扣缴、强制收购、强制铲除等措施。

3. 行政许可申请。许可证、执照、资质证、资格证等证书是行政许可权的外化形式，行政许可是指有权行政机关根据行政相对人的申请，依法核发一定证明文书，允许证书持有人从事某一职业或进行某种活动。行政机关核发的许可证大体可以分为两类：一类是行为许可；另一类是资格许可。对于行政相对人而言，此类许可证书一经颁发，便具有法律效力。有权行政机关没有依法办理，或者对申请不予答复的，申请人可以申请复议。如果行政机关在证书有效期限作出变更、中止、撤销的决定，证书持有人有权申请复议，寻求法律救济。

本节引例案例一中，《高等教育自学考试暂行条例》第25条规定，"高等教育自学考试应考者符合下列规定，可以取得毕业证书：①考完专业考试计划规定的全部课程，并取得合格成绩；②完成规定的毕业论文（设计）或其他教学实践任务；③思想品德鉴定合格。获得专科（基础科）或本科毕业证书者，国家承认其学历。"第26条规定"符合相应学位条件的高等教育自学考试本科毕业人员，由有学位授予权的主考学校依照《中华人民共和国学位条例》的规定，授予相应的学位。"由此可以看出，刘某认为自己符合被授予毕业证、学位证的条件，并向有权颁发两证的某省自考管理机构提出了颁发申请，这是一个行政许可行为，而某省自考管理机构却拒绝了该行为。刘某完全可以依照《行政复议法》第6条第8项的规定："认为符合法定条件，申请行政机关颁发许可证、执照、资质证、资格证等证书，或者申请行政机关审批、登记有关事项，行政机关没有依法办理的"，可以申请行政复议。以主管该自考管理机构的某省教育厅为被申请人向某省人民政府申请复议。

4. 权属纠纷事项。行政机关作出的关于确认土地、矿藏、水流、森林、山岭、草原、荒地、滩涂、海域等自然资源的所有权或者使用权的决定，是有权行政机关对个人、组织的法律地位或者权利义务关系的确定、认可和证明，公民、法人和其他组织对于行政机关的确认决定不服，都可以申请复议。

5. 经营自主权保护。公民、法人和其他组织在法律、法规规定的范围内拥有的调配使用自己的人力、物力、财力，自主组织生产、经营活动的权利，这构成经营自主权。如果认为行政机关限制或剥夺自己的合法经营自主权，有权向行申请行政复议。

6. 农业承包合同。基于公共利益的考虑，行政机关在国家政策发生改变或当事人情况有所变化时，可以对农业承包合同进行相应的变更，即对合同的主要条款进行修改以适应新的变化，在某些情况下，行政机关甚至可以废止农业承包合同，使农业承包合同完全失去法律效力。但这并不构成行政机关可以恣意变更或者废止农业承包合同的理由。公民、法人和其他组织认为行政机关变更或者废止农业承包合同侵犯其合法权益，可依法申请行政复议。

7. 违法设定义务。行政复议法列举了最具代表性的行政机关违法要求履行义的三种形式，即行政机关违法集资、征收财物、摊派费用，除以上列举的之外，行政机关没有合法依据而让公民、法人和其他组织出钱、出工、出物等其他行为都属于违法要求履行义务，公民、法人和其他组织对这些违法要求，不仅可以拒绝执行，而且可以申请行政复议。

8. 履行法定职责。公民、法人和其他组织在其人身权、财产权、受教育权利等各项权利受到侵犯时，有权申请行政机关给予保护。负有法定职责的行政机关如果没有依法履行的，即拒绝履行或未予答复的，受害人可以申请行政复议。

9. 社会保障救助。公民有获得国家物质帮助的权利，依法可申请行政机关依法发放抚恤金、社会保险金或者最低生活保障费等，以获得社会救助。如果公民认为其符合法定条件且提出申请，行政机关没有依法发放的，或对发放的数额或数量有异议的，可申请行政复议。

10. 认为行政机关的其他具体行政行为侵犯其合法权益的。这是一条概括性的规定，凡不属于上述列举情形的具体行政行为，只要行政相对人认为侵犯其合法权益，均可以提起行政复议。

本节引例案例二中，争议的焦点问题是行政机关作出的证据登记保存文书，是行政机关行政执法过程中的取证方式之一呢？还是实质上是实施了扣押的行政强制措施行为？大家知道实施证据登记保存必须符合以下要件：①必须是在特殊、紧急情况下实施；②在 7 日内作出处理决定；③须经行政执法机关负责人的批准；④登记保存的物品是须与违法行为直接关联的证据；⑤对采取保全的物品进行登记。行政机关不能任意扩大证据登记保存范围，必须是在特殊、紧急情况下，如证据有可能灭失、事后将难以取得等情况下，行政执法机关才能实施。本案中城乡客运管理机关认定申请人存在未按规定站点停靠上客的违法行为，完全可以通过询问笔录、证人证言、现场笔录等其他证据就能够确定行政相对人违法事实，而且不存在证据灭失或难以取得的情形。实施证据登记保存的行为实质上是以貌似合法的证据登记保存方式进行变相的强制扣押。对于影响当事人权利的行政强制措施提出行政复议申请，行政复议机关应当受理。

（二）附带申请复议的抽象行政行为

公民、法人和其他组织认为行政机关的具体行政行为所依据的下列规定不合法，在对具体行政行为申请行政复议时，可以一并向行政复议机关提出对该规定的审查申请：

1. 国务院部门的规定，不含国务院的规定。国务院部门的规定是指国务院的部委、直属机构根据法律、行政法规、决定、命令以及本部门的规章在其职权范围内制定和发布的规范性文件。

2. 县级以上地方各级人民政府及其工作部门的规定。包括省级人民政府及其职能部门、省辖市人民政府及其职能部门以及县级人民政府及其职能部门制定和发布的行政规定。

3. 乡、镇人民政府的规定。乡、镇人民政府是我国的基层人民政府，根据宪法和政府组织法的规定，乡、镇人民政府为了执行本级人大的决议或者上级人民政府的决定、命令，可以在其职权范围内制定和发布行政规定。

上述行政规定不含国务院部委规章和地方人民政府规章。对规章的合法性审查依照法律、行政法规办理。另外，对于国务院制定和发布的行政法规、决定和命令不服的，应当根据《立法法》规定的程序处理，也不属于行政复议的范围。

二、行政复议的排除事项

1. 人事处理行为。人事处理行为属于内部行政行为的范畴，例如，行政机关对其工作人员的奖惩、任免、考核、调动、处分、工资、福利待遇等事项，是行政机关内部事务。工作人员对人事处理行为不服的，不得申请行政复议或者提起行政诉讼，但是可以依法申请复核或者提起申诉。

2. 民事调解行为。这里主要是指行政机关的居间对民事纠纷作出的调解或者仲裁等行为。这些行为对双方当事人的约束力取决于其自愿接受。因此，一方当事人如不服，可以就民事争议提起诉讼或者向仲裁机关申请仲裁，但不能申请行政复议。

3. 其他不属于行政复议受案范围的行为。例如：国防、外交等国家行为；公安、国家安全等机关依照《刑事诉讼法》的明确授权实施的行为；不具有强制力的行政指导；驳回当事人对行政行为提起申诉的重复处理行为；对当事人的权利义务不产生实际影响的行为。

第三节　行政复议参加人

本节引例

案例一：某市书画培训学校不服行政处罚的复议案

2007 年 5 月，王某未经任何单位批准在某市成立了"某市书画培训学校"，租用了办公场所，印制了标有"某市书画培训学校"名称字样的宣传材料和讲义，大量招收学员，进行绘画和书法培训并收取费用。某市民政局接到群众举报后，前往其培训地点，对王某宣布了对"某市书画培训学校"的取缔令，没收了办公设备。在取缔后，王某不服，便以某市书画培训学校的名义，向某市政府提起行政复议。请问某市书画培训学校是否具备行政复议主体资格？

案例二：刘某诉公路环境整治领导小组强制拆除案

经有关部门批准，申请人刘某在县境内公路边经营为过往车辆加水业务。2006 年 12 月 13 日，被申请人成立公路环境整治领导小组，决定对公路两边的门面房、商业摊点、收费站、加油站、加水站等进行规范化管理，拆除违规建筑。2007 年 1 月 15 日，县公路环境整治领导小组扣押了申请人正在作业的加水泵 4 台，以该领导小组的名义出具了没收暂扣物品清单，并现场下发强制拆除通知书，限申请人在 2 日内主动拆除相关设备（施）、擅自新建的土木结构房屋和临时搭建的构筑物。申请人在限期内未自行拆除。2007 年 1 月 17 日，县公路环境整治领导小组组织路政执法人员，对申请人实施了强制拆除。申请人认为，某县政府设立的环境整治领导小组非法律法规授权的执法主体，又非受委托执法，不具备执法主体资格，且其执法行为程序违法，适用依据不当，应当予以撤销，并申请赔偿损失。被申请人认为，其依据上级文件精神成立环境整治领导小组，并对辖区内违法建筑强制拆除，符合上级文件精神，请求维持其行政行为。试分析：县公路环境整治领导小组是否具有被申请人资格？

理论知识

行政复议参加人，是指参加行政复议的当事人和与行政复议当事人地位相类似的人。根据行政复议法的规定，行政复议参加人包括行政复议申请人、被申请人、第三人以及行政复议代理人。

一、行政复议申请人

（一）申请人的概念和特征

行政复议申请人，是指认为行政机关的具体行政行为侵犯其合法权益，依法向行政复议机关提出行政复议申请的公民、法人和其他组织。作为行政复议申请人，具有以下几点特征：

1. 行政复议申请人必须是以自己的名义进行行政复议活动的人。在行政复议过程中，不是以自己名义而是受他人之托、以他人名义参加行政复议的人，因为其所表达的意志不属于自己的意志，所代表的利益也不属于自己的利益，因此不能作为行政复议申请人。

2. 行政复议申请人必须与被申请行政复议的具体行政行为有利害关系，即有法律上的利益牵连。与具体行政行为没有利害关系的人，即便他对该具体行政行为有不同意见，也不能作为行政复议申请人。

3. 行政复议申请人必须是行政相对人。行政机关的工作人员认为有关具体行政行为有错误的，可以通过内部监督程序提请有权机关予以纠正，但是不作为行政复议案件处理，除非利害关系人依法提出行政复议申请。

4. 行政复议申请人必须是依法向行政复议机关递交了行政复议申请书或者口头申请行政复议的行政相对人。如果行政管理相对人只有不服有关具体行政行为的内心意愿，但并未依法向行政复议机关提出行政复议申请，就不能实际取得行政复议申请人的地位。

（二）申请人的范围

1. 公民。这里所讲的公民，是指具有中华人民共和国国籍的自然人。公民如果不服与其存在利害关系的具体行政行为，可以申请行政复议，从而成为行政复议申请人。

在我国境内的外国人、无国籍人认为行政机关的具体行政行为侵犯其合法权益的，也可以是行政复议申请人。但是，如果该外国人所在国的法律对我国公民在其国内申请行政复议的权利进行限制的，我国对该外国人也应当给予同等的限制。

2. 法人。法人是指具有民事权利能力和民事行为能力，依法独立享有民事权利和承担民事义务的组织。在我国，法人包括企业法人、机关事业单位法人和社会团体法人。它们作为组织，是与公民相互区别的具有自己独立利益的一类法律主体。在它们认为合法权益受到具体行政行为的侵害时，与公民一样有权申请行政复议。需要注意的是，国家行政机关作为机关法人，具有双重的身份。一方面，它们是行使某行政管理职权的行政主体，可能成为违法的或者不当的具体行政行为的实施者；另一方面，它们又是具有法人地位的民事主体，相对于其他行政机关而言，在日常生活中又经常处于被管理对象的位置，并可能受到其他行政机关违法的或者不当的具体行政行为的侵害。因此，在它们居于被管理对象的地位时，它们也可以成为行政复议申请人，并以行政相对人的身份向行政复议机关申请行政复议。

3. 法人以外的其他组织。所谓法人以外的其他组织，是指不具备法人资格的所有组织。在实践中，法人以外的其他组织很多。例如，根据合伙企业法成立的合伙企业，根据企业法人登记管理条例成立的法人分支机构，未办理法人登记的集体所有制企业等，都属于法人以外的其他组织。这类组织虽然没有法人资格，但是同样具有自己相对独立的利益，是社会主义市场经济条件下一类特殊的民事主体，可以作为行政复议申请人。

本节引例案例一中，确定某市书画培训学校是否属于"其他组织"是确定行政复议主体资格的关键。所谓"其他组织"，根据《最高人民法院关于适用〈中华人民共和国民事诉讼法〉若干问题的意见》的通知（法发［1992］22 号）第 40 条的规定，《民事诉讼法》第 49 条规定，是指合法成立、有一定的组织机构和财产，但又不具备法人资格的组织。也就是说，法律意义上的其他组织是指合法成立的组织。那么，某市书画培训学校是否属于合法成立组织呢？根据《社会团体登记管理条例》、《民办非企业单位登记管理暂行条例》和民政部《取缔非法民间组织暂行办法》的有关规定，非法民间组织有三种，即：①未经批准，擅自开展社会团体筹备活动的；②未经登记，擅自以社会团体或民办非企业单位名义进行活动的；③被撤销登记后继续以社会团体或民办非企业单位名义进行活动的。据此判断，该书画培训学校属于非法的民间组织。综合上述各方面因素推断，该书画培训学校不符合行政复议主体资格的要求。因此，王某以某市书画培训学校的名义，向某市政府提起行政复议，复议机关据此作出不予受理的决定。

对于法人或者其他组织来讲，如果它们受到违法的或者不当的具体行政行为的侵害，未及申请行政复议即告终止的，承受其权利的法人或者其他组织可以作为行政复议申请人提出行政复议申请。在我国境内的外国法人或者其他组织，也可以依法申请行政复议。

《中华人民共和国行政复议法实施条例》（以下简称《行政复议法实施条例》）对行政复议申请人作了以下两点补充规定：①合伙企业申请行政复议的，应当以核准登记的企业为申请人，由执行合伙事务的合伙人代表该企业参加行政复议；其他合伙组织申请行政复议的，由合伙人共同申请行政复议。不具备法人资格的其他组织申请行政复议的，由该组织的主要负责人代表该组织参加行政复议；没有主要负责人的，由共同推选的其他成员代表该组织参加行政复议。②股份制企业的股东大会、股东代表大会、董事会认为行政机关作出的具体行政行为侵犯企业合法权益的，可以以企业的名义申请行政复议。

（三）申请人资格转移

所谓行政复议申请人的资格转移，是指行政复议申请权的转移与承受。具体有两种情形：

1. 有权申请行政复议的公民死亡，其近亲属继受其行政复议申请人的地位，以自己的名义（而不必以死者的名义）直接申请行政复议。根据有关法律的规定，行政复议申请人的近亲属包括：配偶、父母、子女、兄弟姐妹、祖父母、外祖父母、孙子女、外孙子女。

2. 有权申请行政复议的法人或者其他组织终止的，由承受其权利的法人或者其他组织承受行政复议申请人资格。法人或者其他组织终止的原因多种多样，如破产、注销、吊销等，转移只在分立和合并这两种情况下才发生，破产、吊销等都不发生资格转移的问题。

二、行政复议被申请人

（一）行政复议被申请人的概念

行政复议被申请人，是指作出的具体行政行为被行政相对人认为侵犯其合法权益，由行政复议机关通知参加行政复议的行政机关或法律、法规授权的组织。

行政机关的具体行政行为虽然是通过特定的工作人员来实施的，但是行政机关的工作人员不能成为行政复议被申请人。因为这些人员的具体执法行为是代表其所在的行政机关的意志，而不是他个人的意志。因此，当行政相对人不服行政机关工作人员在履行职责过程中作出的具体行政行为时，只能以该工作人员所在的行政机关作为行政复议被申请人，而不能直接指控该工作人员。

（二）行政复议被申请人的种类

在行政管理实践中，行政机关作出的具体行政行为多式多样，这必然影响到行政复议被申请人的认定。

1. 作出具体行政行为的行政机关是被申请人。

2. 两个或者两个以上的行政机关以共同的名义作出具体行政行为的，共同作出具体行政行为的行政机关是被申请人。例如，工商局和烟草专卖局共同查处某烟草违法行为，由此引起行政复议的，工商局和烟草专卖局是被申请人。

3. 法律法规授权的组织作出具体行政行为的，该组织是被申请人。

4. 行政机关委托的组织作出具体行政行为的，委托的行政机关是被申请人。

5. 行政机关与其他组织以共同名义作出具体行政行为的，行政机关是被申请人。

6. 下级行政机关依照法律、法规、规章规定，经上级行政机关批准作出具体行政行为的，批准机关为被申请人。

7. 行政机关设立的派出机构、内设机构或者其他组织，未经法律、法规授权，对外以自己名义作出具体行政行为的，该行政机关为被申请人。

本节引例案例二中，该公路环境整治领导小组是某县人民政府设立的临时机构，未经法律、法规授权，不能以自己名义对外作出行政决定。刘某对该公路环境整治领导小组作出的行政处罚和行政强制决定不服而提起行政复议时，根据上述规定，设立该公路环境整治领导小组的某县人民政府应为被申请人。

8. 作出具体行政行为的行政机关被撤销的，继续行使其职权的行政机关是被申请人。具体又可细分为三种情形：①行政机关被撤销后，其职权与其他行政机关的职权合并，在此基础上形成了一个新的行政机关，此时应当以新的行政机关为被申请人；②行政机关被撤销后，其职权被另一个行政机关接管，此时应当以接管其职权的行政机关为被申请人；③如果行政机关被撤销后，没有确定接管其职权的行政机关或者原职权不再存在的，此时应当以撤销该行政机关的行政机关作为被申请人。

三、行政复议第三人

行政复议第三人，是指同被申请行政复议的具体行政行为有利害关系的，为了保护自己的合法权益而参加到正在进行的行政复议活动中的公民、法人和其他组织。行政复议第三人具有以下特征：

1. 行政复议第三人必须是同被申请行政复议的具体行政行为有利害关系的人，也就是说，对某一具体行政行为进行的行政复议可能影响到该公民、法人和其他组织在法律上的权利和利益，从而使其有参加行政复议活动的必要。

2. 行政复议第三人只能在其他人提出的行政复议申请被受理后、行政机关作出行政复议决定以前才能产生。如果没有其他人提出行政复议申请，或者其他人提出的行政复议申请未被受理，或者行政复议活动已经结束，那么就不可能存在行政复议第三人的问题。

3. 行政复议第三人可以由行政复议机关通知其参加行政复议，也可以自己提出申请，要求作为第三人参加行政复议。

4. 行政复议第三人可以是公民，也可以是法人或者其他组织。作为行政复议第三人的可以是一个公民或者组织，也可以是两个或者两个以上的公民或者组织。

行政复议第三人参加行政复议，是正确开展行政复议的需要，也是保护各方当事人合法权益的需要，对促进行政复议活动的正常进行具有重要作用。首先，由于行政复议第三人的参与，有利于行政复议机关及时查清案件的全部事实真相，有利于准确地把握和分析有关法律问题，正确地作出行政复议决定。其次，避免对于同一问题产生新的行政复议，妥善处理好各方面的利益关系。由于行政复议第三人参与到正在进行的行政复议活动中，行政复议决定的作出是建立在广泛听取包括行政复议第三人在内的各方当事人的意见基础上的，因此，在结案后，有利于避免行政复议第三人再次申请行政复议，防止造成人力、物力的浪费，促进社会稳定。

四、行政复议的代理人

行政复议代理人，是指以行政复议申请人或者第三人的名义，在代理权限内进行行政复议活动的人。作为行政复议代理人，只能以被代理人的名义参与到行政复议当中，而不能直接以自己的名义进行行政复议活动；只能在代理权限范围内进行活动；在代理权限范围内进行活动的法律后果，包括对被代理人有利的和不利的法律后果，都由被代理人承担。代理活动超出了代理权限范围，对超出代理权限范围的那部分，由代理人自己承担相应的法律责任。行政复议代理人包括以下两种：

1. 法定代理人。行政复议的法定代理人，是指根据法律的规定，代替无民事行为能力人或者限制民事行为能力人进行行政复议活动的人。法定代理人一般都是对被代理人负有监护责任的人，即监护人。根据我国《民法通则》的有关规定，对两种人需要设立监护人：①不满 18 周岁的未成年人，其监护人可以是父母、祖父母、外祖父母、兄、姐、经过有关组织同意的关系密切的其他亲属朋友等个人，以及未成年人父母所在单位或者未成年人住所地居民委员会、村民委员会或者民政部门等组织；②不能辨认、控制或者不能完全辨认、控制自己行为的精神病人，其监护人可以是配偶、父母、成年子女、其他近亲属、经过有关组织同意的其他亲属朋友等个人，以及精神病人所在单位或者住所地的居民委员会、村民委员会或者民政部门等组织。由于法定代理人只适用于被代理人属于无民事行为能力人或者限制民事行为能力人的场合，因此，只有当行政复议申请人或者第三人是自然人时，才可能存在行政复议的法定代理人。行政复议的法定代理人不得作出损害被代理人利益的行为，更不能利用代理权为自己的个人利益谋取私利。

2. 委托代理人。行政复议的委托代理人，是指受行政复议申请人或者第三人的委托代为参加行政复议活动的人。由于行政复议是一种比较严谨的法律活动，参加行政复议需要履行一系列法律手续，例如，行政复议申请人申请行政复议，要向行政复议机关递交行政复议申请书，申请书并须写明相应的内容等等。因此，参加行政复议活动，需要耗费有关人员相当的时间和精力，而且要具备一定的文化水平和法律知识。在这种情况下，为了更好地行使自己的行政复议权利，充分地维护自己的合法权益，有些行政复议申请人或者第三人就需要求助于具有专门知识或者相应能力的人，作为自己的委托代理人进行行政复议。

第四节　行政复议机关与管辖

本节引例

杨某诉某国税分局行政征收案

某国税分局在清理漏征漏户过程中，发现杨某自经营以来一直未申请办理税务登记，亦未向当地税务主管机关申报纳税，于是向杨某下达了《限期改正通知书》和《责令改正通知书》，责令其限期办理税务登记及纳税申报事项，杨某未予理睬。该局决定对其分别处以 800 元和 100 元罚款。杨某以罚款过重为由，向某县人民政府申请行政复议，请求变更或撤销该具体行政行为。试分析：县政府在收到申请书后，怎么处理？

理论知识

一、行政复议机关

行政复议机关，是指依法受理复议申请，对被申请的行政行为进行合法性、适当性审查并作出行政复议决定的行政机关。与我国实行的"条块结合"的行政管理体制相一致，行政复议管辖也实行"条块结合"的制度，除实行全国垂直领导的部门外，原则上允许申请人选择向同级政府或上级主管部门申请行政复议。

（一）行政复议机关的类型

1. 作出被申请具体行政行为的行政机关。

2. 作出被申请具体行政行为的行政机关的上一级行政机关。由作出被申请具体行政行为的行政机关的上一级行政机关作为行政复议机关，客观上给行政复议的申请人增加路途不便的困难，但是，它可以利用上一级行政机关的领导权和监督权提高行政复议的权威性，降低纠错成本。

3. 作出被申请具体行政行为的行政机关所属的人民政府。由本级人民政府作为行政复议机关，既有利于行政复议申请人申请行政复议，也有利于行政复议机关利用人民政府的权威及时、有效地解决行政争议。

（二）行政复议机构

行政复议机构是行政复议机关内部设立的一种专门负责行政复议案件受理、审查和裁决工作的办事机构。行政复议机构不是行政机关，它不能以自己的名义对外行使职权，上下级行政复议机关的行政复议机构之间没有领导和监督关系，它们各自对所属的行政复议机关负责。

根据《行政复议法》的规定，负责法制工作的机构为行政复议机构。行政复议机构履行下列职责：受理行政复议申请；向有关组织和人员调查取证，查阅文件和资料；审查申请行政复议的具体行政行为是否合法与适当，拟定行政复议决定；处理或者转送有关抽象行政行为的审查申请；对行政机关违反复议法规定的行为依规定权限和程序提出处理意见；办理不服行政复议决定而提起诉讼的应诉事项；法律、法规规定的其他职责。《行政复议法实施条例》进一步明确复议机构的具体职责：①依照《行政复议法》第 18 条的规定转送有关行政复议申请；②办理《行政复议法》第 29 条规定的行政赔偿等事项；③按照职责权限，督促行政复议申请的受理和行政复议决定的履行；④办理行政复议、行政应诉案件统计和重大行政复议决定备案事项；⑤办理或者组织办理未经行政复议直接提起行政诉讼的行政应诉事项；⑥研究行政复议工作中发现的问题，及时向有关机关提出改进意见，重大问题及时向行政复议机关报告，等等。

二、行政复议管辖

行政复议管辖，是指各行政复议机关对行政复议案件在受理上的具体分工，即明确行政相对人提起行政复议申请之后，应当由哪一个行政复议机关来行使行政复议权。行政复议法确立了以下管辖规则：

1. 对县级以上地方各级人民政府工作部门的具体行政行为不服，由申请人选择，由该部门的本级人民政府或上一级的主管部门管辖。但对实行垂直领导的行政机关的具体行政行为不服的，只能向上级主管部门申请复议。海关、金融、国税、外汇管理、海事等是实行垂直领导的行政机关。国家安全机关的行政复议案件适用这个管辖规则。《行政复议法实施条例》第24条规定，申请人对经国务院批准实行省以下垂直领导的部门作出的具体行政行为不服的，可以选择向本级人民政府或者上一级主管部门申请复议；省、自治区、直辖市人民政府另有规定的，依照省、自治区、直辖市的规定办理。

本节引例中，县政府在收到申请书后，应将此案转送市国税局审理。因为，《行政复议法》第12条第2款的规定，对海关、金融、国税、外汇管理等实行垂直领导的行政机关和国家安全机关的具体行政行为不服的，向上一级主管部门申请行政复议。据此，只有该分局的上一级机关市国税局对此案才有复议管辖权。

2. 对省、自治区、直辖市人民政府以下的地方各级人民政府的具体行政行为不服，上一级人民政府是复议机关。对省级人民政府依法设立的行政公署所属的县级人民政府的具体行政行为申请复议的，该行政公署是复议机关。

3. 对国务院部门或者省、自治区、直辖市人民政府的具体行政行为不服，作出该具体行政行为的国务院部门或者省、自治区、直辖市人民政府是复议机关。

4. 对县级以上的地方人民政府依法设立的派出机关的具体行政行为不服，设立该派出机关的人民政府为复议机关。

5. 对政府工作部门依法设立的派出机构以自己的名义作出的具体行政行为不服，设立该派出机构的部门或者该部门的本级地方人民政府作为复议机关。

6. 对法律、法规、规章授权的组织作出的具体行政行为不服，由直接管理该组织的地方人民政府、地方人民政府工作部门或者国务院部门作为行政复议机关。

7. 对两个或者两个以上的行政机关以共同的名义作出的具体行政行为不服，由他们的共同上一级行政机关作为行政复议机关。

8. 对继续行使被撤销行政机关职权的行政机关作出的具体行政行为不服，由继续行使职权的行政机关的上一级行政机关作为复议机关。但申请人对两个以上国务院部门共同作出的具体行政行为不服的，可以向其中任何一个国务院部门提出行政复议申请，由作出具体行政行为的国务院部门共同作出行政复议决定。

第五节　行政复议程序

一、行政复议的申请

行政复议申请是指公民、法人和其他组织认为行政机关的具体行政行为违法或不当，在法定期限内要求复议机关撤销或者变更原具体行政行为，以保护自己合法权益的行为。在我国，行政复议采取"不告不理"原则，即没有申请，行政复议就不能开始，复议申请是启动行政复议程序的前提和基础。申请行政复议是法律赋予公民、法人和其他组织的一项权利，但这一权利的行使还要受到一定的限制。

（一）申请行政复议的实质条件

根据《行政复议法》第3条的规定，提起行政复议应具备以下条件：

1. 行政复议申请人是认为具体行政行为侵犯其合法权益的公民、法人和其他组织。这是对提出复议申请的主体资格的限定：①复议申请人只能是行政相对人，即具体行政行为影响公民、法人和其他组织的权利义务；②复议申请人是与所要复议的具体行政行为有利害关系的行政相对人。也就是说，谁的权益受具体行政行为侵犯，谁有资格提起复议申请。

2. 有明确的行政复议被申请人。行政复议被申请人是必不可少的复议参加人，没有被申请人或者被申请人不明确，行政复议将无法进行。因此，要求申请人在提出复议申请时要指明指控的行政机关或者法律、法规授权组织。

3. 有具体的复议请求和事实依据。申请人在提起复议时，应明确表示通过行政复议所要解决的问题以及其所要达到的目的。如请求复议机关撤销、变更具体行政行为，确认自己的某项权利，请求责令被申请人重新作出具体行政行为等。同时，申请人还必须提供支持自己请求的事实根据，包括那些能够证明行政机关已经作出具体行政行为的材料，以及能够证明行政机关的具体行政行为违法和不当的证据，如行政处罚决定书、罚款收据，以及具体行政行为对自己合法权益造成损害的事实和经过等。

4. 属于行政复议的范围。申请行政复议的事项必须是属于行政复议机关主管范围内。如果复议申请人所要求解决的问题超出了法定的行政复议受案范围，复议机关可以不予受理。

5. 属于受理申请的复议机关管辖。申请行政复议必须符合法律、法规关于复议管辖的规定，受理复议申请的复议机关必须对案件具有管辖权。不符合复议管辖规定的，复议机关不予受理。如果复议机关受理了不属于自己管辖的案件，应及时转送给有管辖权的复议机关。

（二）申请行政复议的期限

提起行政复议是有严格时间限制的，这种时间限制就是复议申请权的时效。一般情况下，如果超过了法定的时效期间，复议申请权也随即消灭，复议机关将不受理复议申请。

《行政复议法》规定，公民、法人和其他组织认为行政机关的具体行政行为侵犯其合法权益的，可以自知道该具体行政行为之日起60日内向复议机关申请复议，但法律规定的申请期限超过60日的除外。申请人提起行政复议的起算时间，可分为两种情况：①行政机关作出具体行政行为时，未告知公民、法人和其他组织行政复议权或者申请行政复议期限的，申请行政复议期限从公民、法人和其他组织知道或者应当知道行政复议权或者申请行政复议期限之日起计算。②行政机关作出具体行政行为时，未制作或者未送达法律文书，公民、法人和其他组织不服申请行政复议的，只要能够证明具体行政行为存在，行政复议机关应当受理。申请行政复议期限从证明具体行政行为存在之日起计算。

（三）复议申请的方式

《行政复议法》基于便民的考虑，对行政复议申请的方式作了较为灵活的规定，申请人申请行政复议，可以书面申请，也可以口头申请。口头申请的，行政复议机关应当当场记录申请人的基本情况、行政复议请求、申请行政复议的主要事实、理由和时间。书面申请的，应当向行政复议机关递交复议申请书。

行政复议申请书应当载明下列内容：①申请人的基本情况：姓名、性别、年龄、职业和住所；法人或其他组织的名称、住所，以及法定代表人或主要负责人的姓名、职务。②被申请人的名称、住所。③申请行政复议的要求和理由。明确申请人要求保护的权益内容，同时表明请求所依据的事实和理由。④申请行政复议的时间。这一日期关系到复议申请是否已经超过法定期限。行政复议申请书是启动行政复议活动的有效凭据，是一种重要的法律文书。

此外，申请行政复议还必须符合某些法律规定的特别条件。例如，按照《中华人民共和国税收征收管理法》第88条规定，纳税人、扣缴义务人、纳税担保人同税务机关在纳税上发生争议时，必须先依照税务机关的纳税决定缴纳或者解缴税款及滞纳金或者提供相应的担保，然后可以依法申请行政复议。

二、复议申请的受理

复议机关在收到复议申请后，依法应当在收到之日起 5 日内，对申请书进行审查并作出如下处理：

1. 对于符合申请复议条件，且没有向人民法院提起诉讼的，依法应当决定受理。复议机关负责法制工作的机构收到复议申请之日即为受理日期。《行政复议法实施条例》第 28 条规定了如下受理条件：①有明确的申请人和符合规定的被申请人；②申请人与具体行政行为有利害关系；③有具体的行政复议请求和理由；④在法定申请期限内提出；⑤属于行政复议法规定的行政复议范围；⑥属于收到行政复议申请的行政复议机构的职责范围；⑦其他行政复议机关尚未受理同一行政复议申请，人民法院尚未受理同一主体就同一事实提起的行政诉讼。

2. 对于不符合申请复议条件的，如超过复议期限或者人民法院已经受理的，依法决定不予受理，并告知申请人不予受理的理由。

3. 对于行政复议申请材料不齐全或者表述不清楚的，行政复议机构可以自收到该行政复议申请之日起 5 日内书面通知申请人补正。补正通知应当载明需要补正的事项和合理的补正期限。无正当理由逾期不补正的，视为申请人放弃行政复议申请。补正申请材料所用时间不计入行政复议审理期限。

4. 对于复议申请符合《行政复议法》规定，但不属该机关管辖的，应当告知申请人向有管辖权的复议机关提出或者转送有关复议机关。对于法律规定的特定申请需要转送的，由受理申请的具体行政行为发生地的县级人民政府负责。

5. 申请人就同一事项向两个或者两个以上有权受理的行政机关申请行政复议的，由最先收到行政复议申请的行政机关受理；同时收到行政复议申请的，由收到行政复议申请的行政机关在 10 日内协商确定；协商不成的，由其共同上一级行政机关在 10 日内指定受理机关。协商确定或者指定受理机关所用时间不计入行政复议审理期限。

6. 上级行政机关认为行政复议机关不予受理行政复议申请的理由不成立的，可以先行督促其受理；经督促仍不受理的，应当责令其限期受理，必要时也可以直接受理；认为行政复议申请不符合法定受理条件的，应当告知申请人。

三、行政复议的审理

（一）行政复议的审理方式

《行政复议法》第 22 条规定："行政复议原则上采取书面审查的办法，但是申请人提出要求或者行政复议机关负责法制工作的机构认为有必要时，可以向有关组织和人员调查情况，听取申请人、被申请人和第三人的意见。"据此，复议案件的审理方式是以书面审理为原则，以其他审理方式为补充。

所谓书面审理，就是行政复议机关在对被申请复议的具体行政行为进行审查时，以申请人与被申请人提交的有关材料为依据，不再进行当面调查和对质辩论，直接作出行政复议决定的办法。实行书面审查，申请人不必亲自到行政复议机关陈述情况，可以通过书信、传真等方式提起行政复议请求，将有关的请求及证据和其他有关材料全部附上。这样可以避免公民、法人和其他组织来回奔波，减少费用，也便于行政复议机关节省时间，从而更迅速地处理案件。书面审理方式体现了行政复议的便民和及时原则。

行政复议机关认为必要时可以采取其他审理方式，主要有：①行政复议人员向有关组织和人员调查取证时，可以查阅、复制、调取有关文件和资料，向有关人员进行询问。调查取证时，行政复议人员不得少于 2 人，并应当向当事人或者有关人员出示证件。被调查单位和人员应当配合行政复议人员的工作，不得拒绝或者阻挠。②行政复议机构认为必要时，可以实地调查核实证据；对重大、复杂的案件，申请人提出要求或者行政复议机构认为必要时，可以采取听证的方式审理。

（二）行政复议案件的审理范围

行政复议审查应当坚持全面审理的原则。所谓全面审理，就是对被申请人作出的具体行政行为所依据的事实和适用的法律进行全面审查，不受复议申请人复议请求范围的限制。

行政复议的审理范围主要包括以下三个方面：①具体行政行为的合法性；②具体行政行为的合理性；③具体行政行为所依据的规范性文件的合法性。《行政复议法》第 27 条规定："行政复议机关在对被申请人作出的具体行政行为进行审查时，认为其依据不合法，本机关有权处理的，应当在 30 日内依法处理；无权处理的，应当在 7 日内按照法定程序转送有权处理的国家机关依法处理。处理期间，中止对具体行政行为的审查。"

（三）行政复议的举证责任分配

行政复议中的举证责任，是指在行政复议中由谁承担提供证据证明案件事实的责任。如果负有举证责任的人举不出证据证明其主张，就要承担其主张不能成立的法律后果。

《行政复议法》第 23 条第 1 款规定："……被申请人应当自收到申请书副本或者申请笔录复印件之日起 10 日内，提出书面答复，并提交当初作出具体行政行为的证据、依据和其他有关材料。"第 28 条规定："……④被申请人不按照本法第 23 条的规定提出书面答复、提交当初作出具体行政行为的证据、依据和其他有关材料的，视为该具体行政行为没有证据、依据，决定撤销该具体行政行为。"这两条规定共同构成了行政复议中由被申请人对具体行政行为的合法性与适当性负举证责任的制度。当然，申请人对自己提出的主张也负有一定的举证责任，但申请人与被申请人所负举证责任的范围和大小却是有很大差异的。

1. 被申请人的举证责任。在行政复议中，由被申请人对其作出的具体行政行为的合法性与适当性负担举证责任，主要应对下列事实提出证据予以证明：①作出具体行政行为的事实根据；②适用法律、法规和其他规范性文件的依据，并提供证据证明适用这些法律、法规和规范性文件的正确性；③作出的具体行政行为符合法定程序的证据；④关于是否滥用职权的证据；⑤关于具体行政行为适当性的证据。对于不履行或者拖延履行法定职责的，被申请人应提供存在合法事由或正当事由的证据。在行政复议中，如果被申请人不能举出确凿的证据，证明具体行政行为的合法性与适当性，那么被申请人就要承担不利的复议结果。

2. 申请人的举证责任。申请人首先应提供证据证明其复议申请符合法定条件，并进一步提供证据以动摇被复议具体行政行为的合法性与适当性。根据行政复议的理论和实践，申请人主要应对下列事项承担举证责任：①证明行政机关对其作出的具体行政行为的存在；②在被申请人不作为的案件中，申请人应证明其向行政机关提出申请的事实；③在一并提起的行政赔偿申请中，申请人应证明因受被复议的具体行政行为的侵害而造成损失的事实；④有关复议程序的事实。

（四）行政复议的依据

根据行政复议的基本原理，结合行政复议实践和有关法律的规定，行政复议机关审理复议案件的依据包括以下几种：

1. 法律。这里的法律是指狭义的法律，即由全国人大及其常委会按照立法程序制定的规范性文件。行政复议机关审理复议案件应首先以法律为依据。

2. 行政法规。行政法规是国家各级行政机关活动的重要准则，同时也是判断行政行为正确与否的标准。

3. 地方性法规。复议机关审理复议案件时，一方面要以地方性法规为依据，另一方面只能以被申请复议的具体行政行为发生地的地方性法规为依据。地方性法规与法律、行政法规的规定不一致时，应以法律、行政法规为依据。

4. 行政规章。行政规章是指具有法定权限的行政机关在法定权限内依法制定和发布的具有普遍约束力的规范性文件。规章不得与法律、法规相抵触。

5. 决定、命令。决定和命令作为法律、法规和规章的重要补充，在保证法律、法规和规章在本部门、本地区的适用上起着重要作用。决定、命令这类规范性文件是行政机关作出具体行政行为的依据，也是行政复议的依据。但复议机关在审查依据这些文件作出的具体行政行为时，还可以对这些规范性文件本身的合法性进行审查。

6. 自治条例、单行条例。自治条例和单行条例在民族自治区域内具有普遍约束力，复议机关在民族自治区域内审理复议案件，除了以法律、法规等为依据外，还应以民族自治地方的自治条例和单行条例为依据。

四、行政复议的决定和执行

（一）行政复议的决定

1. 维持决定。对被申请的具体行政行为，复议机关经审查后认为其事实清楚，证据确凿，适用法律、法规、规章和具有普遍约束力的决定、命令正确，符合法定程序和内容适当的，应当依法作出维持该具体行政行为的复议决定。维持决定是肯定具体行政行为合法性的决定，对于申请人来说，意味着他的请求没有得到法律的支持。

2. 履行决定。履行决定是指行政复议机关责令被申请的行政机关在一定期限内履行法定职责的决定。主要适用于如下两种情况：①被申请的行政机关不履行法定职责。"不履行"在法律上表现为行政机关针对行政相对人的申请没有作出任何意思表示。如果行政机关明确表示拒绝，则是作出了一个行政行为，不属于履行决定适用情形。②被申请人拖延履行法定职责。"拖延履行"是行政机关针对行政相对人的申请拖而不办，并以"研究"、"请示"等搪塞当事人的询问。

3. 撤销、变更和确认违法决定。行政复议机关对被申请的具体行政行为进行审查，认为该行为具有如下情形之一的，依法作出撤销、变更或者确认该行为违法的决定，必要时，可以附带责令被申请人在一定期限内重新作出具体行政行为：①主要事实不清、证据不足的；②适用依据错误的；③违反法定程序的；④超越职权或者滥用职权的；⑤具体行政行为明显不当的。另外，被申请人依照《行政复议法》第23条的规定未提出书面答复、提交当初作出具体行政行为的证据、依据和其他有关材料的，视为该具体行政行为没有证据、依据，行政复议机关应当决定撤销该具体行政行为。

行政复议案件有下列情形之一，行政复议机关可以决定变更：①认定事实清楚、证据确凿，程序合法，但是明显不当或者适用依据错误的；②认定事实不清，证据不足，但是经行政复议机关审理查明事实清楚、证据确凿的。但是，行政复议机关在申请人的行政复议请求范围内，不得作出对申请人更为不利的行政复议决定。

　　行政复议机关作出撤销决定后责令被申请人重新作出具体行政行为的，被申请人应当在法律、法规、规章规定的期限内重新作出具体行政行为；法律、法规、规章未规定期限的，重新作出具体行政行为的期限为 60 日。

　　4. 驳回复议申请决定。经审理，有下列情形之一的，行政复议机关应当作出驳回行政复议申请的决定：①申请人认为行政机关不履行法定职责申请行政复议，行政复议机关受理后发现该行政机关没有相应法定职责或者在受理前已经履行法定职责的；②受理行政复议申请后，发现该行政复议申请不符合《行政复议法》和《行政复议法实施条例》规定的受理条件的。不符合复议申请条件但已经进入复议程序的，应当从程序上驳回申请人的复议申请。

　　上级行政机关如认为行政复议机关驳回行政复议申请的理由不成立的，应当责令其恢复审理。行政复议机关拒绝上级行政机关的"责令"，申请人可以要求上级行政机关监督或者向法院提起履行法定职责之诉。

　　5. 行政赔偿决定。行政相对人在申请行政复议时一并提出行政赔偿请求的，行政复议机关经审查后认为符合《国家赔偿法》有关规定应予赔偿的，应在作出撤销、变更具体行政行为或者确认具体行政行为违法的决定时，作出责成被申请人依法给予赔偿的决定。行政相对人在申请行政复议时如没有提出行政赔偿请求，行政复议机关在依法决定撤销或者变更罚款、撤销违法集资、没收财物、征收财物、摊派费用以及对财产的查封、扣押、冻结等具体行政行为时，应当作出责令被申请人返还申请人财产，解除对申请人财产的查封、扣押、冻结措施，或者赔偿相应价款的决定。

　　6. 对行政规定的处理决定。行政相对人在申请行政复议时一并提出对相关抽象行为的审查申请的，行政复议机关对该抽象行为有权处理的，应当在 30 日内依法作出处理决定；无权处理的，应当在 7 日内按照法定程序转送有权处理的行政机关作出处理决定，该有权处理的行政机关应当在 60 日内依法作出处理决定。处理期间，复议机关中止对具体行政行为的审查。

　　（二）行政复议的执行

　　行政复议决定的生效需要具备两个条件：复议机关在法定期限内作出复议决定并制作行政复议决定书；依法送达行政复议决定书。

　　被申请人完全不履行或无正当理由不及时履行义务的，行政复议机关或者上级行政机关有权采取责令其限期履行。

　　申请人逾期不起诉又不履行行政复议决定的，或者不履行最终裁决的行政复议决定的，按照下列规定分别处理：①维持具体行政行为的行政复议决定，由作出具体行政行为的行政机关依法强制执行或者申请人民法院执行；②变更具体行政行为的行政复议决定，由行政复议机关依法强制执行，或者申请人民法院强制执行。

思考题

1. 行政复议的范围有哪些?
2. 行政复议的申请人和被申请人有哪些情况?
3. 我国法律对行政复议的举证责任是如何规定的?
4. 行政复议的结果有哪几种情形?

实务训练

李某与张某就土地问题发生争议,由当地镇政府进行裁决。镇政府于 2008 年 10 月 14 日形成处理意见,将土地权属确定给张某,但是在该处理意见中未告知李某申请复议的权利和期限。李某不服镇政府的处理意见,于 2010 年 12 月向法院起诉,法院经审理作出维持判决。李某不服一审判决,提出上诉,二审法院于 2011 年 7 月 19 日作出终审判决,以复议前置为由撤销一审判决、驳回原告李某的起诉。而后李某于 2011 年 8 月 19 日向行政复议机关递交复议申请,复议机关经审查认为,李某的申请已超过申请复议期限,遂驳回李某的复议申请。

问题:复议机关的处理是否正确?

第十一章 行政赔偿制度

【知识目标】

1. 掌握行政赔偿和行政补偿的概念。

2. 明确行政赔偿的归责原则和构成要件、行政赔偿的范围和行政赔偿义务机关。

3. 掌握行政赔偿的程序。

4. 了解行政赔偿的计算标准。

【能力目标】

熟练运用《中华人民共和国国家赔偿法》的规定处理行政赔偿案件。

第一节 行政赔偿概述

本节引例

王丽萍诉交通局行政赔偿案

2001 年 9 月 27 日王丽萍借用村民张军明的小四轮拖拉机装载 31 头猪前往县城销售，路遇县交通局工作人员查车。经检查，县交通局工作人员以张军明未交养路费为由暂扣车辆。王丽萍申明车上的猪不能停留，请求将猪卸下后再扣车，县交通局工作人员置之不理，致使 15 头猪死亡，16 头猪因惊吓浑身充血，客户拒收。同年 11 月 22 日，王丽萍向县交通局申请赔偿遭拒绝，遂以县交通局为被告向河南省中牟县法院提起行政赔偿诉讼。[1]

---

〔1〕 参见周佑勇：《行政法原论》，中国方正出版社 2005 年版，第 399~404 页。

理论知识

一、行政赔偿的概念与特征

（一）行政赔偿的概念

行政赔偿是指行政主体及其工作人员在行使行政职权过程中，侵犯公民、法人和其他组织的合法权益并造成损害，而依法由国家承担赔偿责任的法律制度。

（二）行政赔偿的特征

1. 行政赔偿本质上属于国家赔偿。行政机关承担着国家赋予的行政职权，行政机关及其工作人员以国家的名义所实施的职务活动，在后果上应当归属于国家，即行政赔偿是一种国家赔偿。

2. 行政赔偿根本原因在于行政侵权行为。行政机关及其工作人员在履行行政职务的过程中，只要其行为侵害了公民、法人和其他组织的合法权益，就应当承担赔偿责任。如果没有侵犯相对人的合法权益，就不能构成行政赔偿；如果剥夺的是相对人的非法利益，也不能构成行政赔偿。

3. 承担行政赔偿的义务主体是侵权行政主体。作出侵权行为的行政机关和法律、法规授权组织都具有行政赔偿义务主体资格。履行行政机关具体职务的工作人员不是行政赔偿的义务主体。

4. 行政赔偿的范围以具体行政行为造成的损害为限。这里的损害是指行政侵权造成的实际损害，如果违法行政行为未造成实际损害，如不举行听证但未影响相对人实体权利义务的行政行为，或者该行政损害不是由该行政行为造成，如由于相对人本人过错造成，则不能构成行政赔偿。

二、行政赔偿责任的归责原则

综观各国国家赔偿立法，有代表性的归责原则有三种：①法国采用的以公务过错为主，无过错责任为辅的归责原则；②英、美、日等国家采用的过错与违法双重归责原则；③瑞士、奥地利等国家采用的违法原则。

我国 2012 年 10 月 26 日修订的《中华人民共和国国家赔偿法》（以下简称《国家赔偿法》）第 2 条规定："国家机关和国家机关工作人员行使职权，有本法规定的侵犯公民、法人和其他组织合法权益的情形，造成损害的，受害人有依照本法取得国家赔偿的权利"。

这一规定在形式上实现了国家赔偿归责原则多元化，扩大了国家赔偿的范围。然而，对于结果责任的采纳主要体现在司法赔偿方面，在行政赔偿方面依然采取了违法责任原则。修改后的《国家赔偿法》第 2 条虽然在字面上取消了"违法性"的规定，但是将赔偿的范围限定在"本法规定"的范围内，而第 3 条和第 4 条在具体规定侵犯人身权和财产权的行政赔偿范围时依旧使用了"违法"一词，这表明中国在行政赔偿中实质上仍旧采取违法原则作为归责原则。违法责任原则是指国家机关及其工作人员在执行职务中，违反法律造成他人权益损害的，国家承担赔偿责任。这一原则以行为是否违法为标准，而不问行为人有无主观过错。

三、行政赔偿责任的构成要件

行政赔偿责任的构成要件是指国家承担赔偿责任所应具备的前提条件。它是在行政赔偿的归责原则的基础上建立起来的具体标准，主要有下述四项：

（一）行政侵权主体要件

《国家赔偿法》规定了四类侵权行为主体：

1. 行政机关。行政机关作为侵权主体应当是机关意志在执行中侵权，如果机关意志正确，执行落实时侵权则不构成机关侵权。

2. 行政机关工作人员。机关工作人员侵权应当是个人职务行为侵权，包括错误执行单位意志和实施与单位意志无关的违法职务行为。

3. 法律、法规授权的组织。《国家赔偿法》第 7 条第 3 款明确规定，法律、法规授权的组织在行使授予的行政权力时侵犯公民、法人和其他组织的合法权益造成损害的，被授权的组织为赔偿义务机关。

4. 委托机关。《国家赔偿法》第 7 条第 4 款明确规定，受行政机关委托的组织或者个人在行使受委托的行政权力时侵犯公民、法人和其他组织的合法权益造成损害的，委托的行政机关为赔偿义务机关。

（二）行政侵权行为要件

行政侵权行为要件所要解决的是行为主体的哪些侵权行为可能引起国家赔偿责任的问题。这一构成要件包含了两项内容：

1. 行政侵权行为必须是执行行政职务的行为。构成行政侵权赔偿责任的行为必须是执行职务的行为，对行政机关工作人员行使的与行使职权、执行职务无关的个人行为所造成的损害，国家不承担赔偿责任。

2. 执行行政职务的行为必须违法且给行政相对人造成损害。违法的含义有广义和狭义之分。狭义的违法指违反严格意义上的法律，包括宪法、法律、行政法规和规章、地方性法规和规章以及其他规范性文件等。广义的违法则认为还包括违反法律的一般原则，如诚实信用原则、公序良俗原则等。

（三）行政侵权结果要件

这是指当事人的合法权益受到了行政侵权行为的客观损害。首先，损害必须具有现实性和确定性，即损害之事实必须是已经发生的、确实存在的事实，虚构和臆造的损害都不引起国家赔偿责任，而且这种现实性的损害必须是直接的、间接的损害不属于国家赔偿的损害范畴。其次，损害必须针对合法权益而言，违法的利益不受法律保护，不引起国家赔偿责任。例如，违章建筑、非法所得、不当得利等一般不受法律保护。

（四）因果关系要件

行政侵权行为与损害结果之间有必然的、内在的、本质的联系，即有因果关系。只有两者之间具有这种联系，国家才负责赔偿。因果关系要件要解决的问题是损害结果由哪种行为所造成，以初步明确行为主体承担赔偿责任的可能。当然，因果关系只是归责之基础，造成损害结果的行为人最终是否承担赔偿责任尚须借助于对其他构成要件的分析。

以上四项要件是相互联系的统一整体，缺一不可，只有四个要件同时具备，国家才承担赔偿责任。

本节引例中，县交通局的行为符合行政赔偿责任的构成要件。①本案中的县交通局是行政机关，其工作人员是行政机关的公务员。根据《国家赔偿法》第3条的规定，县交通局符合行政侵权主体这一要件。②行政机关实施具体行政行为应符合立法目的及法律规范的规定，县交通局在执行暂扣车辆决定时不考虑车上财产的安全，甚至在王丽萍请求将生猪运抵目的地后再扣车也置之不理，符合行政违法行为这一要件。③王丽萍的15头猪的死亡，这个实际损害足以构成请求行政赔偿的理由。④王丽萍的15头猪的死亡与县交通局的工作人员在执行暂扣车辆决定时实施的行政行为之间存在因果关系。所以，王丽萍诉县交通局请求赔偿，其诉讼请求合法，应当支持。

第二节　行政赔偿范围

本节引例

尹琛琰诉卢氏县公安局行政不作为赔偿案

2002年6月27日，原告尹琛琰的门市部发生盗窃，作案人的撬门声惊动了街道对面旅馆住宿的旅客程发新等，他们确认有人行窃后，立即拨打110报案，前后两次打通被告卢氏县公安局"110指挥中心"电话并报告了案情，但卢氏县公安局始终没有出警。20分钟后，作案人将盗窃物品装上摩托车后离开现场。尹琛琰被盗物品共计损失25 000元人民币。案发后，尹琛琰向卢氏县公安局提交了申诉材料，要求卢氏县公安局惩处有关责任人，尽快破案，并赔偿损失。

卢氏县公安局一直未予答复。尹琛琰认为，卢氏县公安局的失职行为造成其财产损失，遂向河南省卢氏县法院提起行政诉讼。

理论知识

一、行政赔偿范围的界定

行政赔偿的范围是国家对行政机关及其工作人员在行使职权时对受害人遭受的哪些损害应当给予赔偿的界定，涉及国家在多大范围内对行政行为担负赔偿责任，决定了对行政相对人的救济程度，更决定着受害人对哪些事项享有索赔的权利，是行政赔偿制度的核心。

二、行政赔偿的范围

按照《国家赔偿法》的规定，我国行政赔偿的范围是以人身权、财产权来确定的。

（一）人身权的损害赔偿

行政机关及其工作人员在行使行政职权时有下列侵犯人身权情形之一的，受害人有取得赔偿的权利。

1. 违法拘留或违法采取限制公民人身自由的行政强制措施的。

（1）违法拘留。行政拘留是以剥夺公民的人身自由为手段的较为严厉的限制人身自由的行政处罚。违反法律关于实施行政拘留的主体资格、拘留的条件、拘留的程序、拘留的期限规定，或者认定事实错误、证据不足、适用法律法规错误的，都构成违法。

（2）违法采取限制人身自由的行政强制措施。限制公民人身自由的强制措施主要有：收容审查、强制传唤、行政拘留、强制遣返、强制治疗与强制戒毒和其他行政强制性措施。根据行政管理的需要，行政机关还可以采取其他行政强制措施，如对公共场所醉酒者的强制约束、对严重传染性病人的强制隔离、限期出境、驱逐出境等。上述强制措施如果存在认定事实错误、证据不足、适用法律错误、违反法定程序的，构成违法采取行政强制措施。

2. 非法拘禁或者以其他方法非法剥夺公民人身自由的。行政机关及其工作人员在行使职权过程中，在法定的行政拘留和行政强制措施之外限制公民人身自由的行为是非法的，这种非法包括没有法定权限的行政机关实施的限制公民人身自由行为，或有权的行政机关严重超越其权限实施的限制公民人身自由的行为，如变相拘禁、禁闭、关押、隔离等。

3. 以殴打、虐待等行为或者唆使、放纵他人以殴打、虐待等行为造成公民身体伤害或者死亡的。殴打、虐待等暴力行为严重侵犯公民的人身权，是法律严格禁止的。如果行政机关工作人员在执行公务期间使用或唆使他人使用暴力手段的，是严重侵犯公民人身权的违法行为，一旦造成行政相对人身体伤害或死亡，应当承担行政赔偿责任。

4. 违法使用武器、警械造成公民身体伤害或死亡的。国家对武器和警械的使用有严格的规定，根据国务院制定的《中华人民共和国人民警察使用警械和武器条例》，违法使用武器和警械的，不论行为人主观有无过错，只要造成了公民身体伤害或致其死亡的，该行政机关应当依法承担赔偿责任。

5. 造成公民身体伤害或死亡的其他违法行为。这是一项概括性的规定，在国家赔偿法列举的具体侵犯公民人身权利的行为之外，凡是行政机关的违法行为造成公民身体伤害或死亡的，国家都有承担赔偿责任。这一兜底规定，以概括的方式弥补了列举式方式的不足。

（二）侵犯财产权的赔偿范围

根据国家赔偿法的规定，对侵犯财产权的下列行政行为，国家应承担赔偿责任：

1. 违法实施罚款、吊销许可证和执照、责令停产停业、没收财物等行政处罚行为。罚款、吊销许可证和执照、责令停产停业、没收财物等行政处罚行为，与行政相对人的财产权密切相关，行政处罚主体超越权限、对象错误，处罚内容错误或程序不合法等实施上述行为，给相对人造成损失的，国家承担赔偿责任。

2. 违法对财产采取查封、扣押、冻结等行政强制措施的行为。采取查封、扣押、冻结等行政强制措施会影响到财产的使用和流通，违法实施查封、扣押、冻结等行政强制措施会给行政相对人造成财产损失，为此，国家应当承担赔偿责任。

3. 违法征收、征用财产的行为。合法的征收、征用必须符合三项法定条件：为了公共利益的需要；符合法定程序；给予公正补偿。所以征收、征用应当按照法律法规规定的数额、标的、方式、期限、对象等实施，否则构成违法，国家应当承担赔偿责任。

4. 造成财产损害的其他违法行为。这是兜底性条款，是指造成公民、法人和其他组织财产权损害的其他一切违法行政行为，如侵犯经营自主权造成财产损害的，行政机关不作为造成财产损害的，等等。

本节引例中，涉及行政赔偿的范围。保护公民的合法财产，是公安机关的法定职责。卢氏县公安局两次接到群众报警，未按规定出警，不履行其法定职责，其行政不作为是违法的。最高人民法院对2001年李茂润诉阆中市公安局不作为一案作出的《关于公安机关不履行法定行政职责是否承担行政赔偿责任问题的批复》中明确指出，公安机关不履行法定行政职责，致使公民、法人和其他组织的合法权益遭受损害的，应当承担行政赔偿责任。据此，卢氏县公安局应赔偿尹琛琰的损失。

三、行政赔偿的免责范围

在特殊情况下，损害非由行政机关的行为造成，或者损害虽然发生在行政过程中，但由不可抗力造成，因而国家不负赔偿责任。根据《国家赔偿法》规定，以下行为导致的损害，国家不予赔偿：

（一）行政机关工作人员与行使职权无关的个人行为

行政机关工作人员的行为有两类：一类是行使职权的行为；另一类是与行使职权无关的个人行为。行使职权的行为是代表行政机关作出的，进一步说是代表国家作出的，因而，行使职权行为致害由国家承担赔偿责任；而个人行为与职权无关，因个人行为致害，由个人负责。关于职权行为与个人行为的区分标准，学术界尚有不同观点。有的主张采用时间标准，也有人主张采用职责标准、公共利益标准等。我国倾向于对职权行为作扩大解释，凡是在行使职权过程中实施的行为或因行使职权提供侵权机会的行为，一般都归为职权行为的范畴。在具体的案件中，职权行为与个人行为的划分比较复杂，需要综合考虑多项标准。

（二）公民、法人和其他组织自己的行为致使损害发生

在该种情形下，虽然受害人受到了某种损害，但损害和行政机关的违法行为没有必然关系，而是由受害人自己的行为造成，因而不由国家承担赔偿责任。例如，一农民因拒绝缴纳违法征收的费用，其生产工具被村委会扣留，无法生产。该农民一气之下，自杀身亡。这里，人身损害虽与违法征收有关，但主要由受害人自己的行为导致，不属于行政赔偿的范围。如果损害的发生是由行政机关及工作人员行使职权的行为和受害人自己的行为共同造成，国家要根据行政机关工作人员行使职权行为过错的大小，部分地承担赔偿责任。

（三）法律规定的国家不予赔偿的其他情形

1. 国家行为。根据《行政诉讼法》的规定，国家行为是指国防、外交等行为。从我国立法内容和精神看，我国对于国防、外交等国家行为造成的损害不予赔偿，这也符合各国的通例。

2. 抽象行政行为。抽象行政行为，是指行政机关行使行政权，针对不特定的对象而制定发布的具有普遍约束力的规范性文件的总称。在我国，抽象行政行为不属于行政诉讼的受案范围，因此抽象行政行为造成的损害不能要求国家承担行政赔偿责任。但当行政机关依据抽象行政行为作出的具体行政行为而使公民、法人和其他组织受到损害后，受害人有权提出赔偿请求。

3. 行政机关内部的行政行为。内部行政行为是指行政机关基于特别法律关

系，对其所管辖的公务员进行奖惩、任免、培训、考核、离退休、工资、休假等行为。这些行为属于行政机关内部的管理事项，在行政诉讼法中明确将对公务员的奖惩、任免等行为排除于国家赔偿之外。

第三节　行政赔偿请求人和行政赔偿义务机关

本节引例

罗父诉某县公安局人身损害赔偿案

2008 年 5 月 13 日，甲县村民罗某在家与同村王某等打麻将，甲县公安局下属乙派出所以参与赌博（后经查实，罗没有赌博行为）为由对罗某罚款 500 元，在审问期间，乙派出所民警张某对罗某拳打脚踢，致罗某身体重伤，经救治无效死亡。罗有 65 岁老父，此外无其他亲属。罗父在要求派出所赔偿时与派出所民警发生争吵，被乙派出所拘留 10 日。罗父向法院起诉，要求派出所赔偿损失。

理论知识

在行政赔偿案件中，存在两方当事人：一方是受到行政机关及其工作人员违法侵害的赔偿请求人；另一方是承担赔偿义务的行政机关。明确赔偿案件的双方当事人，有利于受害人行使赔偿请求权，也便于作为赔偿主体的行政机关履行赔偿义务。

一、行政赔偿请求人

（一）赔偿请求人的确认

行政赔偿请求人，是指其合法权益受到行政机关及其工作人员不法行为侵害，依照国家赔偿法及相关法律规定请求国家给予行政赔偿的公民、法人和其他组织。这里包含以下几层内容：①行政赔偿请求人是行政管理中的行政相对方；②行政赔偿请求人是其合法权益受到了行政侵权行为损害的一方；③行政赔偿请求人是以自己的名义提出赔偿请求的公民、法人和其他组织。

一般情况下，行政赔偿请求人是为了维护自身的合法权益而提出赔偿请求。但当合法权益受到损害的公民死亡时，其继承人及其他有扶养关系的亲属可作为行政赔偿请求人；当合法权益受到损害的法人或其他组织终止时，其请求赔偿的权利则可以转移到承受其权利的新的法人或者其他组织。

（二）赔偿请求人行使权利的时效

根据《国家赔偿法》的规定，请求人请求赔偿的时效是 2 年，自知道或应当知道国家机关及其工作人员行使职权侵犯其人身权、财产权时计算，但被羁押或限制人身自由的时间不计算在内。在请求时效最后 6 个月内，由于不可抗力或其他障碍不能行使请求权的，时效中止。从时效中止的原因消除之日起，赔偿请求时效期间继续计算。

（三）赔偿请求人行使权利的经济保障

我国国家赔偿立法非常注重从经济方面为赔偿请求人行使权利提供帮助和支持，《国家赔偿法》第 41 条规定，赔偿请求人要求国家赔偿的，赔偿义务机关、复议机关、人民法院不得向赔偿请求人收取任何费用。对赔偿请求人取得赔偿金不予征税。从经济的角度为赔偿请求权人提供了保障。

二、行政赔偿的义务机关

行政赔偿义务机关，是指代表国家接受行政赔偿请求、支付赔偿费用、参加赔偿诉讼的行政机关或者法律、法规授权的组织。

（一）行政赔偿义务机关的确定

根据《国家赔偿法》的规定，行政赔偿义务机关有以下几种情形：

1. 一般赔偿义务机关。行政机关及其工作人员行使行政职权侵犯公民、法人和其他组织的合法权益造成损害的，该行政机关为赔偿义务机关。

2. 共同侵权时的赔偿义务机关。两个以上行政机关共同行使行政职权时侵犯公民、法人和其他组织的合法权益造成损害的，共同行使行政职权的行政机关为共同赔偿义务机关。

3. 授权行政侵权时的赔偿义务机关。法律、法规授权的组织在行使授予的行政权力时侵犯公民、法人和其他组织的合法权益造成损害的，被授权的组织为赔偿义务机关。

4. 委托行政侵权时的赔偿义务机关。受行政机关委托的组织或者个人在行使受委托的行政权力时侵犯公民、法人和其他组织的合法权益造成损害的，委托的行政机关为赔偿义务机关。如果受委托的组织或个人所实施的致害行为与委托的职权无关，则国家不能对该致害行为承担赔偿责任，受害人只能追究委托组织或个人的民事侵权责任。

5. 致害机关被撤销时的赔偿义务机关。赔偿义务机关被撤销的，继续行使其职权的行政机关为赔偿义务机关；没有继续行使其职权的行政机关的，撤销该赔偿义务机关的行政机关为赔偿义务机关。

6. 经过行政复议情况下的赔偿义务机关。经复议机关复议的，最初造成侵害行为的行政机关为赔偿义务机关，但复议机关的复议决定加重损害的，复议机关对加重的部分履行赔偿义务。

本节引例中，涉及行政赔偿请求人和赔偿义务机关的确认。县公安局的民警张某在行使行政职权时以殴打等行为造成罗某死亡，作为其唯一的亲属的罗父依法成为本案的赔偿请求人。虽然是民警张某的行为直接导致罗某死亡，但其是在行使授予的行政权力时侵犯公民的合法权益，依法应由县公安局作为赔偿义务机关。

（二）行政赔偿义务机关的权利义务

赔偿义务机关作为国家责任的履行者，在行政赔偿中具有下列权利和义务。

1. 对相对人的行政赔偿请求在法定期间作出处理。

2. 参加行政赔偿问题引起的行政赔偿诉讼。

3. 履行行政复议决定或人民法院的判决，支付赔偿金、返还财产等。

4. 在赔偿受害人的损失后，有权向有故意或重大过失的工作人员或受委托的组织、个人行使追偿权。

第四节　行政赔偿程序

本节引例

何某诉规划局、市容管理局强制拆除赔偿案

何某于 2007 年到桂林市郊某村租了一亩荒地，建起了 10 多间砖木房养猪。2009 年 11 月 3 日，当地政府以何某在某村的建筑物违反城乡规划法为由，下达处罚决定书，要求何某应将违法建筑限期拆除。此后，何某一直未按照规定拆除。政府组织规划、市容管理和城管部门强制拆除了何某的砖木房等建筑物。何某认为，政府违法强拆造成其经济损失，遂向法院提起行政诉讼，要求确认规划局、市容管理局拆除其建筑物的具体行政行为违法。法院受理后一审驳回了何某的诉讼请求，何某上诉后二审法院终审判决驳回其上诉，维持原判。何某再次提起行政诉讼，要求法院判令规划局、市容管理局赔偿因拆除其建筑物造成的经济损失 29 万余元。试分析：何某能否单独提起行政赔偿诉讼？

理论知识

行政赔偿程序，是指赔偿请求人向赔偿义务机关请求行政赔偿，赔偿义务机关决定是否给予赔偿，以及人民法院解决行政赔偿纠纷的方式、步骤和时限

的总称。

一、行政赔偿请求的提出

(一) 行政赔偿请求的方式

《国家赔偿法》规定的行政赔偿请求分为两种方式：①单独提出赔偿。行政赔偿请求人在向人民法院提起行政赔偿诉讼之前，应首先向行政赔偿义务机关请求赔偿，由行政赔偿义务机关先进行处理；在行政赔偿请求人因行政赔偿义务机关逾期不予赔偿或赔偿请求人对赔偿数额有异议的情况下，赔偿请求人才可以向人民法院提起行政赔偿诉讼。这属于行政先行处理程序。②附带提出赔偿请求。赔偿请求人在申请行政复议、提起行政诉讼的过程中一并提出行政赔偿请求。

(二) 行政赔偿请求的要件

受害人提出赔偿请求应具备以下条件：

1. 提出请求人具有请求权。原则上，请求权人是自己的合法权益受到行政机关及其工作人员的职务行为侵犯并造成损害的公民、法人和其他组织。具有请求权的公民死亡的，该请求权资格转移给其继承人和其他有扶养关系的亲属；具有请求权的法人或者其他组织终止的，继续承受其权利的法人或者其他组织有权提出赔偿。

2. 被请求人是明确、适格的赔偿义务机关。《国家赔偿法》明确规定了不同情形的行政赔偿义务机关，行政赔偿请求人必须按照其规定向明确、适格的赔偿义务机关提出，其他任何机关均无权直接受理。

3. 提出请求事项必须符合法定的范围。赔偿请求人所提出的赔偿请求事项，必须属于国家赔偿法规定的行政赔偿范围，或者其他法律明确规定的行政赔偿事项。

4. 提出请求必须在法定的期限内。赔偿请求人请求赔偿义务机关予以行政赔偿，必须在法定期限内提起。《国家赔偿法》规定，请求人请求国家赔偿的时效是2年。自其知道或者应当知道国家机关及其工作人员行使职权时的行为侵犯其人身权、财产权之日起计算，但被羁押等限制人身自由期间不计算在内。赔偿请求人在赔偿请求时效的最后6个月内，因不可抗力或者其他障碍不能行使请求权的，时效中止。从中止时效的原因消除之日起，赔偿请求时效继续计算。

(三) 行政赔偿请求的形式

行政赔偿请求人向赔偿义务机关提出行政赔偿请求，应以书面形式申请。如果赔偿请求人书写申请书确有困难的，可以委托他人代书，也可以口头申请，由赔偿义务机关将其口头申请记入笔录，经赔偿请求人确认无误后，由赔偿请求人签字或盖章。

赔偿请求人当面递交申请书的，赔偿义务机关应当当面出具加盖本行政机关专用印章并注明收讫日期的书面凭证。申请材料不齐全的，赔偿义务机关应当场或者在 5 日内一次性告知赔偿请求人需要补正的全部内容。

二、行政赔偿义务机关的受理

行政赔偿义务机关在收到赔偿请求人的申请后，对申请书提出的赔偿要求进行受案前的初步审查。经过审查，行政赔偿义务机关根据不同情况分别作出如下处理：

1. 给予赔偿。行政赔偿义务机关认为符合赔偿条件，应自收到申请之日起 2 个月内给予赔偿。赔偿义务机关作出赔偿决定，应当充分听取赔偿请求人的意见，这是必经程序。赔偿义务机关可以与赔偿请求人就赔偿事项进行协商，也可以直接作出赔偿决定，协商不是必经程序。赔偿义务机关应制作赔偿决定书，并自作出决定之日起 10 日内送达赔偿请求人。如果赔偿请求人对赔偿方式、项目、数额有异议，可以自行政赔偿义务机关作出赔偿决定之日起 3 个月内，向人民法院提出行政赔偿诉讼。

2. 不予赔偿。赔偿义务机关认为赔偿请求人的申请不符合法律规定的赔偿条件的，应予以拒绝，不予赔偿，并自作出决定之日起 10 日内书面通知赔偿请求人，并说明不予赔偿的理由。如果赔偿请求人对行政赔偿义务机关作出的不予赔偿的决定有异议，可以自行政赔偿义务机关作出不予赔偿决定之日起 3 个月内，向人民法院提出行政赔偿诉讼。

3. 逾期未作出是否赔偿的决定。行政赔偿义务机关在收到赔偿申请后 2 个月内未作出是否赔偿的决定，赔偿请求人可以自 2 个月期限届满之日起 3 个月内，向人民法院提出行政赔偿诉讼。

三、行政赔偿诉讼

行政赔偿诉讼是一种特殊的诉讼形式，是指人民法院根据赔偿请求人的请求，依照行政诉讼程序和国家赔偿法的基本原则和制度裁判赔偿争议的活动。在起诉条件、审理形式、证据规则及适用程序等方面都有其自身特点：

1. 从起诉的条件看，在单独提起赔偿诉讼时，要以行政赔偿义务机关先行处理为前提条件。

本节引例中，何某要求确认规划局、市容管理局拆除其建筑物的具体行政行为违法的诉讼请求，已在另案中被两级法院一、二审判决驳回。也就是说，上述行政机关的具体行政行为并未被确认为违法。《最高人民法院关于审理行政赔偿案件若干问题的规定》第 21 条规定，赔偿请求人单独提起行政赔偿诉讼的，加害行为为具体行政行为的，该行为应当已被确认为违法。因此，何某并不具备单独提起行政赔偿诉讼的前提条件，故其起诉法院不予受理。

2. 从诉讼当事人看，行政赔偿诉讼以行政赔偿义务机关为被告，实行"国家责任，机关赔偿"制度。致害的公务员或行政主体的其他工作人员不能作为诉讼的被告。

3. 从审理方式看，行政赔偿诉讼可以适用调解作为结案方式。一般行政案件的审理不适用调解，这是行政诉讼的一项特殊规则，但行政赔偿诉讼可以适用调解。双方当事人之间因权利受损而发生赔偿争议，人民法院可以居中进行调解，以解决赔偿争议。

4. 从证据规则看，行政赔偿诉讼不完全采取"被告负举证责任"的原则，而是参照民事诉讼规则，实行举证责任合理分配。例如，证明损害事实的存在，自己所受损害与被告行政行为之间有因果关系，这应当由原告（赔偿请求人）负举证责任；而证明被诉行政行为合法或从未实施过该行为，则是被告（赔偿义务机关）负举证责任。赔偿义务机关采取限制人身自由的处罚或措施期间，被限制人身自由的人死亡或者丧失行为能力的，应由被告（赔偿义务机关）提供证明是否存在因果关系。

行政赔偿诉讼原则上适用《国家赔偿法》和1997年4月29日《最高人民法院关于审理行政赔偿案件若干问题的规定》所规定的程序，补充适用《行政诉讼法》规定的程序。

赔偿请求人在申请行政复议和提起行政诉讼时一并提出行政赔偿。在行政复议中提出行政赔偿请求的适用行政复议程序；行政诉讼案件的原告可以在提起行政诉讼后至人民法院一审庭审结束前提出行政赔偿请求，人民法院一并受理，审理的程序、期限等与一般行政诉讼案件相同。

四、行政追偿

行政追偿又称行政求偿，是指国家向行政赔偿请求人支付赔偿费用后，依法责令有故意或重大过失的公务员、受委托的组织和人员承担部分或全部赔偿费用的法律制度。是国家基于行政机关与工作人员之间特别权力关系而对公务员等实施的制裁形式。

（一）追偿要件

根据《国家赔偿法》和《行政诉讼法》的规定，赔偿义务机关在行使追偿权时应当具备以下条件：

1. 行政赔偿义务机关已经对受害人给予了赔偿。如果赔偿义务机关未曾支付赔偿费用，追偿无从谈起。

2. 只能向有故意或者重大过失的工作人员或者委托的组织或个人行使追偿权。一般来说，法律上将主观过错分为三个层次：故意、重大过失、轻微过失。

只有责任人员的过错在达到故意或重大过失时，行政机关才能行使追偿权。

（二）追偿金额

根据《国家赔偿法》规定，金额负担分为全部负担和部分负担两种。赔偿义务机关在确定追偿金额时，要遵循三项原则：应与赔偿义务机关的赔偿金额大小相适应；追偿金额的大小与过错程度相适应；应考虑被追偿者的薪酬收入。

此外，对致害行为中的一些违法犯罪行为，国家在行使追偿权的同时，还要对有故意或重大过失，违反行政法律规范、刑事法律规范的工作人员，追究其行政责任或刑事责任。

第五节　行政赔偿方式与计算标准

本节引例

李向巨诉哈尔滨市道外区政府房屋拆迁行政赔偿案

2005 年 7 月，哈尔滨市道外区实施拆迁，原告李向巨的房屋在拆迁范围内。李向巨房屋动迁时评估价为 2378 元每平方米，李向巨不同意对其房屋价格的评估结论，书面申请复估，但拆迁单位及评估机构未予答复。2005 年 8 月，被告向李向巨送达了强制拆除通知，采取强制措施拆除李向巨的房屋，李向巨因此起诉要求赔偿。一审法院按照动迁时的评估价，判决被告道外区政府赔偿原告拆迁补偿款 303 055.62 元。李向巨不服，向哈尔滨市中院提起上诉，要求按照上涨后的价格计算赔偿数额。截至 2008 年末，动迁地段的多层房屋销售价格为 4000 元每平方米，四层加价 18%。[1]

理论知识

一、行政赔偿的方式

行政赔偿的方式是指国家承担行政赔偿责任的具体形式。

（一）金钱赔偿

金钱赔偿是指以货币支付的形式，在计算或估算损害程度后，给予受害者适当额度的赔偿。以金钱支付赔偿金简便易行，既能够起到对受害人救济作用，

---

〔1〕　参见中华人民共和国最高人民法院行政审判庭编：《中国行政审判指导案例（第 1 卷）》，中国法制出版社 2010 年版，第 147 页，第 28 号案例。

也不影响国家机关正常的工作。金钱赔偿方式适应性强，不论是公民人身自由还是生命健康权损害，都可以进行适当的金钱赔偿。所以，金钱赔偿是行政赔偿的主要方式。

（二）返还财产

所谓返还财产或返还原物，是指赔偿义务机关将非法占有的财产归还所有人、经营管理人或者其他合法占有人，以恢复到权利人合法占有状态的辅助性赔偿方式。比如返还违法实施的罚款、没收的财物、返还查封、扣押、冻结的财产等。与金钱赔偿相比，返还财产只适用于物质侵害，返还财产一般必须是原物，既可以是特定物，又可以是种类物。这一赔偿方式，不仅能使损害直接得到赔偿，有时还可以减少或避免可能发生的精神损害，但只有在不影响公务的实施，返还财产比金钱赔偿更为便捷时才适用。

（三）恢复原状

国家赔偿法中的恢复原状一般是指行政机关的行为侵害他人财产，对受到损害的财产进行修复，使其恢复到受损害前的形状和性能的赔偿方式。按照国家赔偿法的规定，应予返还的财产受到损害，能够恢复原状的，应恢复原状后返还。如将推倒的建筑物重新修复，解除对财产的查封、扣押和冻结等。同样，只有在不影响公务的实施，恢复原状比金钱赔偿更为便捷时才适用。

（四）精神损害的赔偿

精神损害是指对人身造成的精神痛苦，它包括精神上的悲伤、失望等。精神损害多由于侵犯人身而产生，但也不排除侵犯财产权造成的精神损害。《国家赔偿法》第35条规定："有本法3条或者第17条规定情形之一的，致人精神损害的，应当在侵权行为影响的范围内，为受害人消除影响，恢复名誉，赔礼道歉；造成严重后果的，应当支付相应的精神损害抚慰金。"这就是说，赔偿义务机关在给予金钱赔偿的同时，对受害人造成的名誉权、荣誉权等人格方面损害的，还要以精神赔偿的方式，为其消除影响，恢复名誉，赔礼道歉。

二、行政赔偿的计算标准

行政赔偿的计算标准，是指在行政赔偿时法律所规定的对行政相对人支付赔偿金计算其数额的尺度。

我国经济正处于发展期，国家的财力有限，我国的国家赔偿法立法时所确立的原则是"填平补齐"的赔偿原则，而不是"惩罚性"的赔偿标准，所以现阶段基本上采取的是抚慰性的赔偿标准。采取这一标准，只能是以保障公民、法人的生活和生存的需要为限，不以补足受害人的实际损失为目标，国家支付的赔偿额往往少于受害人实际发生的损失。

（一）侵犯人身自由权的赔偿计算标准

《国家赔偿法》第33条规定："侵犯公民人身自由的，每日的赔偿金按照国家上年度职工日平均工资计算。"适用此标准时需注意以下的问题：

1. 该项标准所指的侵犯公民的人身自由，不包括因侵犯公民人身自由造成的公民身体健康、劳动能力丧失或者死亡的情形，只适用单纯的人身自由的侵犯。

2. 侵犯公民人身自由的赔偿金按照日计算，每日数额为国家上年度职工平均工资。此处的"上年度"应为赔偿义务机关、复议机关或者人民法院赔偿委员会作出赔偿决定时的上年度；复议机关或者人民法院赔偿委员会决定维持原赔偿决定的，按作出原赔偿决定时的上年度执行。

3. 上年度职工日平均工资数额，应当以职工年平均工资数额除以全年法定工作日数（通常为254天）的方法计算。年平均工资则以国家统计局公布的数字为准。

（二）侵犯公民生命健康权的赔偿计算标准

根据《国家赔偿法》第34条的规定，侵犯公民生命健康权赔偿分为三种情况：

1. 造成身体伤害的，应当支付医疗费、护理费，以及赔偿因误工减少的收入。减少的收入每日的赔偿金按照国家上年度职工日平均工资计算，最高额为国家上年度职工年平均工资的5倍。

2. 造成部分或者全部丧失劳动能力的，应当支付医疗费、护理、残疾生活辅助具费、康复费等因残疾而增加的必要支出和继续治疗所必需的费用，以及残疾赔偿金，残疾赔偿金根据丧失劳动能力的程度，按照国家规定的伤残等级确定，最高不超过国家上年度职工年平均工资的20倍。造成全部丧失劳动能力的，对其扶养的无劳动能力的人，还应当支付生活费。

3. 造成公民死亡的，应当支付死亡赔偿金、丧葬费，总额为国家上年度职工年平均工资的20倍。对死者生前扶养的无劳动能力的人，还应当支付生活费。

根据我国有关法律的规定，第2项、第3项中提及的被扶养的人是未成年人的，生活费给付至18周岁止；其他无劳动能力的人，生活费给付至死亡时止。生活费的发放标准参照当地民政部门的有关生活费的规定办理。

（三）侵犯财产权赔偿计算标准

根据《国家赔偿法》第36条的规定，侵犯财产权造成的损害赔偿包括如下情形：

1. 处罚款、罚金、追缴、没收财产或者违法征收、征用财产的，返还财产。

2. 查封、扣押、冻结财产的，解除对财产的查封、扣押、冻结，造成财产损坏或者灭失的，按照损害程度给予相应的赔偿金。

3. 应当返还的财产损坏的，能够恢复原状的恢复原状，不能恢复原状的，按照损害程度给付相应的赔偿金。

4. 应当返还的财产灭失的，给付相应的赔偿金。

5. 财产已经拍卖或者变卖的，给付拍卖或者变卖所得的价款；变卖的价款明显低于财产价值的，应当支付相应的赔偿金。

6. 吊销许可证和执照、责令停产停业的，赔偿停产停业期间必要的经常性费用开支。

7. 返还执行的罚款或者罚金、追缴或者没收的金钱，解除冻结的存款或者汇款的，应当支付银行同期存款利息。

8. 对财产权造成其他损害的，按照直接损失给予赔偿。

本节引例中，由于房屋已经被拆除且原址已经新建房屋，故无法返还或者恢复原状，只能以支付赔偿金的方式来进行。我国的国家赔偿法立法时所确立的原则是"填平补齐"的赔偿原则，而不是"惩罚性"的赔偿标准。即当事人所取得的赔偿数额以受到的损失为限。具体到本案来说，应当以能够恢复原状的标准来给付赔偿金，即以判决时能够在同区位购买同等条件的房屋价格进行赔偿。

（四）行政赔偿的费用

《国家赔偿法》第 37 条规定："赔偿费用列入各级财政预算。……赔偿费用预算与支付管理的具体办法由国务院规定。"2011 年 1 月 17 日国务院发布实施了《国家赔偿费用管理条例》，该条例对我国行政赔偿费用的来源和支付提供了法律依据。

第六节　行政补偿

本节引例

广州市番禺区某村佳某，1993 年开始在村里租地养鸭。2007 年 9 月 5 日，番禺区发生疑似高致病性禽流感疫情，经国家禽流感参考实验室确诊为 H5N1 型禽流感。番禺区对以疫点为圆心，半径 3 公里的疫区范围内的 10 万只家禽全部捕杀。因佳某的养鸭场正处于这一疫区范围内，他养的 800 多只鸭子被全部捕杀。试分析：佳某的损失能够得到政府的补偿吗？

理论知识

一、行政补偿的概念和特征

行政补偿是国家对行政主体在行使行政职权过程中，因其合法行为造成行政相对人合法权益的损失而实行的一种救济制度。

行政补偿有以下特征：

1. 行政补偿的前提是行政主体及其工作人员行为合法。其对行政相对人合法权益造成的损失绝非法律意义上的侵权行为。只有合法的行政行为造成损害，才能引起行政补偿，这使它与因违法行政造成损失的救济制度——行政赔偿区别开来。

2. 行政补偿的致害行为的目的是为了公共利益。行政行为的做出，从法理上讲本身是为了公共利益，而现实中，大量出于部门自身利益考虑而为之的行政主体，其目的违法性使得该行政行为在法律上被否定，因这种具有违法性的行为造成的损害，应该是行政赔偿而非行政补偿。所以只有行政主体基于公共利益而做出损害相对人权益的行为，才能导致行政补偿。但国家对公民因公平分配而承担的义务，不必加以补偿，如纳税、服兵役等。

3. 行政补偿主要是一种财产补偿。行政补偿一直是作为保障财产权的救济制度而出现的，其中最为典型的是土地征用。其他有关行政补偿的法律规定一般也都是以补偿对财产权的侵害为目的，但也不排除对征用人力而给予的补偿。

4. 行政补偿一般为事先补偿。行政赔偿是在行政侵权行为已经造成了损害之后进行的，而国家补偿既可以在侵害发生之前进行，也可以在侵害发生之后进行，但一般发生在行政侵权之前，通过事先确定补偿的条件、标准等。

5. 行政补偿以个人、组织所受的直接损失为限。我国行政补偿的标准一般采取"适当补偿"或"合理补偿"，但只补偿直接的损失。正如姜明安所说：合法权益受损的个人、组织不得要求超出其现实损失之外的补偿要求，因为这种要求已不是损失补偿，而是要求分取利益。[1]

二、行政补偿的范围

在行政管理的许多领域，行政机关和行政机关工作人员合法行使职权的行为，或国家为了社会公共利益的需要，都不可避免地会损害个别或部分行政相对人的合法权益。但我国目前除个别单行法对某些行政管理领域，如土地征用的补偿等作了一些零散的规定外，整体的、规范化的行政补偿制度尚未建立。

---

〔1〕　姜明安主编：《行政法与行政诉讼法》，北京大学出版社、高等教育出版社2011年版，第717页。

从立法上看，下列行为应给予补偿：

1. 公用征调。在紧急情况下，行政机关为了处理临时性、突发性事件如地震、火灾、洪水等，可以征用公民或组织的财物或人力，事后予以相应补偿。例如，《中华人民共和国防洪法》第 7 条第 3 款规定，各级人民政府应当对蓄滞洪区予以扶持；蓄滞洪后，应当依照国家规定予以补偿或者救助。

2. 土地征用。国家为了公共利益的需要，可以依法对集体所有的土地实行征用，事后应给予补偿。例如，《中华人民共和国土地管理法》第 47 条第 1 款规定，征收土地的，按照被征收土地的原用途给予补偿。

3. 房屋征收。为了公共利益的需要，征收单位、个人的房屋，应当给予公平补偿。例如，《国有土地房屋征收与补偿条例》第 22 条规定，因征收房屋造成搬迁的，房屋征收部门应当向被征收人支付搬迁费。

4. 公用征收。行政主体为了公共利益目的，按照法定的形式和事先公平补偿原则，以强制方式取得私人不动产的所有权或其他物权，事后应当给予补偿。例如，《中华人民共和国外资企业法》第 5 条规定，国家对外资企业不实行国有化和征收；特殊情况下，根据社会公共利益的需要，对外资企业可以依照法律程序实行征收，并给予相应的补偿。

5. 公务合作。公民或组织协助行政机关履行职责而造成的损害，可以获得补偿。例如，《中华人民共和国人民警察法》第 34 条第 2 款规定，公民和组织因协助人民警察执行职务，造成人身伤亡或者财产损失的，应当按照国家有关规定给予抚恤或者补偿。

6. 疫情应急。当发生疫情时，为保护公众身体健康与生命安全，维护正常的社会秩序，国家紧急采取扑杀、销毁等措施给当事人造成损害的，可以给予补偿。例如，《重大动物疫情应急条例》第 33 条规定，国家对因采取扑杀、销毁等措施给当事人造成的已经证实的损失，给予合理补偿。

本节引例中，番禺区政府为保护公众身体健康与生命安全，维护正常的社会秩序，紧急采取扑杀、销毁等措施，给佳某造成损害。根据《重大动物疫情应急条例》第 33 条的规定，国家对疫区、受威胁区内易感染的动物免费实施紧急免疫接种；对因采取扑杀、销毁等措施给当事人造成的已经证实的损失，给予合理补偿。据此，番禺区政府给予佳某行政补偿 9400 元。

7. 军事征调。当国家处于紧急状态下，军事机关依法征调财物和劳务，对被征调人应当给予补偿。例如，《中华人民共和国国防法》第 48 条规定：国家根据动员需要，可以依法征用组织和个人的设备设施、交通工具和其他物资。县级以上人民政府对被征用者因征用所造成的直接经济损失，按照国家有关规定给予适当补偿。

8. 保护公物。公民或组织为保护国家或公共财产所致损害，可以给予补偿，补偿办法由省、自治区、直辖市政府制定。例如，《中华人民共和国野生动物保护法》第14条规定，因保护国家和地方重点保护野生动物，造成农作物或者其他损失的，由当地政府给予补偿。

9. 见义勇为。没有法定或约定的义务，为保护国家、集体利益或他人人身、财产等合法权益，勇敢地同违法犯罪做斗争或者抢险救灾等对其人身具有高度危险性的行为，可以给予补偿。例如，《四川省保护和奖励见义勇为条例》第18条规定，见义勇为牺牲人员的配偶、子女及其扶养的亲属，在工作、学习、生产、生活中确有困难的，当地政府和有关部门、单位给予重点照顾与帮助。

三、行政补偿的程序

行政补偿可适用行政性程序和司法程序两种，但行政性程序应为司法程序的前置程序。

1. 行政性程序。一般情况下，行政性程序包括以下步骤：行政相对人向行政机关提出申请，行政机关受理并书面审查申请或当面听取申请人的陈述、接受相对人有关证据材料，在必要时可举行听证、行政机关作出给予补偿或不予补偿的决定、向申请人送达决定书，告知申请人不服决定的救济途径。此外，某些行政补偿，如公民协助公务和见义勇为的补偿，也可不经行政相对人申请而由行政机关主动发放。如果行政机关不主动发给，行政相对人亦可自行申请。

2. 司法程序。多数行政补偿是按照行政性程序而非司法程序进行的。行政相对人如接受行政机关就其补偿申请作出的决定即不再引起司法程序，只有行政相对人不服行政机关的决定时，方可引起司法程序。行政相对人向人民法院提起行政补偿诉讼。行政补偿诉讼一般适用行政诉讼程序，但有关行政补偿的法律、法规可补充规定某些特别程序。

四、行政补偿的标准

行政补偿标准可参照行政赔偿的标准，以补偿行政相对人的实际损失为原则。但具体领域、具体事项的补偿标准，应以单行法律、法规规定，而不宜作统一的相同规定。例如，《土地管理法》第47条第2款规定，征收耕地的土地补偿费，为该耕地被征收前三年平均年产值的6至10倍。征收耕地的安置补助费，按照需要安置的农业人口数计算。需要安置的农业人口数，按照被征收的耕地数量除以征地前被征收单位平均每人占有耕地的数量计算。每一个需要安置的农业人口的安置补助费标准，为该耕地被征收前三年平均年产值的4至6倍。但是，每公顷被征收耕地的安置补助费，最高不得超过被征收前三年平均年产值的15倍。

延伸阅读

1873 年布朗戈诉国家赔偿案

法国吉伦特（Gironde）省国营烟草公司雇用的工人在开着翻斗车作业的时候，不慎将布朗戈先生的女儿撞伤。对于这一事实所造成的损害，布朗戈先生向普通法院提出了诉讼，要求国家赔偿损害。他认为，对国营烟草公司的人员所犯的过失，国家应负民事上的责任，其诉讼的法律依据是《法国民法典》第 1382 条"任何行为使他人受损害时，因自己的过失而致使损害发生这人，对该他人负赔偿责任"；第 1383 条"任何人不仅对因其行为所引起的损失，而且对因其自己的行为所造成的损害，而且对应由其负责的他人的行为或在其管理下的物件所造成的损害，均应负赔偿责任。"布朗戈先生在该案中控告的吉伦特省省长，即国家的代表，该省行政机关的首脑。

普通法院受理了布朗先生要求国家赔偿的案件，但由于这是涉及国家公务管理过程中发生的案件，应由行政法院审理，所以，吉伦特省省长向该普通法院提出了不服管辖书，而普通法院又坚持认为自己有对该案的管辖权，从而产生了普通司法与行政司法管辖权限的争议，最终被提到权限争议法院审理。权限争议法院对布朗戈案件的判决如下："因国家在公务中雇用的人员对私人造成损害的事实而加在国家身上的责任，不应受在民法典中为调整私人与私人之间关系而确立的原则所支配。"权限争议法院的判决排除了普通法院对公务诉案的管辖权，确定行政司法机关是审理这种诉案的唯一具有权限的机关。

法国很多行政法的重要原则都是由判例产生的，这是法国行政法的重要特征之一。布朗戈案对法国行政法原则、体系的建立与发展均产生了深远的历史影响，被认为是整个法国行政法体系的基石，因而在法国行政法史上具有很重要的意义。

有关行政赔偿的法律法规

1.《中华人民共和国国家赔偿法》，1994 年 5 月 12 日第八届全国人民代表大会常务委员会第七次会议通过，2010 年 4 月 29 日第十一届全国人民代表大会常务委员会第十四次会议第一次修正，2012 年 10 月 26 日十一届全国人大常委会第二十九次会议第二次修正。

2.《最高人民法院关于适用中华人民共和国国家赔偿法》若干问题的解释（一）（法释〔2011〕6 号）。

3.《最高人民法院关于国家赔偿案件立案工作的规定》（法释〔2012〕1

号）。

4.《国家赔偿费用管理条例》（国务院令 589 号）。

5.《最高人民法院关于审理行政赔偿案件若干问题的规定》（法发〔1997〕10 号）。

6.《最高人民法院关于公安机关不履行法定行政职责是否承担行政赔偿责任问题的批复》（法释〔2001〕23 号）。

7.《司法行政机关行政赔偿刑事赔偿办法》，司法部 1995 年 9 月 8 号发布。

8.《中华人民共和国海关行政赔偿办法》，（海关总署令第 101 号）。

9.《工商行政管理机关行政赔偿实施办法》，（国家工商行政管理局令第 34 号）。

10.《最高人民法院关于对行政侵权赔偿案件执行中有关问题的复函》（法函〔1993〕51 号）。

思考题

1. 思考行政赔偿归责原则对赔偿实务的影响。
2. 国家赔偿精神损害赔偿的现状及完善。
3. 国家行政赔偿范围之外的损失救济渠道。

实务训练

2009 年 12 月 11 日，杨某和妻子奚某，向书院镇棉场村 12 组村民租赁 9.09 亩土地，用于金桂、银桂等树木的种植。至 2009 年 12 月 28 日，共计植树 8500 株，评估价值 289 000 元。2010 年 1 月 21 日，被告书院镇政府为保护基本农田，在未履行告知义务，未与原告杨某协商的情况下，于同年 1 月 25 日、2 月 9 日、2 月 21 日分三次拔掉原告种植的树木。原告杨某、奚某向上海市浦东新区人民法院提起行政诉讼。

问题：从行政赔偿法的角度讨论上述案件应如何处理？说出你的依据。

声　明　　1. 版权所有，侵权必究。
　　　　　2. 如有缺页、倒装问题，由出版社负责退换。

图书在版编目（ＣＩＰ）数据

行政法原理与实务/刘靖华主编. —北京：中国政法大学出版社，2014.7
ISBN 978-7-5620-5440-5

Ⅰ.①行…　Ⅱ.①刘…　Ⅲ.①行政法-中国　Ⅳ.①D922.1

中国版本图书馆CIP数据核字(2014)第140613号

出 版 者	中国政法大学出版社
地　　址	北京市海淀区西土城路 25 号
邮　　箱	fadapress@163.com
网　　址	http://www.cuplpress.com（网络实名：中国政法大学出版社）
电　　话	010-58908435(第一编辑部)　58908334(邮购部)
承　　印	北京朝阳印刷厂有限责任公司
开　　本	720mm×960mm　1/16
印　　张	15.25
字　　数	282 千字
版　　次	2014 年 7 月第 1 版
印　　次	2018 年 8 月第 3 次印刷
印　　数	7001-9000
定　　价	27.00 元